国家社科基金重点项目成果
国家"211工程"重点研究项目
国民经济学系列丛书

中国城镇居民收入差距

黄泰岩 牛飞亮 著

经济科学出版社

图书在版编目（CIP）数据

中国城镇居民收入差距／黄泰岩，牛飞亮著.—北京：经济科学出版社，2007.5
（国民经济学系列丛书）
国家"211 工程"重点研究项目
ISBN 978-7-5058-6279-1

Ⅰ.中… Ⅱ.①黄…②牛… Ⅲ.城镇－居民实际收入－研究－中国 Ⅳ.F126.2

中国版本图书馆 CIP 数据核字（2007）第 051695 号

总　　序

即将迈入 2006 年之际，辽宁大学主编的"国民经济学系列丛书"推出了第一批著作，其他相关著作也将陆续出版。这是一套以中青年学者的著述为主的丛书，标志着辽宁大学国民经济学科的学术梯队日益成熟。作为一名几十年从事这一学科研究，并为之付出毕生精力和心血的老兵，回顾过去的 20 多年，夜以继日、孜孜以求的艰辛历程，看到今天新一代中青年优秀学者的快速成长，我心情无比激动，也无限欣慰。

1980 年，出于培养现代化建设人才的需要，根据教育部门的部署，辽宁大学重建国民经济计划管理专业。专业建立之初，只有两名教师，力量十分薄弱，与中国人民大学等名校差距十分悬殊。记得当时在全国学术界同行的一次会议上，我曾表示：一是虚心向实力强大的兄弟院校学习，诚恳地希望得到各位的帮助；二是根据改革与发展的需要，不断走创新之路。否则，我们就没有出路。1982 年，我们在学习吸收当代新兴学科与现代管理技术的基础上，出版了全国第一本《国民经济计划方法》专著。与此同时，我们参与编写了全国第一本《国民经济管理学》。早在 1983 年，辽宁大学就正式开设了国民经济管理学这一新课程，成为最早开设这一新课程的学校之一。1986 年，又率先在国内把国民经济计划专业改为国民经济管理专业，同时还获得了国民经济管理专业硕士学位授予权。1990 年，继中国人民大学、北京大学之后，获得了本学科第三个博士学位授予权。1995 年，与辽宁大学当时具有博士学位授予权的西方经济学、企业管理三个专业一起，申请并被批准建立了辽宁大学第一个博士后流动站。2001年，辽宁大学国民经济学专业又与北京大学、中国人民大学一起，被批准为国家级重点学科。

以上是对辽宁大学国民经济学专业一个台阶又一个台阶向前迈进历程的极其简要的描述。实际上，我们每前进一步，都包含着许许多多的艰辛，包含着老师们不断拼搏、不断探索、坚持不懈的执着追求。同时，我们的进步也得益于许多学术界老前辈的指导与鼓励，得益于与兄弟院校愉快的、真诚的合作。

我们持续进行这一学科及学科群的研究，大体又分为如下几个阶段：

一、国民经济管理学科的创建

应该说，国民经济管理学科的创建，是众多学者的集体成果，我们有幸成为这一集体中的一员。粉碎"四人帮"以后，学术空气日益活跃，改革意识日益强烈。1981年初，北京大学王永治老师、山东大学常健老师首先提出倡议，为适应改革需要，编写一本《国民经济管理学》，并组成了由北京大学、复旦大学、山东大学、辽宁大学、杭州大学、吉林大学、厦门大学、北京钢铁学院、北京经济学院和中共中央党校等12所院校参加的编写组，在拟定编写大纲、写出初稿以后，推举苏东水、常健、王永治、孙钱常、刘海藩和我为定稿小组成员，对全书进行总纂、修改和定稿。该书于1982年出版以后，反映强烈，先后发行200多万册。该书的主要意义在于突破了传统的计划经济学的框架，形成了一个较新的体系，对宏观经济领域一些重大的新问题，如国民经济管理体制改革、国民经济战略目标体系、国民经济预测与决策、国民经济监督、国民经济管理信息系统、宏观经济效益、人力资源的开发、自然资源开发与环境保护等，较早地进行了系统的研究与探索，提出了一系列新的观点。该书曾获国家教委优秀教材一等奖。

该书出版以后，由于主要作者工作任务有所变化，虽然通过国民经济管理学会仍组织一些学术活动，但多数作者已没有精力继续

总　序

进行国民经济管理学科的研究。在这种情况下，辽宁大学仍坚持对这一学科的持续研究，并于1984年6月出版了《国民经济管理原因》一书，这是国内第二本国民经济管理学著作，共发行20多万册。这是辽宁大学三年来进一步研究和探索的成果。该书的主要特点：一是强调用大系统、巨系统理论分析和研究国民经济体系与国民经济管理体系；二是以较大篇幅（共3章）较系统地研究了宏观经济决策与战略问题；三是增设了一些研究宏观经济重大问题的新篇章，如经济增长率问题、国民经济结构问题、社会经济调节系统与宏观调控问题等；四是在系统研究的基础上提出了一些自己的观点，如较早地提出了合理的适度的增长率，经济增长的质的内涵以及从量和质两个方面考察经济增长，从各个要素、各个环节的质、量、度、序的关系去观察经济结构等观点，以及用系统理论研究社会经济调节系统、社会经济监督系统等。

二、主编国家教委统编教材，致力于学科群的建设

拓展视野，致力于本专业学科群的建设，是培养现代宏观管理人才的迫切需要，也是我们面临的一项更为艰巨的任务，因为这关系到我们所培养的人才具有什么样的素质、能力和知识结构，关系到能否有效地实现人才培养的目标。

1986年，我作为国家计委干部培训教材编委会委员，接受国家计委委托，承担了《社会主义经济调节概论》一书的编写任务。为了保证质量，特邀请了宋则行、汪祥春两位老前辈担任主编，由辽宁大学、东北财经大学、中央财经大学共同编写。这也是国内较早的关于经济调节方面的著作。该书出版以后，又与国家计委合作，举办了全国各省市300多名从事经济调节工作的干部参加的培训班，产生了较大影响。辽宁大学已将该书作为本专业一门主干课，列入教学计划。

1988～1990年期间，我们先后接受国家教委委托，主持编写了两部统编教材，即《国民经济计划方法与模型》和《国民经济管理学教程》。前者由辽宁大学、中国人民大学、吉林大学、南京大学协作编写，由我任主编，邵汉青、于光中、沈士成教授任副主编。该书的主要特点，除按计划工作的逻辑顺序，系统梳理了各种现代方法之外，又着重研究了综合运用各种方法编制宏观经济模型，探讨了人口、劳动、教育模型、经济增长模型、投资模型、消费模型等12种宏观经济模型的编制，虽然是初步的、粗浅的，但却是十分有益的探索。该书曾获国家教委优秀教材一等奖。后者由辽宁大学、吉林大学、中央财经大学、西北大学协作编写，由我任主编，于光中、侯荣华、张其炯任副主编。该书于1990年3月出版，1993年再版，1997年第三次印刷。在此期间，经历了邓小平南巡谈话、党的十四大召开等具有划时代意义的重大事件，"十四大"确立了我国经济体制改革的目标是建立社会主义市场经济体制，这使我们受到极大的鼓舞。因为这不仅意味着我国的发展进程出现了伟大的转折，同时也意味着为国民经济管理学这一新学科开辟了一个广阔的发展空间。国民经济管理学正是由于改革的需要而产生的，它也必将随着社会主义市场经济的发展而发展。所以，该书的编写与修订，力求反映市场经济条件下对国民经济管理的要求。该书既阐述了在新的条件下国民经济管理的功能定位，也系统探讨了经济增长、产业结构、投资需求、消费需求、国际经济往来、总量平衡等与宏观调控直接相关的重大问题，形成了新的体系。特别是该书最后一篇，以更开阔的视野，首次探讨了国民经济运行如何走向良性循环、三种再生产（人口再生产、物质产品再生产、精神文化再生产）的相互促进与总体协调、生活质量与人的全面发展、经济发展与社会文化等新问题。

在本科教学中，除上述三门专业主干课外，我们还相继开设了十多门新课，逐步建立起本专业合理的新知识群与学科群，并进行了一系列配套改革。"以学科建设为中心的配套改革"这一教学成果，1993年获国家级优秀教学成果二等奖。

三、主持编写面向21世纪的课程教材

20世纪90年代末，国家教委高瞻远瞩，以超前意识和改革精

总　序

神，提出了"高等教育面向21世纪教学内容与课程体系改革"这一重大的系列化课题。辽宁大学与中央财经大学承担了"面向21世纪国民经济管理专业教学改革研究"这一课题。从1997年1月开始，通过两年多的调查、思考、分析、比较与研究讨论，比较系统地研究了未来时期宏观管理人才的需求，研究了宏观管理人才应具备的知识、素质和能力，并在此基础上提出了本专业的培养目标和课程体系的设计、教材建设与学科建设、师资队伍建设、相关的配套改革等问题，提出了系统化的研究报告。这一研究成果，又一次获得国家级优秀教学成果二等奖。

正当我们在课题研究的基础上准备编写新教材之时，适逢专业调整，教育部确定中国人民大学、辽宁大学、中南财经大学、四川大学、中南财经政法大学、江西财经大学、山西财经大学等七所院校，承担国民经济管理专业本科生的招生与人才培养任务。针对这一形势，我们考虑，应当从大局出发，发挥大家的积极性，遂倡议成立新的编委会，组织七所院校协作，共同编写了四部面向21世纪的课程教材，即《国民经济管理学》、《可持续发展战略学》、《宏观经济数量分析方法与模型》和《区域经济管理学》。这四部教材，可以说是集体研究的成果，是合作的成果，从而也产生了较大的影响。

多年来我们深切体会到，学科建设不是哪一个人的事，也不是哪个学校的事，它需要学术界同仁群策群力和真诚合作，需要充分发挥群体的智慧。

四、国民经济学系列丛书的编写

当今时代，是急剧变革的时代，是科学研究日新月异的时代，经济在不断发展，社会在不断进步，改革在不断深化，新知识、新技术、新思想、新事物在不断涌现，而且随着社会经济发展的新趋势、新动向，也出现了一些本专业迫切需要研究的新问题。总之，面对时代的挑战，面对新时代对培养人才提出的新要求，我们必须不断地进行知识更新。从社会进步与科学发展的意义上说，任何一门学科，都是一本没有写完的书，都有不断发展和更新的问题，更何况国民经济学还是一门年轻的学科。正是面对这一形势，辽宁大学国民经济学科现任学科带头人，勇于承担重任，提出编写一套国民经济学学科建设系列丛书的设想，并付诸实施，将陆续出版。这套丛书涉及宏观经济体制与机制、发展观念与发展模式、战略与规划、调控与监督、宏观经济政策、宏观经济分析方法等诸多领域，可谓工程浩大，任务艰巨，但这是推动本专业学科群建设的重大举措，是一件大好事。作为从事这一学科研究的一名成员，我将积极予以支持，并尽自己的绵薄之力为这一工程添砖加瓦。这套丛书的出版，对我们自身来说，是一种社会责任、一种检验、一种激励、一种鞭策，同时，也是我们向学术界、实际工作部门朋友的一次学习、交流、沟通的机会，希望各界朋友不吝赐教，共同推进国民经济学的学科建设。

张今声

2005年10月1日

前　　言

　　居民收入差距已成为当今中国举国上下普遍关注的热点、焦点问题。中共中央政治局召开会议专门讨论收入分配问题，显示了政府前所未有的高度重视；在中国经济研究热点的排名中，收入分配问题2005年排名第10位，显示了学者们的集中关注；在一些媒体进行的民意调查中，收入分配也都位列其中，显示了社会民众的普遍关心。甚至在国外，一些学者把中国居民收入差距的扩大作为"唱衰中国"的重要理由之一。这种国内国外，上上下下的共同关注，只能说明一点：居民收入差距问题对中国，乃至对世界都太重要了，对此做出科学的研究和解释，不仅在理论上而且在实践上都非常有用。

　　近些年来，我一直关注居民收入差距和收入分配问题，先后在《经济学动态》、《求是》、《中国人民大学学报》等国家核心期刊上发表了一些论文，其中有的被《新华文摘》等分别全文转载。我和王检贵同志合著的小册子《如何看待我国居民收入差距的扩大》（财政经济出版社2001年版），也被一些论文和著作引用。本书是国家社科基金重点项目的成果，初稿早已完成，放在手里捂了一段时间，交给国家社科基金专家鉴定同意结项也快两年了。本书之所以迟迟不愿出版，惟一的原因就是我认为本书的初稿还不够完善，总想做出进一步的修改后再出版。但实际上我错了。任何一部作品的完善都是一个无休止的过程，因为实践在发展，人们的认识在提高。所以完美总是相对的,过分追求完美,可能反而扼杀了许多创新,因为它是以放弃速度为代价的。特别是对经济学这样一门知识折旧率很高的学科而言,放弃速度过分追求完美,结果可能会是离完美更远!正是基于这样的理念,我才最终敢于大胆地将这本自感不完善的书拿出来面世。

  对居民收入差距的研究,首先需要解决的问题是收入差距究竟有多大?这实际上是一个计量问题,但计量的结果却取决于能够获取的数据和计量使用的方法。方法不同或者数据的来源不同,计量的结果也就必然不同,这正是我国对居民收入差距大小存在争议的原因所在。我国在这方面的研究已经比较成熟,成果也很丰硕,从提出的多种计量结果就可以验证这一点。分析我国居民的收入差距,不首先对收入差距究竟有多大做出判断,显然是不行的。因此,本书首先用自认为比较可行的方法和工具对我国居民收入差距的大小做出了判断。

  但是,分析我国居民的收入差距,仅仅对收入差距的大小做出判断是不够的,甚至可以说是远远不够的。这是因为,收入差距的大小判断只是一个数,是一个量的标志,它并不反映质的规定性。而且即使同一个数,在不同的国家、甚至同一国家的不同发展阶段,标志的东西可能都是不一样的。虽然量变达到一定程度会发生质变,但究竟在什么量上会发生质变,特别是在不同的国家、同一国家的不同发展阶段上,究竟达到什么量才会发生质变,这是简单的数量计量所不能回答的。因此,分析我国居民的收入差距,还要甚至可能更重要的是在对收入差距的大小做出计量的基础上,对这个数做出质的分析和判断,给出一个规范性的回答。当然,这里进行规范分析的标准非常重要,它肯定不是什么美国标准或国际标准,而只能是适合中国特定发展阶段的标准,也只有这样的价值判断,才能为我国下一步的收入分配体制改革和政策调整提供理论基础和可行政策建议。本书正是遵循这样的理念进行分析的,按照这样的逻辑安排结构的。

前　言

本书的研究得到了国家社科基金的重点资助，在此表示由衷的感激，也感谢国家社科基金邀请的专家们的认真评审和宽容。本书出版时，又对原稿作了较大幅度的修改，以求尽可能的完美。

本书也非常荣幸被列入辽宁大学经济学院"国民经济学"学术系列。自我 2005 年被评为教育部人文社会科学第一批长江学者，进入辽宁大学经济学院担任特聘教授以来，得到了辽宁大学校长程伟教授、经济学院院长林木西教授等领导和同事的厚爱，给予了优越的教学、科研条件。可以说，在我成长的历程中，成为长江学者具有里程碑的意义。我只有怀着一颗感恩的心用更加努力的工作和更好的成果来作为报答。

本书的出版，得到了经济科学出版社吕萍主任的鼎力相助，在此表示衷心的感谢。

黄泰岩
2007 年 3 月于辽宁大学留苑

目录

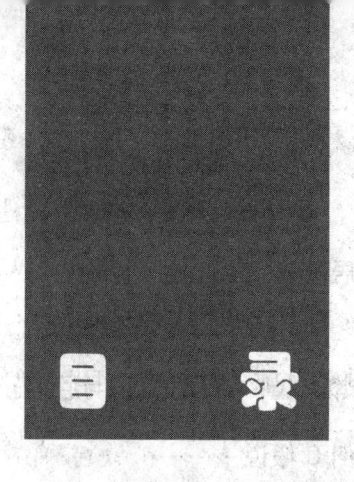

第一章 收入差距理论综述

第一节 西方收入分配和贫困问题研究的新进展 …………… 1
第二节 我国收入分配和收入差距研究的新进展 …………… 19

第二章 居民收入差距变动的中国假说

第一节 库兹涅茨倒 U 假说解释中国经验的局限 …………… 39
第二节 居民收入差距长期变动的中国假说 …………… 41
第三节 居民收入差距变动中国假说的理论验证 …………… 44
第四节 居民收入差距中国假说的实证检验 …………… 46
第五节 几点结论 …………… 48

第三章 中国城镇居民收入差距的测算与定量描述Ⅰ：静态分析

第一节 定量分析的概念和边界界定 …………… 50
第二节 计量方法和指标选择 …………… 52
第三节 中国城镇居民收入差距的总体状况分析 …………… 66
第四节 中国城镇居民消费领域福利状况的总体分析 …………… 71
第五节 中国城镇居民收入差距的来源结构分析 …………… 83
第六节 中国城镇居民收入差距的地域分析 …………… 98

第七节　中国城镇居民分行业、分所有制的收入差距分析 …… 115
第八节　中国城镇居民贫困问题及其测定 ………………… 118

第四章　中国城镇居民收入差距的测算与定量描述Ⅱ：动态分析

第一节　库兹涅茨倒 U 假说 …………………………………… 128
第二节　发展经济学对库兹涅茨倒 U 理论普适性的研究 …… 133
第三节　库兹涅茨（Kuznets）倒 U 假说的新进展和我国
　　　　城镇居民收入分配的倒 U 检验 …………………… 140

第五章　21 世纪初期中国城镇居民收入差距分析

第一节　21 世纪初期中国城镇居民收入分配的
　　　　总体和分层差距 ……………………………………… 154
第二节　中国各省、市、自治区城镇居民总收入
　　　　来源结构分析 ………………………………………… 159

第六章　中国城镇居民收入差距的国际比较

第一节　中国城镇居民收入差距的国际综合比较 ………… 165
第二节　中国城镇居民与欧美发达国家居民收入差距的
　　　　跨国比较分析 ………………………………………… 171
第三节　中国城镇居民与拉美国家、亚洲国家居民收入
　　　　差距的跨国比较分析 ………………………………… 192
第四节　中国城镇居民贫困程度的国际比较分析 ………… 201

第七章　中国城镇居民收入差距的原因分析：一个理论框架

第一节　中国城镇居民收入不平等的成因：
　　　　抽象模型分析方法 …………………………………… 210

第二节　中国城镇居民收入差距扩大的特殊成因分析 ············ 234

第八章　居民收入公平分配的价值判断

第一节　居民收入分配公平的价值判断标准 ················ 247
第二节　工业化进程中的城乡收入分配 ·················· 250
第三节　经济增长方式转换中的收入分配 ················· 258

第九章　居民收入差距的调节政策选择

第一节　构建公平与效率关系的新结构 ·················· 267
第二节　调整收入差距与财富差距、生活差距的关系 ··········· 274
第三节　完善经济结构调节居民收入差距 ················· 277
第四节　扩大中等收入者比重的战略与措施 ················ 288

参考文献 ···································· 299

第一章

收入差距理论综述

第一节 西方收入分配和贫困问题研究的新进展

收入分配问题一直是社会矛盾的焦点之一。法国思想家卢梭说过，人类社会每前进一步，不平等就前进一步。20 世纪 90 年代以后，随着现代信息技术的飞速发展，人类社会进入知识经济时代，经济全球化成为人类生产关系国际化发展的必然结果，它对于各国国内以及各国之间的收入分配产生了复杂的影响，从而成为国际上经济理论研究的一个热点问题。

国外对于经济全球化时代收入分配问题的研究和争论主要表现在以下几个方面：第一，收入分配用哪一种指标测定比较科学？第二，在经济全球化时代，各国之间的收入分配差距是扩大了，还是缩小了？收入分配发展的趋势是什么？第三，经济增长与收入分配差距之间的逻辑联系是什么？第四，世界主要经济体的收入分配状况如何？第五，在经济全球化背景下，收入分配差距的形成原因与解决的思路。

一、贫困和收入不平等的测定标准趋势

在研究收入差距之前，有必要区分贫困和收入不平等的区别。

贫困一般指生存的物质基础受到约束，如食物、住房、健康等。阿马蒂亚·森（Amartyasen，1992）把贫困描述为因缺少工具而失去了追求福利的能力。在国际上，贫困大多用每天1美元或2美元的绝对标准衡量。Sala-I-Martin（2002）指出，1998年世界人口的18.7%（主要在非洲）生活在每天2美元标准下，而其中5.4%的人口每天支出1美元，甚至更低。收入不平等的衡量标准是指，在一个确定的分析单元如家庭、地区、国家或全球等基础上测定相互间的差异性。正因为如此，在一个收入分布函数中，它描述高收入群体与低收入群体的偏离程度。

在过去的80多年中，基尼系数成为经济学中度量经济不平等的主要指标。有关基尼系数的研究从未停顿，一直处于不断完善之中。研究基尼系数的著名数理经济学家 Atkinson 和 Bourguignon（2000）仍然撰文综述收入不平等和贫困的各种度量指标。基尼系数可以用来度量收入的不平等、消费的不平等、财富的不平等和任何其他事物分布的不均状况。但用基尼系数度量收入的不平等最为普遍。基尼系数的一个优点是它可以分解为各收入来源对总收入差距的贡献。

基尼系数对计算中层收入群体的收入水平波动特别敏感。西方经济学界近10多年来经常用泰尔熵指数（Theil's entropy measure）来弥补基尼系数的弱点。泰尔熵T指数对社会上层收入水平的变化敏感，泰尔熵L和V指数对社会底层收入水平的变化敏感。这样，两种系数之间具有一定的互补性，能全面反映收入水平在各个阶层的变化。用泰尔熵指数来衡量不平等的一个最大优点是，它可以衡量组内差距和组间差距对总差距的贡献。它符合一种不平等指数所应具备的四个特征：（1）庇古—道尔顿条件（the Pigou-Dalton Condition）；（2）均值独立（Mean Independence）；（3）人口规模独立（Population-Size Independence）；（4）可分解性（Decomposability）。

二、经济全球化与收入分配

近几年来,关注全球化与收入分配的论文大量涌现。在这些研究成果中,对于在经济全球化条件下,各国内部以及各国之间收入差距是扩大、还是缩小存在针锋相对的观点。还有些学者认为应分清各种情况,如应区分绝对差距与相对差距,如何截取分配的时间序列数据,以及利用哪一种标准来测算收入差距等情况。

(一)经济全球化与国家收入分配现状及趋势

国际学术界持续关注的一个问题是,在一国内部,受经济全球化影响,是否存在一个总趋势,即收入分配随着经济增长是更平等了,还是收入差距扩大了。Svedberg(2004)等人选取 50 个国家为样本,进行了详细分析。估测结果是,少数国家的收入分配变得非常不平等。另有少部分国家变得显著平等了,但大多数国家的收入分配状况在做出比较的时间段里保持相对稳定(Li et al,1998,Sa-la-I-Martin,2002)。

另一个需研究的问题是绝对贫困的变化。世界银行(2001)和相关研究人员(Chen & Ravailion,2001)的研究表明,从 1987~1998 年,发展中国家的绝对贫困人口在边际上从 28% 下降到 23%,贫困人口总量基本不变,约 12 亿人。但是,这一研究结果遭到了质疑,Reddy 和 Pogge(2002),以及 Deaton(2001)质疑将贫困线定为每天 1 美元的正确性。Sala-I-Martin(2002)发现了一个更低的世界贫困率,如果将每天 1 美元作为贫困线,世界贫困率从 20 世纪 70 年代早期的 20% 下降到 1998 年的 5%。

关于国家之间收入分配的趋势也存在相互冲突的结论,最引人关注的是联合国发展计划署(UNDP,1999)和世界银行(2000/01)资助研究的项目。一些研究发现,从 20 世纪 60~90 年代,以单位资本收入增长率来衡量，不论穷国还是富国，所有国家的指标都翻了一番；而另一些研究报告由于算法或选取时间序列数据等因素的差异，认为收入分配状况相对稳定（见表1-1）。

表1-1　跨国间基于不同方法、标准得到的分配结果

作　者	年份	主要结果	覆盖年份	分配标准	收入标准
1. UNDP	1999	单位资本收入增长率：20%~74%	1960/1997	IR	FX$
2. 世界银行	2000/1	IR大幅上升，18%~37%	1960/1995	IR	P$
3. Radetzki	2001	以Gini和P$衡量：0.54~0.49	1960/1995	Gini, IR	FX$（P$）
4. Korceniewicz	1997	利用FX$，收入平等	1965/1992	Gini, Theil	FX$
5. Pritchett	1997	17个富国与其他国家相比：4.2%~4.5%	1960/1990	IR	PPP$
6. Jones	1997	下降10%（P$）	1960/1988	IR	P$（FX$）
7. Firebaugh	1999	收入状况不变（P$）	1965/1989	Gini, Theil	P$（FX$）
8. Boltho	1999	1980年前大幅上升，之后下降	1900/1998	Gini	P$
9. Melchior	2000	收入分配平等。Gini从0.59下降到0.52	1965/1998	Gini + IR	P$（FX$）
10. Schultz	1998	国内收入分配很大程度没有变化	1960/1989	Gini, Theil	P$（FX$）
11. Dowrick	2001	由于标准不同，收入分配略有上升或下降	1980/1993	Gini, Theil	P$ - AFX$
12. Sala-I-Martin	2002	收入分配略有下降，Gini从0.63下降到0.62	1970/1998	Gini, Theil	P$（FX$）
13. Milanovic	2002	收入分配不平等上升，Gini从0.63上升到0.66	1988/1993	Gini, Theil	P$
14. Dikhanov	2002	收入平等上升，Gini从0.67上升到0.68	1970/1999	Gini, Theil	P$ -A

续表

作者	年份	主要结果	覆盖年份	分配标准	收入标准
15. Bourguignon	2002	收入不平等在1820~1960年内上升，然后下降	1820/1992	Gini, Theil	P$

资料来源：Svedberg, World income distribution: which way? The Journal of Development studies, vol. 40, No. 5, June 2004, pp. 1-32

注释：IR：指以不同标准计算的收入比例；FX$：指以现行汇率换算成美元的收入；P$：表示按购买力平价（PPP）调整后的美元收入；P$-A：表示P$值经过Afriat指数法调整后的美元收入。

（二）绝对差距与相对差距

在研究收入差距和贫困问题时，世界银行和一些专家（Chen & Ravallion, 2001；Sala-I-Martin, 2002）等认为应区分绝对差距与相对差距。跨国之间的收入差距使用了不同的相对收入差距标准（例如比例系数和Gini系数）。然而国家之间在长时期内的绝对收入差距在大部分分配文献中被忽视了。Dikhanov和Ward（2002）对此进行了研究。他们用10分位法研究了1970年和1999年世界各国的绝对收入差距，发现基尼系数从1970年的0.668上升到1999年的0.682；而泰尔熵指数则从1970年的0.996下降到1999年的0.971。显然，反映中等收入阶层绝对收入差距的基尼系数上升了。

绝对收入差距的扩大给贫困的发展中国家带来了3个可能的结果（Kanbur, 2002）。第一，绝对收入差距的扩大会促使掌握更多全球信息的穷国高级人才向发达国家看齐，在短期和中期内，这将导致发展中国家制定向社会精英倾斜的政策。这种再分配会导致贫困阶层收入恶化。第二，差距扩大会导致穷国知识阶层向富国移民，从而影响穷国可持续发展的潜力。第三，Collier和Hoeffler（1998）认为日益增大的差距会在国家间产生政治冲突，甚至战争。

(三) 经济全球化下的世界收入分配

如果将世界经济作为一个整体来看，还涉及到由每个主权国家作为一个单位所形成的世界收入差距及其发展趋势。研究世界收入分配，需要区分人口规模差异巨大的中国、巴哈马这样的国家，它们需要有不同的权数。同样，国家之间的不平等分配因素也必须加以调整。

国际上有两种方法用来测定全球不平等状况。第一种方法是，把全世界看做一个国家，每一个国家的每一个家庭户的收入都用来计算世界收入差距。家庭户收入都用购买力平价算法来校正。Milanovic（2002）收集了世界上100多个国家的数据，计算出了世界基尼系数。1988年世界基尼系数是0.63，1993年上升到0.66。全球收入差距处于高度悬殊区间，而且在1990年左右收入差距上升。这种基于家庭户调查的研究遭到其他研究人员的批评，因为这些调查数据没有考虑到人们从公共支出中得到的效用，如政府的健康支出给人们带来的效用。第二种方法综合考虑了各国人均GDP、国家间收入分配差距、各国人口，以及国内收入分配等因素来测算不平等状况。Bourguignon 和 Morrisson（2002）利用历史数据计算了从1820~1992年的世界不平等状况。他们发现，全球不平等在这一期间上升了，原因在于工业革命的蓬勃发展、欧洲经济的快速增长以及随后的稳定发展。Sala-I-Martin（2002）利用7个不平等标准计算了1970~1998年间世界收入差距状况，所有的不平等指标所反映的全球收入差距自1980年以来都下降了。只有90年代早期是例外。Acemoglu 和 Ventura（2002）通过建立基于国际贸易中资本积累因素的全球收入不平等模型，他们发现在过去20年中全球不平等状况保持相对稳定。Dowrick 和 Akmal（2001）批评了那些基于现行汇率或购买力平价（PPP）基础上的测定标准，通过指数校正，他们发现从1980~1993年，全球不平等状况没有发生变化。Schultz（1998）发现，全球收入差距在60~70年代中期上升了，而随后又趋于下降。Chotikapanich，Valenzuela 和 Rao（1997）的研究显示，1980 年、1985 年和 1990 年全球不平等状况保持稳定。

由于基于不同的国家数量、时间段和方法，这些研究结果有时相互冲突。然而，经过综合分析和理论过滤后，可以得到以下共识：在 1820～1950 年期间，Bourguignon 和 Morrisson（2002）发现世界不平等由于工业革命和欧洲的快速发展而上升，一直到 70 年代中期，仍有轻微上升。然后在 80 年代由于中国经济快速增长而趋于下降，到 90 年代初期又稍微上扬，总体比较平稳。90 年代中期以后又趋于下降。总体上看，全球收入差距在过去 20 年间保持相对稳定。

几乎所有的研究都表明，在过去 20 年间，各国之间收入差距的扩大是影响全球收入差距的主要因素。而各国国内收入差距对全球收入差距影响较小。研究还发现，全球收入不平等的下降，主要归功于占世界人口 20% 的中国自 1980 年以来经济的高速增长。印度自 1990 年以来的经济增长也导致了世界收入差距的缩小。Sala-I-Martin（2002）指出，如果非洲经济发展迟缓，中国和印度的经济增长在未来会导致全球收入不平等上升，因为现在两国的增长造成贫困转化为富裕的集聚效应，而在将来会转化为富裕脱离贫困的分离效应。

三、经济增长与收入分配

收入和财富不平等分配的效应长期以来都是社会科学家关注的焦点之一。关于收入分配和经济增长关系的研究可追溯到卡尔多（Kaldor，1956），他强调收入分配对资本积累和经济增长的影响。同时代的发展经济学文献跟随 Kuznetz（1955）路线，从相反的方面，即从经济增长或发展对收入分配的效应入手进行研究。最近的内生型增长文献开始考察收入不平等是如何阻滞资本积累和经济增长,重点关注三种影响方式。首先,收入不平等能产生社会—政治不稳定,并进而损害储蓄和投资激励机制。第二,一个经常的争议是,由收入不平等引起的社会—政治不稳定将对政府产生压力,促使政府进行收入再分配,而这会减少经济激励,最终减缓资本积累和经济增长。第三种传播途径通过人力资本积累起作用。如果借贷成本高昂且困难重重,穷人不可能进行人力资本投资。收入不平等因此会导致贫困循环,缪尔达尔称之为循环因果累积原理。Benabou(1996)认为,低人力资本产生了平均技能较低的劳动力,而且这些人也不会对他们的子女进行人力资本投资。

在经济学界,最新的研究如 Alesina 和 Rodrik(1994),Perotti(1996),Persson 和 Tabellini(1994)等将上述因素综合起来形成了新的分析框架。这些模型可以概括如下:

$$Y = Tf(K, L) \tag{1}$$

其中,Y 是总生产水平,T 是全要素生产率,K 和 L 分别是资本存货和劳动。熊彼特认为,在生产函数中,区分对经济进化造成影响的两种因素是重要的。一类是与资本和劳动相联系的"增长因素",另一类是与社会和技术变化相联系的"发展因素"。遵循熊彼特的思想,对(1)式求微分

$$dY = fdT + T(f_k dK + f_l dL) \tag{2}$$

(2)式除以 Y 有:

$$\frac{dY}{Y} = \frac{dT}{T} + Tf_k \frac{dK}{Y} + \frac{f_l L dL}{fL} \tag{3}$$

简化表达式:

$$GR = F(\gamma, IY, dLL) \tag{4}$$

GR 是真实 GDP 增长率,γ 是全要素生产率增长率,IY 是投资产出比,dLL 是劳动力增长率。F_γ 等于 1,F_{IY} 是资本边际产出,F_{dLL} 是劳动力产出弹性。

基于以前文献的工作,Levine 和 Renelt(1992)确定了 4 个决

定经济绩效的变量。分别是 GDP 中的投资份额、人口增长率、人均 GDP 初始值和人力资本代理人。前两个变量属于"增长因素",后两个变量属于"发展因素"。最后,引入衡量收入分配的 Gini 系数,其符号为负。

得公式:
$$\gamma = \gamma(Gini, yo, Human) \tag{5}$$

其中,yo 是人均 GDP 初始值,Human 是人力资本存货指数。

将 (5) 式代入 (4) 式,得到:
$$GR = F(\gamma(Gini, yo, Human), IY(\gamma, Gini), dLL) \tag{6}$$

Gini 对 GDP 增长率的影响如下式:
$$\frac{dGR}{dGini} = \frac{\partial \gamma}{\partial Gini} + F_{IY}\left(\frac{\partial IY}{\partial \gamma}\frac{\partial \gamma}{\partial Gini} + \frac{\partial IY}{\partial Gini}\right) \tag{7}$$

利用上述综合模型作为分析框架,Benhabib, Jess 和 Spiegel (1994),Perotti 和 Roberto (1996) 等一大批经济学家们的实证分析表明,收入分配对经济增长具有明显的负效应。虽然确切的影响路径存在争议。在最近的文献中,一致认为转移支付最重要,人力资本途径最不重要。然而,收入差距对生产率增长的直接影响比它对增长率的间接影响大得多 (Pak, 2000)。值得注意的是,收入不平等对于经济产生了多方面的影响,它显著降低了效率和生产率增长率。它的影响路径不仅通过政治不稳定反映出来,还会深刻影响社会各阶层的诚信和安全感。这种不安全的人际关系产生大量不生产实际产出的交易成本。收入不平等对于人力资本积累也会产生很大影响。贫困剥夺了人们享受社会产品和服务,如食物、安全住所、健康等的能力,即阿马蒂亚·森所说的交换的能力,从而剥夺了人力资本积累能力。高收入群体的炫耀性消费无助于经济效益的提高。所以,尽管收入不平等与政治不稳定和人力资本积累联系不强,但许多实证研究揭示了不平等通过生产率途径显著影响了经济增长率。这反映了收入不平等对经济增长的影响比我们所理解的更为复杂,需要做出长期、细致和系统的分析。

四、收入差距的国别研究

近10多年来,涉及五大洲100多个国家的国别收入差距研究成为一个热点问题,从经济发展水平和市场经济体制角度看,大致分为三类国家:以美国为代表的发达国家;以南美洲、非洲和亚洲国家为代表的发展中国家;以中国、俄罗斯、东欧国家、中亚国家为代表的转轨经济国家。

(一)发达国家的收入分配

在发达国家中,北美洲的加拿大、美国、欧洲的英国、德国、瑞典具有广泛的代表性,而且它们都属于经合组织国家(OECD),因此受到许多学者的关注。Osberg(2003)的研究在西方国家具有代表性,他利用卢森堡收入研究数据库(LIS)对于上述5国自20世纪70年代以来的收入分配状况进行了点估计。在进行数值计算之前,对数据做了标准化处理,计算标准是每个家庭户税后收入(可支配收入),以此为基点进行"等值收入"计量。每个国家的现金收入按PPP法折算为1994年的美元值(见表1-2)。

表1-2　　　　　　　跨国收入分配状况

国家	年份	中位数	均值收入	基尼系数 Gini	泰尔熵指数 Theil	%<0.5 中位数	%>1.5 中位数	90/10 比例	SST 指数
加拿大	1971	12083	13286	0.315	0.168	16.0	21.0	10.13	0.103
	1975	15345	16630	0.288	0.139	13.8	19.0	7.91	0.085
	1981	16691	18232	0.283	0.133	12.3	19.8	7.21	0.072
	1987	17230	18962	0.287	0.137	12.0	19.1	7.27	0.068
	1991	17389	19267	0.284	0.137	11.4	20.1	7.04	0.063
	1997	17485	19364	0.286	0.137	11.5	20.4	6.97	0.061

续表

国家	年份	中位数	均值收入	基尼系数 Gini	泰尔熵指数 Theil	%<0.5 中位数	%>1.5 中位数	90/10 比例	SST 指数
美国	1974	15906	17593	0.317	0.171	15.9	21.2	10.17	0.107
	1979	17092	18640	0.303	0.151	15.9	21.4	8.96	0.102
	1986	18077	20521	0.336	0.187	17.9	24.7	11.03	0.119
	1991	17715	20172	0.340	0.190	17.9	24.7	11.14	0.117
	1994	17511	20736	0.364	0.224	18.5	26.5	13.50	0.126
英国	1974	11158	12397	0.268	0.127	9.0	18.1	5.72	0.032
	1979	11773	12954	0.268	0.119	9.0	19.3	5.67	0.038
	1986	12211	13987	0.296	0.149	8.4	22.7	6.73	0.046
	1991	14175	16805	0.338	0.210	14.5	25.0	8.70	0.064
	1995	14166	16941	0.343	0.209	13.2	24.9	9.26	0.066
瑞典	1975	11359	11719	0.214	0.076	6.4	11.3	4.26	0.032
	1981	11440	11872	0.196	0.065	5.2	10.4	3.88	0.030
	1987	11623	11977	0.217	0.087	7.3	10.5	4.76	0.047
	1992	13508	14295	0.228	0.091	6.5	13.1	4.99	0.045
	1995	12476	13127	0.220	0.090	6.5	11.8	5.21	0.055
德国	1981	13159	14497	0.245	0.102	5.6	16.6	4.97	0.029
	1984	12948	14234	0.250	0.111	6.5	16.3	5.16	0.028
	1989	14417	15849	0.248	0.114	5.6	16.3	5.29	0.035
	1994	14150	15722	0.272	0.141	8.5	17.7	6.59	0.052
	1994后	13659	15143	0.264	0.133	7.5	17.2	6.09	0.044

资料来源：Lars Osberg, Longrun trends in income inequality in the United States, UK, Sweden, German & Canada, *Eastern Economic Journal* Vol. 29, No. 1, Winter 2003, P. 124.

注释：①90/10比例指收入最高10%人口与收入最低10%人口收入之比；②%<0.5中位数和%>1.5中位数，分别指比中位数收入低一半或高一倍半的人口比例；③SST（Sen-Shorrocks-Thon）指数是测量贫困密度的指数。

5个发达国家人均收入都在10000美元以上，从20世纪70年代至90年代，收入不断上升。从反映中间收入阶层的Gini系数看，除加拿大下降外，其他4国都有较大幅度上升。Theil指数对于底层变化敏感。5个国家的Theil值都在30多年时间内上升了，说明发达国家社会底层收入差距扩大。从%<0.5中位数看，除加拿大外，其他4国的低收入人群比例上升。再看反映贫困度的SST指

数，除加拿大外，其他4国的贫困度都上升了。

通过具有广泛代表性的5个发达国家的数据，我们可以发现，自20世纪70年代以来，大部分发达国家的收入差距扩大，而且贫困人口和中高收入阶层人口比例均有上升，整个社会群体中，贫困人口密度增加。

（二）发展中国家的收入分配

国际经济学界对于发展中国家收入分配的研究持续不断，近10年来，研究的一个新趋势是要找出造成收入不平等的原因以及需要采取的对策。

亚洲国家的收入分配问题往往与经济发展相联系。Leightner（2003），Peach（2000）等学者从理论和实证两方面论述了亚洲国家收入分配的独特规律。尤其是在东亚国家，它们的收入分配与经济增长之间的长期互动关系符合Kuznetz倒"U"形曲线。近几年来，亚洲国家的收入差距整体上处于倒"U"形曲线的上方，即收入差距呈扩大趋势。Wagner（2003）认为，亚洲国家收入差距扩大，既因为中国和印度国内收入差距扩大引起，又因为日本、韩国和东南亚国家遭受1997年亚洲金融危机打击后，造成这些国家国内社会各阶层的收入产生了巨大波动，在没有走出经济泡沫之前，各自国内收入差距的扩大，可认为是受外资推动部门和非贸易部门利润差异与分配相关。

中东，北非（MENA）地区大多数国家的经济状况和收入分配在近10多年来逐步好转。Richard（2003）等学者的研究结果表明，伴随世界能源的日趋紧张，中东地区大多数产油国获得了巨大的石油收益。随着经济增长，贫困和失业率下降，收入分配状况有积极好转的趋势。与其他发展中国家和地区相比，有两个重要因素对收入分配产生了影响。从20世纪80年代早期开始，移入波斯湾产油国家和欧洲的移民，补充了当地对各种人才和劳动力的需求。国民财富的增加，提高了中东地区穷人的收入水平。同时，中东国家的政府通过政府雇工方式使许多人脱离贫困。跨国数据的多元回归分析表明,这两个因素对于减少贫困统计显著性很高。

撒哈拉以南黑非洲国家的收入分配状况是世界上收入差距最悬殊的地区。经济学家认为,除公认的人力资本素质低下、经济科技水平落后原因外,落后和专制的政治体制、民族或宗教冲突、战争、灾害、瘟疫等自然和人为因素都导致了当地收入分配状况的恶化。近几年来,学者们日益认识到,低效率的政治体制产生的腐败是延缓非洲国家经济增长、收入分配状况恶化的重要因素。Gyimah-Brempong(2002),Kaufman,Pradhan,Ryterman 和 Anderson(1998)等人的研究证实了这一现象。研究表明,腐败直接降低了经济增长,并间接减少物质资本投资。一单位腐败的增加将使年 GDP 增长率降低 0.75%~0.9%,同时,每年单位资本收益减少 0.39%~0.41%。最终结果都与收入不平等正相关。

南美洲国家的收入分配状况和南部非洲一样糟糕。两者的一个区别是,南美洲国家贫困率很低,属于脱贫线上收入差距悬殊的类别;而南部非洲国家是属于贫困线以下的收入状况恶化类别。南美洲国家的共同特点是:20 世纪 60~80 年代,在西方资本输入的刺激下,经济高速增长,但收入分配状况却迅速恶化;从 20 世纪 90 年代至目前阶段,经济增长缓慢,收入分配差距依然处于两极分化状态。经济学家 Skidmore(2004),Jameson(2003)等认为,新古典主义经济模式是导致南美洲国家收入分配恶化的根源,即使是 20 世纪 90 年代以后,拉美国家的经济政策依然受"华盛顿共识"引导,而其核心依然是新古典主义倡导的自由贸易和经济自由化。此外,Skidmore 和世界银行专家认为特定的文化、历史背景等因素使南美洲国家成为世界上收入最不平等、持续时间最长的地区。Jameson 和 Lichtenstein(2000),Schneider(1999),Went(2000)等学者从新制度主义角度指出,新自由主义的货币政策,尤其是浮动汇率制度对贸易、投资、金融稳定性造成冲击,影响宏观经济绩效,从而对减少贫困和收入分配状况转好起了负面作用。

(三) 转轨经济国家的收入分配

转轨经济国家的收入分配状况有一个共同的规律，即苏联和东欧国家在体制转轨前收入分配状况处于平均区间，发生巨变后，收入分配状况发生很大波动。在整个 20 世纪 90 年代，收入比较平等的国家是经济体制和政治体制改革比较成功的国家，而收入分配更加不平等的国家属于原来经济基础薄弱、资源贫乏、民族、宗教纷争的地区。在实行西方提出的新自由主义的经济改革政策后，对社会不同阶层的冲击很大。研究转轨经济的著名学者 Bogomolova（2003）、Tapilina（2003）等人认为，国家财产的再分配、私营部门的大量涌现、经济重建、国家福利政策改革等措施的实行，促使一批富人产生，而大多数人的生活水平下降，这直接导致 20 世纪 90 年代收入不平等的大幅上升。因此，对于转轨经济国家来说，提高人民的生活水平就成为经济政策的目标之一。为达到这一目标，必须考虑两个层面：一是国家平均收入水平，二是收入分配状况（见表1-3）。需要指出的是，收入不平等在高收入国家和低收入转轨经济国家有不同含义。如果一国平均收入水平比其他国家高，收入不平等也高于平均水平，那么，该国家的贫困阶层福利状况将更加恶化。

表1-3 转轨国家收入分配（%）（基尼系数以净收入为标准计算）

国家\年份	1990	1991	1992	1993	1994	1995	1996	1997	1998
亚美尼亚					60.60	62.14	59.72	43.14	
阿塞拜疆								31.10	
白俄罗斯				21.60		24.67	24.22	24.85	31.00
保加利亚		24.92	31.06	31.90	35.62	37.15	34.78	34.59	
克罗地亚		26.70		26.50					
捷克	18.85	20.34	21.55	22.09	21.52	28.14	27.64		
爱沙尼亚			41.23	38.79	39.57	39.04	37.37	34.10	36.97
马其顿				27.30	27.30	29.50	31.10	29.50	
格鲁吉亚			36.45	45.08	57.24	53.50	58.71	51.86	

续表

年份 国家	1990	1991	1992	1993	1994	1995	1996	1997	1998
匈牙利	21.41	20.42		22.69	23.15	24.34	24.47	24.58	25.30
哈萨克斯坦				32.70			35.40		
吉尔吉斯			30.00	35.30	44.30	39.50	42.80	43.10	
拉脱维亚				27.00	27.00	28.50	32.17	32.60	32.10
立陶宛					35.04	33.34	35.70	30.90	
摩尔多瓦				43.70	37.90	39.00		46.63	
波兰							33.12	34.20	32.70
罗马尼亚		24.32	25.14	26.19	26.24	31.18	30.60	30.27	
俄罗斯			43.70	38.10	40.50	38.50	37.60	37.00	37.60
斯洛伐克		17.96	18.62	19.68	20.81	20.00	24.83	23.36	
斯洛文尼亚				25.05	22.00	23.41	24.00		
土库曼斯坦									40.80
乌克兰				36.79	34.75	27.20	35.42	35.13	
乌兹别克斯坦				33.30					

资料来源：WIID 2000, P.17.

数据表明，在1995年左右，转轨经济国家的基尼系数达到最高值。这段时间是转轨经济国家体制变革剧烈的时期。而且广大群众的理性预期是，经济体制改革在中期内仍将处于动荡中，从而加速了金融市场的波动，影响自由价格体系的尽快建立，从而影响各个阶层的收入水平。

对于转轨经济国家的收入分配，Kaasa（2002）和国际货币基金组织（2000）有关专家还发现，以单位资本创造的 GDP 和 Gini 系数衡量不同收入水平国家的收入差距，凡是收入水平高于转轨经济国家平均水平的国家，收入分配比其他国家更为平等（见表1-4）。也有例外，如俄罗斯收入水平高于平均水平，但其收入不平等高于平均水平。波兰和爱沙尼亚的收入水平高于平均水平，但基尼系数保持不变。四个国家——白俄罗斯、拉脱维亚、马其顿和阿塞拜疆收入低于平均线，但基尼系数也低于平均水平。很可能拉脱维亚人口中20%收入水平最低的穷人数量比俄罗斯多，尽管俄罗斯人口中平均线以上人口多。贫困问题在其他国家,如保加利亚、乌克兰、哈萨克斯坦、吉尔吉斯、土库曼斯坦、亚美尼亚、摩尔多瓦和格鲁吉亚等可能更加严重,相对于这些国家低于平均线的收入水平,它们的收入不平等却高于平均水平。

表1-4 转轨经济国家的收入水平和收入差距(1997年)

国 家	单位资本创造的GDP 以PPP法计算的美元折算数	与平均水平的比例	基尼系数Gini 数值	与平均水平的比例
斯洛文尼亚(1996)	13.530	2.28	24.00	0.71
捷克	12.930	2.18	27.64	0.81
匈牙利	9.914	1.67	24.58	0.72
斯洛伐克	9.526	1.60	23.36	0.69
罗马尼亚	6.210	1.05	30.27	0.89
立陶宛	6.255	1.05	30.90	0.91
爱沙尼亚	7.503	1.26	34.10	1.00
波兰	7.439	1.25	34.20	1.00
俄罗斯	7.031	1.18	37.00	1.09
转轨国家平均值	5.936	1.00	34.04	1.00
白俄罗斯	5.768	0.97	24.85	0.73
拉脱维亚	5.609	0.94	32.60	0.96
马其顿	4.251	0.72	29.50	0.87
阿塞拜疆	2.039	0.34	31.10	0.91
格鲁吉亚	4.992	0.84	51.86	1.52
保加利亚	4.721	0.80	34.59	1.02
哈萨克斯坦(1996)	4.435	0.75	35.40	1.04
乌克兰	3.295	0.56	35.13	1.03
土库曼斯坦(1998)	2.664	0.45	40.80	1.20
吉尔吉斯	2.310	0.39	43.10	1.27
摩尔多瓦	2.175	0.37	46.63	1.37
亚美尼亚	2.053	0.35	43.14	1.27

说明:缺少阿尔巴尼亚,克罗地亚,塔吉克斯坦,乌兹别克斯坦数据。
资料来源:GDNGD2001,WIID 2000,P.10。

五、结论

收入分配与贫困问题的国际研究争议颇多,因为没有一个单一标准能够清晰地回答近几十年来国家之间或者全球收入分配的状况。收入和分配概念有各种定义,而且测量标准多种多样,这主要包括5个问题:第一,现行汇率(FX$)与购买力平价(PPP)汇率的争论。目前,PPP方法在世界上更受欢迎。第二,如何选择收入分配的比较标准很关键。如果要比较穷国与富国之间的收入分配差距,选择比例法最有用;如果把全球所有国家作为一个整体来看待分配差距,更复杂、更精确的标准,如基尼系数、泰尔熵指数比较重要。当然,所有标准都有其局限性,最好利用一套指标体系来测定。第三,对于收入分配进行时间序列分析时,选择起止年份是相当敏感的,而且选择有时是武断的。第四,在计算国家间收入分配时,是否对人口规模进行标准化处理,也会影响数据的准确度。第五,计算收入差距时得到数据的来源不同,有的来自国家统计局,有的来自家庭户调查,还有的来自国际组织。如何判定那一种数据的置信度更高是不可行的。最好将这些数据看做非竞争性选择数据(non-rival alternatives)。

尽管存在争议,还是可以通过大家普遍接受的标准得出确定结论。这些措施包括:(1)依据PPP方法调整收入标准;(2)按人口规模对不同国家进行加权处理;(3)利用大多数学者采用的时间序列数据。

经过统一统计口径,可以得出的第一个结论是,从20世纪60年代起,以基尼系数和其他标准测量的国家内部的收入分配保持稳定。大多数学者的研究显示基尼系数下降了0.02~0.05个百分点。少数学者还对全球收入分配的长期趋势作了估计,发现国家之间的收入分配比国内更平等,在过去几十年中,波动范围在±0.02~0.03之间。

全球收入分配的稳定主要应归功于中国、印度和东南亚国家经济的快速增长，在相当程度上中和了南美洲和南部非洲高收入差距。同时，Milanovics（2002）发现，在短期内全球收入分配状况的恶化也主要由中国造成。近几年，中国农民收入增长率下降，8亿农民的收入水平将影响中国的收入分配，并进而和人口大国印度、孟加拉一起影响全球相对收入差距的变化。

另一个值得注意的事实是，在最富的OECD国家和最穷的撒哈拉南部非洲国家之间，以单位资本收入来衡量相对收入差距呈显著上升趋势。按照Sala-I-Martin（2002）的研究，在1998年，非洲国家的贫困度对全世界贫困度的贡献度在95%以上。

未来世界收入分配状况，部分取决于落后国家的经济增长，部分依赖于相对的人口增长速度。如果现在贫困国家的经济增长快于其他国家，将降低全球各国之间的相对收入差距，前提是人口增长率必须低于经济增长率。因此，单位资本收益率将决定未来世界收入差距的发展趋势。

经济增长理论和模型对于世界未来的收入分配未能起到引导作用，因为成千上万的理论模型在预测不同单位初始资本推动经济增长方面存在分歧。新古典主义的索洛模型和许多近几年出现的内生增长模型一样，预期未来的收入分配将趋同或趋于中性。其他模型，如罗默的知识溢出模型预测未来发达国家的经济增长将比穷国快得多，从而世界收入分配状况将恶化。

西方经济学家的实证研究揭示，低初始收入水平和跨国之间的低增长具有强相关关系（Temple，1999）。为了解释这一结果，一些经济学家发现了最贫困国家的天然不利条件。Sachs和Werner（1997）主要强调热带气候和高发病率会降低人们的劳动生产率，并缩短他们的生命周期。他们同时也指出了其他不利条件，如农业和地理因素，这将影响运输距离和重要的出口市场。其他经济学家不同意这种解释，认为贫困国家的低增长率是由于基本制度造成的，如非民主政体、大范围腐败和不完善的财产保护制度。Sala-I-

Martin（1997）和其他学者认为这些国家执行了错误的经济政策。

如果天然不利因素是最重要的，国家之间收入差距的前景就必然是灰色的。如果制度效率和经济政策是主要障碍，至少还有改善的希望，未来的世界收入分配状况有望改善。

国家之间相对收入差距是不确定的，但可以确信的是，在经济全球化条件下，以单位资本收益来衡量，未来 20~30 年内最富裕国家集团和最穷国家集团之间的绝对收入差距将不可避免地扩大。没有迹象表明富裕国家的经济发展有停滞的可能。这意味着，即使穷国长期保持年 6% 以上的经济增长率，绝对收入差距依然要持续扩大几十年。如果穷国每年只比富国增长率快 2 个百分点，绝对收入差距的扩大将持续到 22 世纪。

目前，世界上研究收入分配的文献主要集中在相对分配上。大多数传统的指标（如基尼系数和比例法）用来测量相对差距。但是，许多经济学家相信，更多关注富国和穷国之间日益增长的绝对收入差距及其所造成的影响，应该成为未来收入分配研究的紧迫任务。

第二节 我国收入分配和收入差距研究的新进展[①]

一、我国收入分配的主要问题

（一）我国收入分配的特点

曾燕南指出，我国居民收入分配的特点有：居民收入增长速度低于经济增长速度；城镇居民内部差距进一步扩大；居民收入差距

[①] 本节的初稿由李国栋提供。

呈现地区分化；省（区、市）际间居民收入差距逐步扩大；居民收入分配规范性和非规范性并存。① 尹艳林等人也将我国居民参与国民收入分配的特点概括为：居民在国民收入分配中所得份额总体上呈下降趋势；劳动报酬所得一直是居民收入的主体部分；财产收入随着居民家庭财产的累积而有所增长；转移性收入，尤其是其中的社会保险付款增加较快。② 李实等人使用中国社科院经济研究所收入分配课题组 1995 年和 2002 年调查数据，对中国居民财产分布的不均等情况进行了分析，发现 20 世纪 80 年代以来，就全国平均水平而言，居民财产的增长幅度超过了同期 GDP 的增长速度，也超过了居民人均收入的增长速度。而且，中国居民财产分布差距的明显扩大与城乡之间差距的急剧拉大是分不开的。③

（二）我国收入分配存在的主要问题

杨宜勇等认为当前收入分配领域存在的主要问题是：分配秩序紊乱，导致对公平的认同性大幅度降低；收入分配差距过大，社会不稳定因素增加；财政集中度过高，政府从社会剩余产品中抽取过多；行政性垄断行业收入过高，政府规制不力；农村缺乏最低生活保障，社会保障不公。④

魏杰等指出，我国收入分配的现状是分配不公和分配差距过大两个问题同时存在。其中，收入分配不公是现阶段影响收入分配的首要问题，其原因是：第一，收入分配不公是引起收入分配差距过大的重要原因；第二，解决收入分配不公是解决收入分配问题的突破口；第三，人们对收入分配的不满情绪更多的集中在收入分配不

---

① 曾燕南：《我国居民收入分配发展策略研究》，载《上海经济研究》2005 年第 7 期。
② 尹艳林、李若愚：《我国居民收入分配格局研究》，载《经济研究参考》2005 年第 29 期。
③ 李实、魏众、丁赛：《中国居民财产分布不均等及其原因的经验分析》，载《经济研究》2005 年第 6 期。
④ 杨宜勇、顾严、李宏梅：《我国收入分配问题及"十一五"时期的对策》，载《宏观经济研究》2005 年第 11 期。

公。① 宗寒认为，我国目前收入差距中有很多不合理的因素，已经超出了社会全面健康发展所能允许的范围，主要表现在：非法暴富、过高的剩余价值率、超经济剥削和剥夺自然资源、钻市场经济体制不健全的空子非法致富、行业垄断、企业垄断和城市垄断。②

万广华等人则专门对我国农村收入不平等的特点进行了描述：首先，不同省或地区间的收入差距很大，如2002年上海市农村人均纯收入为6224元，贵州农村却只有1490元；其次，收入不平等还存在于同一省份的不同村庄之间和同一村庄的不同家庭之间，如云南省村庄1的人均纯收入水平是同省村庄2的12倍。在农户水平上，2002年云南省村庄2中55%的农户的人均纯收入低于500元，而同期广东省村庄1中超过80%的农户的人均纯收入超过10000元，表明农村收入不平等已经达到惊人的程度。③ 薛宇峰利用基尼系数作为收入分配水平的测度指标，同时采用总体收入水平指数作为补充测度指标，实证分析了中国各省（区、市）间农村收入分配不平等的程度和地区差异，研究表明：第一，中国农村居民收入的对数分布曲线从1998年的负偏正态向2003年的正偏正态转化，表明低于平均收入水平的农户的数量在增加，半数以上农户的家庭收入低于全国平均水平，农户收入不平等程度日益严重。第二，中国农村居民收入分配的不平等状况在持续恶化之中，目前在中国农村，基尼系数与农村居民人均收入之间还不存在明显的倒"U"型关系。第三，在粮食主产区中，除了吉林和四川的农村居民收入分配不平等状况有明显的改善外，江苏、湖北和安徽表现出轻微改善的迹象，而其余省（区）则有明显恶化的倾向。第四，农村居民的总体收入水平指数在各省（区、市）之间存在显著的差异，全国范围看，不平等指数最高的是上海和浙江，最低的是安徽

---

① 魏杰、谭伟：《收入分配不公让社会头痛》，载《中国国情国力》2005年第6期。
② 宗寒：《我国居民收入差距不断扩大的深层原因透视》，载《中州学刊》2005年第4期。
③ 万广华、周章跃、陆迁：《中国农村收入不平等：运用农户数据的回归分解》，载《中国农村经济》2005年第5期。

和江西。同属于粮食主产区的各省（区、市）的农村居民的总体收入不平等指数表现出明显分化的特征。①

（三）如何看待当前的收入差距

对于如何看待收入差距扩大问题，赵人伟认为应分为三个不同层次来看：第一层次是属于有利于提高效率的激励部分，这部分有利于克服平均主义和促进经济的发展，是经济改革的成果，应加以肯定。第二层次是属于经济改革必须付出的代价，如中国经济改革只能采取双轨过渡的渐进方式，从而必然会出现利用双轨进行"寻租"等活动。第三层次属于过高的代价，或者说属于不应该付的代价部分，或应该防止或避免的部分。②

杨圣明等认为，当前收入分配中存在的两极分化问题，从客观上讲是市场经济体制下客观经济规律作用的结果，具体说是价值规律、按劳分配规律和资本积累规律造成的。③

对于城市间的收入差距问题，应考虑居民名义收入和地区间价格水平两个方面。江小涓等人对我国36个城市人均可支配收入进行价格调整后发现，城市间真实生活水平的差异小于货币收入表示的名义收入差距。④

王海港通过对1989～1997年期间4期家庭收入相关数据进行分析，认为20世纪90年代是我国经济制度大幅变革的时期，收入的变动主要是由于市场化导致的收入来源和获得收入的要素的变化所造成的。农民家庭收入的收入变动大于其他分组家庭，主要源于农民的包括农业经营收入和工资性收入，大部分农户基本不享受各

---

① 薛宇峰：《中国农村收入分配的不平等及其地区差异》，载《中国农村经济》2005年第5期。
② 赵人伟：《收入分配、财产分配和渐进改革——纪念〈经济社会体制比较〉杂志创刊20周年》，载《经济社会体制比较》2005年第5期。
③ 杨圣明、郝梅瑞：《论我国收入分配中的两极分化问题》，载《财贸经济》2005年第12期。
④ 江小涓、李辉：《我国地区之间实际收入差距小于名义收入差距——加入地区间价格差异后的一项研究》，载《经济研究》2005年第9期。

类社会保障，也很少有投资收益。他认为，一个国家单年的居民收入分配有多高的基尼系数并不可怕，可怕的是有高的基尼系数的同时收入不变动或变动缓慢，更可怕的是分配的变动对改善不平等没有贡献，或贡献越来越小。1989~1997年正处于这样的阶段。[①]

权衡从居民收入流动角度研究收入不平等问题。收入流动是指某个特定的收入组人员的收入在经过了一个时间序列变化之后，其所拥有的收入份额或者所在的收入组别（以五等份分组来计）所发生的位置变化。权衡认为，居民收入流动可以从实质上改善收入不平等的状况，较快的收入流动可以大大减少不同收入阶层由于收入不平等所阐述的社会心理压力以及社会矛盾；收入流动性的大小最基本的意义上说就是机会平等，而机会平等又依赖于一个国家市场经济制度以及社会公共政策的完善程度如何；我国目前在不完善的市场经济制度和不统一的社会公共政策背景下，一些体制和机制性障碍的存在，很大程度上阻碍了居民收入流动性，导致流动性降低，因而在一定意义上也就造成了社会公众对收入差距的强烈不满和心理反应。这可以说是我国收入分配领域中各种矛盾和问题的焦点之所在。[②]

二、收入差距扩大的影响因素

（一）人力资本（教育）差异对收入差距的影响

大多数学者的研究发现，教育是导致收入差距的主要因素之一。王从军等人通过理论探讨和实证分析，认为中国的收入分配差距，就分配本身的公平而言，受教育机会不公平是根本原因或最主

[①] 王海港：《中国居民家庭的收入变动及其对长期平等的影响》，载《经济研究》2005年第1期。
[②] 权衡：《居民收入流动性与收入不平等的有效缓解——收入流动性理论与实证分析框架》，载《上海经济研究》2005年第3期。

要原因。①

　　郭剑雄借鉴内生增长理论的相关文献，运用实证分析的方法，对人力资本、生育率以及两者的互动影响作为观察和分析中国城乡收入差距的基本变量，发现农村地区的高生育率和低人力资本积累率所导致的马尔萨斯稳态，是农村收入增收困难的根本原因；而城市部门已进入低生育率、高人力资本存量和积累率共同推动的持续增长均衡阶段。②

　　杜鹏则采用部分代表性省份，考察了 1995~2002 年中国教育发展对收入差距的影响，得出的结论主要有：教育无疑是影响我国收入分配均等化的重要因素，教育对收入差距的解释力度较大，必须高度重视；我国的教育发展中目前对收入差距的扩大作用还占主导；受教育年限的延长还没有出现拐点的迹象，对收入差距的扩大作用还比较稳定；教育平等化对收入差距缩小的影响在我国并不明晰，主要还是扩大了收入的差距。③ 薛守刚等以天津市城市社会经济调查队 2004 年 3000 户最新调查资料为样本，考察了城镇居民各人口特征对收入差距的贡献，结果表明：教育程度对收入差距的影响排在第二位，仅次于职业及职务因素，行业特征退居第三位。④ 王小鲁等人的研究也表明，教育机会不均等是导致过大收入差距的一个因素。目前我国教育存在重城市、轻农村，重高教、轻普及，重应试教育、轻职业教育，重名校、轻普通高校的倾向，其对未来经济和社会发展的影响将逐步显现。⑤

---

　　① 王从军、钱海燕：《人力资本投资与公平的收入分配——一个基于经济发展兼顾公平的收入分配理论研究》，载《求索》2005 年第 9 期。
　　② 郭剑雄：《人力资本、生育率与城乡收入差距的收敛》，载《中国社会科学》2005 年第 3 期。
　　③ 杜鹏：《我国教育发展对收入差距影响的实证分析》，载《南开经济研究》2005 年第 4 期。
　　④ 薛守刚、周云波：《影响我国城镇居民收入差距的主要因素研究——以天津为案例从人口特征的角度所进行的分析》，载《南开经济研究》2005 年第 3 期。
　　⑤ 王小鲁、樊纲：《中国收入差距的走势和影响因素分析》，载《经济研究》2005 年第 10 期。

卞凤玲借鉴"三元经济"理论模型，指出三元经济结构（农业经济、工业经济、知识经济）的形成，扩张了城乡居民的收入差距，因为在知识经济时代，高工资、高技能就业和低工资、低技能就业都在增长，但两类就业的增长会出现离散的趋势，基于知识的就业机会占就业总量的份额将越来越高，使得利益分配格局更倾向于知识资本所有者。[①] 纪玉山等通过对发达国家近十几年新经济发展的实证分析表明，技术进步不但不像库兹涅茨论述的那样是缩小收入差距的因素，而且成为拉大收入差距的重要力量。因此，在市场经济自发的作用下，引起经济增长的技术进步同时又是收入差距拉大的主要原因。[②]

但也有研究表明，教育对农村收入不平等的影响并不大。万广华等结合最新的 Shorrocks（1999）的夏普里值方法和回归分解技术分析中国农村的收入不平等，发现地理因素是导致收入不平等的最主要因素，而且将来也是如此。资本投入已成为影响中国农村收入不平等的最重要因素。惟一的减少不平等的因素是土地，但它的影响是最小的。在导致总的收入不平等的各种因素中，种植结构比劳动力及人力资本投入都更为关键。教育对收入不平等的影响很小，但预计它的作用会有所增加。[③]

（二）金融发展对收入差距的影响

金融已经成为一国经济发展的最重要因素，金融发展是否导致和扩大了收入差距，也引起了学术界的关注。姚耀军基于 VAR 模型及其协整分析，利用 Grange 因果检验法，对中国 1978~2002 年间金融发展与城乡收入差距的关系做出实证研究，表明两者存在着

[①] 卞凤玲：《三元经济结构对城乡居民收入差距扩大的张力分析》，载《中州学刊》2005 年第 4 期。
[②] 纪玉山、张洋、代栓平：《技术进步与居民收入分配差距》，载《当代经济研究》2005 年第 5 期。
[③] 万广华、周章跃、陆迁：《中国农村收入不平等：运用农户数据的回归分解》，载《中国农村经济》2005 年第 5 期。

一种长期均衡关系；金融发展规模与城乡收入差距正相关且两者具有双向的 Grange 因果关系；金融发展效率与城乡收入差距负相关，且两者也具有双向的 Grange 因果关系。① 张立军等人选取 1980~2001 年的相关指标进行检验，也发现金融发展水平提高促进了城镇居民收入差距的扩大。并进一步分析认为，这主要是由于我国目前的金融发展总体水平还很低，在这种情况下，高收入阶层在获得金融资源上有优势，从而总体上提高了高收入阶层的收入，收入分配差距因而扩大。②

温涛等人的实证结果也表明，1952~2003 年间中国金融发展，无论是金融机构贷款比例还是经济证券化比率的提高，对农民收入增长都具有显著的负面效应；而中国农村金融发展同样没有成为促进农民收入增长的重要因素，反而造成了农村资金的大量转移和流失，成为促进城市居民收入提高的重要因素。中国金融的发展直接导致了城乡收入差别的扩大和"二元结构"的强化。③

（三）公共产品供给对收入差距的影响

郭兴方认为，我国城乡收入差距不断扩大的原因是城乡资源占有极不均等的制度和由于制度原因形成的存量资产（储蓄）又在市场作用下继续拉大差距的双重因素。④

刘乐山等对公共产品供给与城乡居民收入差距的关系进行了分析，认为公共产品在城乡之间的供给差异，对城乡居民的实际生活水平、生活质量、人力资本积累、生产效率都产生了影响，拉大了

---

① 姚耀军：《金融发展与城乡收入差距关系的经验分析》，载《财经研究》2005年第2期。
② 张立军、湛泳：《我国金融发展与城镇居民收入差距的关系》，载《财经论丛》2005 年第 2 期。
③ 温涛、冉光和、熊德平：《中国金融发展与农民收入增长》，载《经济研究》2005 年第 9 期。
④ 郭兴方：《基于多因素的我国城乡收入差距实证分析》，载《南开经济研究》2005 年第 4 期。

城乡收入差距。①

王小鲁等人的研究表明,我国目前的基本养老保险和医疗保险给中高收入阶层带来的好处大于给低收入者带来的好处,这反而扩大了收入差距。因此,目前需要改变忽略低收入阶层的倾向,扩大这些体系的覆盖面。②

(四) 城市化对收入差距的影响

姚耀军对城市化与城乡收入差距的关系进行实证研究后发现,从长期看,城市化对缩小城乡收入差距有积极作用,其机理在于:在二元经济中,只要存在城乡收入差距,劳动力就会流动,而劳动力流向城市则会通过要素报酬的均等化缩小城乡收入差距。就短期而言,从 Grange 条件因果关系看,城市化也对城乡收入差距有极其显著的影响。③

冯虹等人研究了人口流动与迁移对城市收入分配的影响,认为从长期看,人口在全国范围内流动有利于优化资源配置,但在短期内,由于我国劳动力市场体制不完善,收入分配体制不健全,城市发展的环境资源压力等因素的综合作用将使人口流动与迁移对城市收入分配的消极影响将更为突出,加剧了城市收入分化和城市边缘阶层的形成。④

薛进军的研究也表明:城市贫困,特别是下岗失业造成的贫困作为新的现象应引起足够重视,它已经成为加剧城市收入不平等的因素之一。由于城市的就业岗位部分地被来自农村的外来打工人员所取代,因此简单的扩大再就业政策未必能解决因失业造成的城市

---

① 刘乐山、何炼成:《公共产品供给的差异:城乡居民收入差距扩大的一个原因解释》,载《人文杂志》2005 年第 1 期。
② 王小鲁、樊纲:《中国收入差距的走势和影响因素分析》,载《经济研究》2005 年第 10 期。
③ 姚耀军:《金融发展、城市化与城乡收入差距——协整分析及其 Granger 因果检验》,载《中国农村观察》2005 年第 2 期。
④ 冯虹、王晶:《人口流动与迁移对城市收入分配的影响》,载《北京交通大学学报(社会科学版)》2005 年第 1 期。

贫困及收入不平等问题。①

（五）居民财产对收入差距的影响

住房制度改革直接影响了城镇居民的财产存量，它对收入差距的影响也是明显的。李实等人的研究表明，首先，在影响中国居民财产分布差距的诸多因素中，城镇公有住房的私有化过程是改变城镇内部财产分布和全国财产分布差距扩大的最大的影响因素，它既解释了1995年城镇内部财产分布的巨大差距，又解释了随后而来的城镇财产差距的随机过程；它既是城乡之间财产差距急剧扩大的部分原因，又是全国财产差距明显扩大的不容忽视的影响因素。其次，农村的土地价值随着土地收益的下降而贬值，造成土地价值在农民居民财产总值中相对份额的降低。再次，居民金融资产随着其份额和集中率的不断上升，对总财产分布不平等的推动作用将会变得越来越大。② 李勇辉等从住房制度改革的角度入手，分析了住房制度改革中住房公积金制度、经济适用房政策、买公房给优惠制度以及廉租房制度等由于没有充分考虑到传统住房制度下特殊的住房利益关系和利益格局，以及本身制度设计的局限性，例如没有对原有的公房分配中最不平等因素加以认真的考虑，没有达到最初的政策设定效果，其决策不但扩大了城镇居民收入分配的差距，而且扩大了城乡居民收入分配的差距。③

（六）税收对收入差距的影响

各国税制结构各不相同，那么，不同的税制结构是否会对收入差距产生影响。李绍荣等人对现行税收结构中各种税类的份额对要

---

① 薛进军：《中国的失业、贫困与收入分配差距》，载《中国人口科学》2005年第5期。
② 李实、魏众、丁赛：《中国居民财产分布不均等及其原因的经验分析》，载《经济研究》2005年第6期。
③ 李勇辉、修泽睿：《我国城镇住房制度改革对收入分配影响分析》，载《当代经济研究》2005年第5期。

素收入分配的效应进行了实证分析，得出资源税类、财产税类、流转税类和所得税类在总税收收入中的份额增加，资本要素和劳动要素的收入差距将会扩大，并且这种对收入差距的影响是依次递减的，即资源税类份额的增加，对收入差距的影响最大，所得税类份额的增加，对收入差距的影响最小。[①] 李炳炎等人认为税收调节不力扩大了收入差距：个人所得税制度还不够完善，还没有建立起针对个人财产存量及其转移进行调节的不动产税、遗产与赠与税等税种，在社会保障资金筹措方面也没有采取国际上通行的开征社会保障税的方式。[②]

（七）行政管理体制对收入差距的影响

彭腾从行政管理体制的角度分析了居民收入差距的成因，认为行政管理体制从以下几方面造成了收入分配不公，导致收入分配差距过大：政府过度干预滋生寻租收入；政府垄断行为形成垄断收入；行政管理定位不当导致非法收入。[③]

三、收入差距对经济的影响

（一）收入差距扩大对经济增长的影响

尹恒等运用一个政治经济模型，研究了财政支出同时具有生产性和消费性，同时进入总生产函数和代表性个人的效用函数时收入分配不平等对经济增长的影响。分析结果表明，在经济均衡时，增长率与税率呈倒"U"型关系，随着税率增加，经济增长率先升后降；在政治均衡时，收入分配越不平等，实际资本税率就越高，因

---

① 李绍荣、耿莹：《中国的税收结构、经济增长与收入分配》，载《经济研究》2005年第5期。
② 李炳炎、江皓：《我国现阶段居民收入分配差距的现状、成因及治理对策研究》，载《贵州财经学院学报》2005年第6期。
③ 彭腾：《论行政管理体制与居民收入分配》，载《学术论坛》2005年第3期。

此收入分配不平等与经济增长间存在着一定程度的 Kuznets 倒 "U" 型关系。① 刘振彪等建立了一个收入分配差距对我国经济增长影响的多元回归模型，研究结果显示，收入不平等对经济增长影响具有时期差别：收入不平等对中国短期经济增长具有正面影响，但对长期经济增长具有负面影响。② 杨俊等选取 1995~1999 年和 1998~2003 年两个样本区间，将中国 20 个省份的截面数据和时序数据相结合进行实证研究，研究结果表明，我国 20 世纪 90 年代中后期的收入分配差距与经济增长之间存在较为显著的负相关关系。③ 刘霖等采用 Grange 方法利用 1982~2002 年的数据进行实证研究，发现收入分配差距与经济增长之间存在双向因果关系，一方面经济的快速发展推动了收入分配差距的扩大，另一方面收入差距的扩大对经济增长也有一定的促进作用。④

（二）收入差距对消费需求的影响

刘维奇等通过构建包括收入分配因素在内的宏观社会消费函数，分析了收入分配对我国消费需求的作用机制：收入分配是通过影响不同人群的预期使其消费倾向发生不同的变化趋势而作用于我国居民消费的，并造成了我国最终消费率低的事实，最终消费率低成为制约我国经济发展的重要因素。⑤ 陈乐一则分别从理论与案例的角度对收入分配和消费需求之间的关系进行了分析，认为我国消费需求不足的主要原因当推收入分配严重不均。暴富群体挤占了国

---

① 尹恒、龚六堂、邹恒甫：《收入分配不平等与经济增长：回到库兹涅茨假说》，载《经济研究》2005 年第 4 期。
② 刘振彪、尹剑锋：《收入分配差距影响中国经济增长的实证分析》，载《深圳大学学报（人文社会科学版）》2005 年第 5 期。
③ 杨俊、张宗益、李晓羽：《收入分配、人力资本和经济增长：来自中国的经验（1995~2003）》，载《经济科学》2005 年第 5 期。
④ 刘霖、秦宛顺：《收入分配差距与经济增长之因果关系研究》，载《福建论坛（人文社会科学版）》2005 年第 7 期。
⑤ 刘维奇、焦斌龙：《收入分配对我国消费需求的作用机制分析》，载《消费经济》2005 年第 2 期。

民生产总值中普通城乡居民应占的份额，直接导致居民收入差距迅速扩大，进而使得劳动群众即普通城乡居民实际收入增长缓慢，收入水平持续偏低。而普通城乡居民是边际消费倾向最高的群体，有很高的消费意愿，但由于收入增长缓慢乃至零增长、负增长，却没有条件消费，从而极大地抑制了消费需求的扩大，导致消费需求不足。[1] 李津燕认为，收入差距扩大对经济增长产生了负面影响，它不仅使消费需求和投资需求不足，而且导致消费断层，无法形成相互衔接的消费梯度和国内需求的有序扩展和升级，制约了工业化的进程和经济发展。[2] 喻占元通过对我国居民消费率偏低的原因分析，认为我国城乡居民收入增长长期低于GDP增长是我国消费率偏低的主要原因；而居民收入差距过大，收入过于集中于边际消费倾向较小的高收入家庭，导致全社会的边际消费倾向降低，从而造成消费需求下降和消费率偏低。[3] 董晓琳的研究也表明，我国消费倾向的递减与收入差距的扩大是同步进行的，而且各阶层边际消费倾向、收入比重不同对社会平均消费倾向的影响权重不同，尽管高收入阶层边际消费倾向相对量低，但收入比重绝对量较高，直接拉低社会平均消费倾向。[4]

苗慧凯认为，目前的城乡收入差距拉大对消费需求的负面影响主要体现在以下几方面：一是导致农村居民消费增长缓慢，制约了消费需求总量的增加；二是延缓了消费结构的优化升级；三是直接影响消费率的提高，导致内需不足；四是导致城乡消费难以有效承接，形成消费断层；五是导致城乡消费观念产生巨大差异。[5]

---

[1] 陈乐一：《收入分配与消费不足》，载《经济问题探索》2005年第4期。
[2] 李津燕：《收入差距扩大对我国经济增长的影响分析》，载《理论月刊》2005年第6期。
[3] 喻占元：《我国居民消费率偏低的原因及对策分析》，载《武汉工业学院学报》2005年第3期。
[4] 董晓琳：《居民收入差距对消费倾向的实证分析》，载《经济论坛》2005年第7期。
[5] 苗慧凯：《论城乡收入差距对消费需求的负面影响》，载《生产力研究》2005年第7期。

对于收入差距扩大对消费需求的影响，很多学者以数据为基础进行了实证分析。臧旭恒等通过对1985~2002年数据研究了收入分配对城镇居民消费需求的影响，研究结果表明，收入差距与总需求是显著负相关的，收入差距的扩大将抑制总需求，倾向于低收入、中等收入居民的收入分配将有利于增加总消费。[1] 任国强等人运用我国1981~1999年间的数据，对收入差距与消费需求的关系进行研究，发现城镇居民收入差距的扩大、地区收入差距的扩大，是导致城镇居民消费倾向下降、消费需求不足的重要原因。而且，地区差别的影响比城镇居民收入差距的影响还要大。[2] 王青根据计量经济模型分别研究了我国城镇居民收入差距、农村居民收入差距和城乡居民收入差距对该类居民的消费需求的影响，实证分析结果表明：城镇居民收入分配差距现状影响了城镇居民的消费需求，且两者是负相关关系；20世纪90年代以来，我国农村居民收入分配差距与农村居民消费需求有明显的负相关关系；城乡消费支出的差异有88.5%可以由城乡居民收入差距来解释，城乡收入差距扩大，导致相当一部分城镇消费工业品无法实现。[3]

（三）收入差距对我国服务业发展的影响

李勇坚对我国服务业的发展进行实证研究后发现，尽管随着GDP的快速增长，服务业所占的比重也在不断上升，但人均收入差异阻碍了这种上升的速度。收入差距影响了服务业的发展，其原因在于：一方面，收入分配差距过于显著，相当一部分人处于最基本生活需求的边缘，这部分人对服务业的需求还没有达到相应的临界点，导致服务业需求不足；另一方面，一个绝对数字庞大的相对富

---

[1] 臧旭恒、张继海：《收入分配对中国城镇居民消费需求影响的实证分析》，载《经济理论与经济管理》2005年第6期。
[2] 任国强、夏立明：《收入分配对消费需求的影响研究》，载《商业研究》2005年第5期。
[3] 王青：《收入差距对居民消费需求影响的实证分析》，载《社会科学辑刊》2005年第3期。

裕阶层，支撑着一些奢华性服务业的畸形发展，而中低收入阶层所需求的质优、价廉的基本需求性服务业无法得到充分发展，因而服务业的有效供给相对不足。[①]

四、调节收入差距的建议

（一）大力发展教育事业，公平人力资本投资机会

郭剑雄指出，若仅着眼于农民眼前收入的增加，提高粮食价格、降低农业生产成本、减免农业税赋等是可行的政策选择，但如果政策目标是缩小乃至消除城乡居民间收入差距，则其效力极其微小。而缩小城乡收入差距的主要着眼点，应放在促进农村部门人力资本积累率提高和生育率下降方面，以实现城乡之间生育率和人力资本水平的趋同，在农村培育起与城市部门同质的、在城乡统一的劳动力市场上具有同等竞争力的收入创造主体。具体包括：第一，促进农村部门人力资本积累率的快速提高，利用人力资本的增长效应增加农民的人均收入；第二，借助人力资本增长率对生育率的抑制效应，实现农村部门向低生育率、高人力资本水平的增长稳态转变；第三，充分利用农村部门生育率下降创造出来的发展机会，将生育率下降所带来的人均储蓄的增加及时转换为人力资本投资的增长。[②]

王从军等的研究表明，随着我国经济的进一步发展，人力资本投资无论是在促进经济增长还是实践公平上都将起着中坚作用，这种趋势在我国已经显现，突出表现在人力资本对 GDP 的贡献率和人力资本收益率递增方面。因此，要缩小收入差距，就要给更多的

[①] 李勇坚：《经济增长中的服务业：理论综述与实证分析》，载《财经论丛》2005年第5期。

[②] 郭剑雄：《人力资本、生育率与城乡收入差距的收敛》，载《中国社会科学》2005年第3期。

人创造更多的人力资本投资机会，使人民得到平等的参与人力资本投资的机会，同时加大教育投资力度，不断提高教育支出占财政支出的比重，调整教育结构，着重发展门类齐整、市场需求大的中等职业教育。①

（二）改进政府支出政策，公平公共产品供给

林伯强对政府公共支出与减贫问题进行了实证分析，指出当前对公共投资的政策可能已经恶化已存在的不公平，今后应持续加大对整个农村地区的公共投资。其中，持续增加农村教育投资，尤其是在较为落后的西部地区增加投资，是促进农村增长和减少贫困及地区不均等最为有效的手段。对农业研发和水利投资无疑也会使农村贫困地区受益。政府应通过其政策和影响鼓励更多的私人部门进入农村基础设施（通讯、公路和电力），并引导国有企业投资和公共部门贷款的投入。虽然理论上农村扶贫贷款是减少农村贫困最有效的工具，但实证结果表明这些资金实际上流向了非贫困地区和非贫困家庭，很多农村贫困户并没有从中受益。因此，今后政府应保证该项资金被更好地安排和使用。②

郭兴方提出，要想从根本上解决我国城乡收入差距，政府必须改变当前的城乡居民资源配置禀赋，使我国人均占有资源量达到相对均等的水平。而且，从经济学角度讲，改变资源的初始禀赋不会损失经济效率。③ 刘乐山等从公共产品供给与城镇收入差距之间的关系出发，提出要缩小城乡居民之间的收入差距，就要平抑城乡公共产品的差异，使城乡居民平等地享有公共产品供给的权利。④ 王

---

① 王从军、钱海燕：《人力资本投资与公平的收入分配———一个基于经济发展兼顾公平的收入分配理论研究》，载《求索》2005年第9期。
② 林伯强：《中国的政府公共支出与减贫政策》，载《经济研究》2005年第1期。
③ 郭兴方：《基于多因素的我国城乡收入差距实证分析》，载《南开经济研究》2005年第4期。
④ 刘乐山、何炼成：《公共产品供给的差异：城乡居民收入差距扩大的一个原因解释》，载《人文杂志》2005年第1期。

德文也认为,应通过公共投资政策提高农村人口的收入功能分配。公共投资政策改革重点是扭转公共投资的城市偏向政策,加大对农村的公共投资,主要包括三方面内容:一是促进农业生产基础设施投资,二是对农村教育、卫生医疗和社会保障体系建设的投资,三是对农村基本设施的投资。前两方面可以提高农村人口的收入创造潜力,第三方面则可以直接改善农村人口的生活福利。①

(三) 发展资本市场和农村金融,公平金融资产的配置

张立军等人在对我国金融发展与城镇居民收入差距分析的基础上,提出以下政策建议:一是国家通过财税、金融等宏观调控手段缩小城镇居民收入分配差距;二是利用政策性金融解决城镇居民收入分配差距过大和贫困化等问题,如对城镇低收入阶层提供小额扶贫贷款、助学贷款等;三是加强金融监管,降低金融风险,有效防范巨额金融资产的转移;四是建立健全社会保障体系。②

姚耀军在对金融发展与城乡收入差距之间进行实证研究的基础上,指出从解决金融发展非均衡问题着手缩小城乡收入差距是有意义的,关键是加快农村金融改革。但目前看整个农村改革中金融改革是一个最为薄弱和滞后的环节,而且国有商业银行从农村地区收缩转向城市,反而加剧了中国金融发展的非均衡,这需要引起决策层的密切关注。③

吴向鹏也主张应通过教育和人力资本投资以缩小收入差距,但这需要资本市场建设的配合。因为由于资本市场不完善,发展中国家往往存在信贷约束,家庭除了向亲朋好友的圈子里寻求帮助外,不能根据其需要从信贷市场获得足够的资金,因此个人的教育投资

---

① 王德文:《中国经济增长能消除城乡收入差距吗?》,载《经济社会体制比较》2005 年第 4 期。
② 张立军、湛泳:《我国金融发展与城镇居民收入差距的关系》,载《财经论丛》2005 年第 2 期。
③ 姚耀军:《金融发展与城乡收入差距关系的经验分析》,载《财经研究》2005 年第 2 期。

可能就会受到制约。①

万广华等指出，要解决中国的地区间收入差距，需要实现国内资本的均等化，这就要大力发展资本市场，特别是在贫穷的农村地区建设有效的资本市场，可以考虑借助税收和银行贷款等形式对贫困地区的投资进行政策倾斜，另外深化金融改革对于消除倾向于国有企业和非农业活动的贷款歧视也很有帮助。②

温涛等认为，只有改进现行中国金融的结构和功能，通过优化农村金融制度安排，促进农村正规金融的适应性改革，引导农村民间金融的规范化发展，健全农村金融组织体系，重塑农村金融市场体系，推动农村金融市场正常发育，从而防止农村金融资源的流失，完善农村金融服务于农村经济的功能。③

（四）推进农业工业化，公平城乡发展机会

苗慧凯认为，要缩小城乡收入差距，就要增加农民收入：变革农民身份制度，实现农民与城市居民平等的国民待遇；改善消费环境，为城乡居民消费提供良好的服务。④

四川大学经济学院课题组认为，缩小城乡收入差距的关键不是一般性地提出使农民增收，而是必须使农村居民的收入增长率稳定达到城乡居民的收入增长率，其基础是农业产业化，突破口是围绕农业产业化进行制度创新，而农业产业化的实质推进，必须依赖于户籍制度、农村金融和土地制度这三个方面的创新。⑤

---

① 吴向鹏：《教育投资、资本市场不完全与收入差距》，载《当代财经》2005 年第 7 期。
② 万广华、陆铭、陈钊：《全球化与地区间收入差距：来自中国的证据》，载《中国社会科学》2005 年第 3 期。
③ 温涛、冉光和、熊德平：《中国金融发展与农民收入增长》，载《经济研究》2005 年第 9 期。
④ 苗慧凯：《论城乡收入差距对消费需求的负面影响》，载《生产力研究》2005 年第 7 期。
⑤ 课题组（四川大学经济学院）：《关于中国城乡收入差距的若干问题》，载《经济学家》2005 年第 4 期。

第一章　收入差距理论综述

卞凤玲则强调要在三元经济结构条件下重新审视居民收入差距问题，摆脱单一推进工业化或城市化的做法，以信息化加速改造传统农业，向农业投入新的生产要素即技术和知识，实现农业现代化；实行城乡平衡发展战略，加大对农业反哺力度，建立新型平等的工农业关系，建立保障农民收入稳定增长的机制；加大对农村的教育、科技投资。[①]

（五）推进体制改革，公平经济机会

袁恩桢认为，要加快经济体制改革包括相应的政治体制改革或者说体制转轨进程，积极完善社会主义市场经济体制，最大限度地减少寻租与暴富得以存在的空间。[②]

彭腾则从完善行政管理体制的角度提出了建议：一是完善政府职能，避免政府职能的"越位"、"缺位"和"错位"，建立高效政府；二是改革审批制度，树立服务理念，消除割据封锁，建立服务政府；三是通过建立"不想腐败"机制、"不能腐败"机制和"不敢腐败"机制，建立廉洁政府。[③]

李绍荣等人从税制结构的角度提出，今后要有效发挥税收对收入分配的作用，有必要根据当前中国的经济制度改革和经济结构调整的现状，对现行财产税类和所得税类进行改革，以更好地履行调节社会公平的职能。[④]

（六）完善调控政策，公平收入分配

吴云飞提出我国在调控居民收入差距问题中应重视以下几个方

[①] 卞凤玲：《三元经济结构对城乡居民收入差距扩大的张力分析》，载《中州学刊》2005年第4期。
[②] 袁恩桢：《收入差距与社会和谐》，载《上海交通大学学报（哲学社会科学版）》2005年第3期。
[③] 彭腾：《论行政管理体制与居民收入分配》，载《学术论坛》2005年第3期。
[④] 李绍荣、耿莹：《中国的税收结构、经济增长与收入分配》，载《经济研究》2005年第5期。

面的问题：一是在关注税收手段调节的同时，重视财政手段调节；二是在关注再分配调节的同时，重视初次分配调节；三是在关注工薪收入调控的同时，重视财产性收入调控；四是在关注初次、再分配的同时，重视第三次分配；五是在关注对高低收入调节的同时，重视扩大中等收入群体；六是在关注纵向公平的同时，重视横向公平；七是在关注收入分配调节的同时，重视消费支出。①

权衡认为，应当通过尽快完善市场经济制度、制定公共政策，依赖市场机制和公共政策手段缓解收入不平等，特别是应当尽快消除阻碍收入流动性的种种制度和体制性障碍，促进和增加收入流动性，逐步缓解已经对当代中国发展构成严峻挑战的收入不平等的事实和由此产生的社会冲突和压力，并在收入流动过程中促使中国中产阶级的真正崛起。②

李勇辉等人从城镇住房制度改革的角度，认为要缓解收入差距，需要以下措施：改善住房公积金使用者的融资条件；完善经济适用房政策，建立动态调整机制；构建和完善廉租房制度，确实解决低收入居民的住房问题；积极开展合作化建房，形成多层次的住房供应体系。③

---

① 吴云飞：《上海居民收入分配问题研究》，载《上海财经大学学报》2005年第1期。
② 权衡：《居民收入流动性与收入不平等的有效缓解——收入流动性理论与实证分析框架》，载《上海经济研究》2005年第3期。
③ 李勇辉、修泽睿：《我国城镇住房制度改革对收入分配影响分析》，载《当代经济研究》2005年第5期。

第二章

居民收入差距变动的中国假说

随着我国经济的不断发展和改革的不断深化,居民收入差距趋势不断扩大。这就不由得使我们想起了著名的库兹涅茨"倒 U 假说"。世界银行在 1985 年和 2000 年《世界发展报告》中,分别利用 58 个国家的剖面数据和 65 个发展中国家的时间序列数据对库兹涅茨"倒 U 假说"进行检验。1985 年的检验结果显示:"倒 U 假说"成立,而 2000 年的检验结果却认为,"各个国家的经济增长与基尼系数变化并没有系统的相关关系。"那么,中国居民收入差距的变动,将会对库兹涅茨的"倒 U 假说"做出怎样的检验呢?

第一节 库兹涅茨倒 U 假说解释中国经验的局限

库兹涅茨(S. Kuznets)在 1955 年发表的《经济增长与收入不均等》著名论文中,探讨了经济增长过程中居民收入差距的长期变动趋势,提出了后来经济学中著名的"库兹涅茨倒 U 假说",即居民收入差距的长期变动趋势是:在经济增长的早期阶段居民收入差距会趋向扩大,特别是在从前工业文明向工业文明转变的时候,这种扩大的趋势会更为迅速,随后出现一个稳定时期。在后一个阶段居民收入差距趋向缩小。根据库兹涅茨的估计,倒 U 曲线从上升到下降,在英国大约经历了 100 年,在美国和德国大约为 60~70 年。库兹涅茨认为,这种居民收入差距的倒 U 变动趋势是与经济增长过程中的以下两个因素相联系的:一是推动经济增长的储蓄的集中程度;二是经济增长过程中从农业经济向非农业经济的结构性转变。因此,库兹涅茨倒 U 假说可以说是经济增长型倒 U 假说。

经济增长型倒 U 假说能否解释中国居民收入差距的长期变动趋势?我们认为,它只能部分解释。它之所以能够解释,是因为中国是一个世界上最大的发展中国家,正处在从农业经济向工业经济,并同时有重点、有选择地发展知识经济的经济结构大转变过程中。在这种经济结构的大转变过程中,中国在居民收入差距的变动趋势上不可避免地会表现出与其他国家同样由生产力决定的共同特征。它之所以只能够部分解释,是因为中国居民收入差距的长期变动趋势主要不是由经济增长决定的,而主要是由经济体制的变迁决定的,或者说是由制度变迁和经济增长共同决定的,因而相对于库兹涅茨的经济增长型倒 U 假说而言,中国的居民收入差距变动趋势应是制度变迁型的,或者说是复合型的(制度变迁型与经济增长型的混合)。在这种情况下,单纯用经济增长就无法解释中国居民收入差距的变动,具体表现在:

1. 在中国长期实行的计划经济体制下,经济保持了一定的增长速度,经济结构也处在从农业经济向工业经济的转变过程中,完全符合库兹涅茨的经济增长型倒 U 假说条件,但在中国 1978 年以前的长时期内,并没有表现出居民收入差距不断扩大的趋势。据计算,城镇居民收入分配的基尼系数 1957 年为 0.16,1964 年为 0.18,1978 年为 0.16。农村居民收入分配的基尼系数 1952 年为 0.23,1978 年为 0.22。全国居民收入分配的基尼系数 1961 年为 0.31,1978 年为 0.31。但从 1952 年至 1978 年,中国工业总产值平均年增长 11.3%,而农业仅为 3.2%。这就是说,在长达近 30 年的计划经济体制下,中国经济从总体上保持了较快的增长,而且城乡的经济增长速度又比较悬殊,但中国居民收入差距基本上是稳定的，并未表现出居民收入差距随着经济增长而扩大的趋向。这意味着库兹涅茨的经济增长型倒 U 假说在计划经济体制下是失灵的。

2. 在 1978 年实行改革开放，逐步建立市场经济体制的时期内，中国居民收入差距的变动表现出不断扩大的趋向，走出了库兹涅茨的经济增长型倒 U 假说曲线的第一段。但即便如此，中国居民收入差距的扩大也不能仅由经济增长来解释，这是因为，第一，改革开放以来，中国经济虽然实现了快速的增长，但居民收入差距却以惊人的速度扩大，表现出了比其他国家和地区（包括达到与中国基本相同的经济增长速度的国家和地区）快得多的扩大速度。据世界银行测算，中国城镇居民收入分配的基尼系数从 1978 年的 0.16，上升到 1986 年的 0.19，1990 年的 0.23，1994 年的 0.37（有人测算高达 0.434）。农村居民收入分配的基尼系数 1982 年为 0.22，1988 年上升到 0.34，1994 年达到 0.41。显然，这种迅速地扩大不可能仅仅由经济增长来解释。第二，中国的经济体制改革首先是从农村开始的，在改革尚未转入城市的一段时期内，虽然城市也实现了较快的经济增长速度，但城乡居民的收入差距却趋向缩小。依据城乡居民的人均可支配收入计算，城乡居民收入差距（城市居民人均可支配收入/农村居民人均可支配收入）从 1980 年的 3.2 下降到 1985 年的最低点 2.34。1985 年城市经济体制改革启动后，城乡居民收入差距开始趋向扩大，到 1993 年最高点达到 3.23。显然，这种先下降后上升的居民收入差距变动不可能由经济增长来解释。

以上分析表明，用库兹涅茨的经济增长型倒 U 假说不可能解释中国居民收入差距变动的复杂情况，因而必须根据中国的特殊因素构建自己的居民收入差距变动假说。

第二节　居民收入差距长期变动的中国假说

中国居民收入差距的长期变动有其自身的特殊决定因素，因而必须结合中国自己的特殊国情，探求其客观的变动规律。从总体框架来说，邓小平在改革开放以来的一系列论述中，对中国居民收入差距的长期变动趋势已作出了基本的描绘。概括起来主要有以下几点：

1. 在传统计划经济体制下，中国居民收入差距小而稳定，是传统计划分配制度造成的。它既损害了效率，也破坏了公平。正如邓小平所说："过去搞平均主义，吃'大锅饭'，实际上是共同落后、共同贫穷，我们就是吃了这个亏。改革首先要打破平均主义，打破'大锅饭'。"[①] 这就是说，收入差距的平均主义是违背生产力发展要求的。要发展生产力，使中国走向富裕，就必须通过改革废除平均主义的分配制度。这就意味着制度变迁是中国居民收入差距从平均主义转向扩大的首要决定因素，或者说，是中国居民收入差距开始走向扩大的发动机。

2. 要建立"效率优先、兼顾公平"的收入分配制度。在这一制度下，要合理拉开居民的收入差距，以提高效率，促进经济增长。对此，邓小平指出："在经济政策上，我认为要允许一部分地区、一部分企业、一部分工人农民，由于辛勤努力成绩大而收入先多一些，生活先好起来。""这是一个大政策，一个能够影响和带动整个国民经济的政策"[②]。这就是说，合理拉开居民的收入差距是符合生产力发展要求的，是分配制度上所追求的，是政策上所允许的。因此，中国居民的收入差距就不可避免地随着改革的不断扩展和深化从平均走向扩大，表现出与改革变化的正相关关系。

3. 居民收入差距的扩大是有限度的。拉开居民收入差距，虽然有助于提高经济效率，但也并不是收入差距越大越好。邓小平明确指出：让一部分人、一部分企业和一部分地区先富裕起来，拉开收入差距，但不能搞两极分化。"如果我们的政策导致两极分化，我

---

① 《邓小平文选》第 3 卷，人民出版社 1992 年版，第 155 页。
② 《邓小平文选》第 2 卷，人民出版社 1992 年版，第 152 页。

们就失败了；如果产生了什么新的资产阶级，那我们就真是走了邪路了"。① 这就是说，居民收入差距扩大的最高极限是不能导致两极分化，或者说，出现两极分化，收入差距的拉大就发生了质的变化，即发生了根本经济制度的变化。

4. 拉开居民收入差距的最终目的是实现共同富裕。拉开居民收入差距本身不是目的，而只是达到目的的手段。提出允许让一部分人、一部分企业和一部分地区先富裕起来，拉开收入差距，最终目的是实现共同富裕。因为"我们坚持走社会主义道路，根本目的是实现共同富裕，然而平均发展是不可能的"。② 这包含两层含义：一是实现共同富裕目标是建立社会主义市场经济体制的应有之意，是由社会主义经济制度决定的。二是共同富裕目标的实现只能首先通过拉开居民收入差距这种方式，试图通过平均发展，同时富裕是不切实际的幻想。

5. 通过首先拉开居民收入差距最终实现共同富裕目标需要建立一套行之有效的实现机制。这些实现机制主要包括：一是先富裕者的示范效应。"一部分人生活先好起来，就必然产生极大的示范力量，影响左邻右舍，带动其他地区、其他单位的人们向他们学习。这样，就会使整个国民经济不断地波浪式地向前发展，使全国各族人民都能比较快地富裕起来"。③ 二是先富裕者对落后者提供支持和帮助。"我们的政策是让一部分人、一部分地区先富起来，以带动和帮助落后的地区，先进地区帮助落后地区是一个义务"。④ 这种帮助和支持可以采取多种多样的形式，邓小平主要提出了多交利税、技术转让和自愿捐助三种形式。

6. 要求先富裕者对落后者提供支持和帮助不能操之过急。邓小平认为，先富裕者对落后者提供支持和帮助，"太早这样办也不行，

---

① 《邓小平文选》第3卷，人民出版社1992年版，第111页。
② 《邓小平文选》第3卷，人民出版社1992年版，第155页。
③ 《邓小平文选》第3卷，人民出版社1992年版，第152页。
④ 《邓小平文选》第3卷，人民出版社1992年版，第155页。

现在不能削弱发达地区的活力，也不能鼓励吃'大锅饭'……可以设想，在本世纪末达到小康水平的时候，就要突出地提出和解决这个问题"。① 这就是说，共同富裕目标的实现机制，将以20世纪末达到小康水平为线，之前主要依靠先富裕者的示范效应机制，之后主要启动先富裕者对落后者的支持和帮助机制。

通过以上分析可以看出，邓小平已经描绘出了中国居民收入差距长期变动的基本轨迹：从实行改革开放到20世纪末达到小康水平这一时期，由于废除平均主义分配制度，鼓励一部分人、一部分地区先富起来，中国居民的收入差距将趋向扩大；进入21世纪后，通过政府采取各种有效政策，中国居民的收入差距将逐步趋向缩小，并最终实现共同富裕目标。这也是一个典型的居民收入差距变动倒U曲线，我们可以称之为居民收入差距变动的中国假说。

第三节 居民收入差距变动中国假说的理论验证

中国居民收入差距变动的倒U曲线，从理论上来看，是一个客观的必然变动趋势。这是因为：

1. 中国的经济体制改革是实现从计划经济向市场经济的根本性转变，在市场经济体制下，市场机制调节会导致收入分配不公平。我国要建立社会主义市场经济体制，在分配制度上，就必然要承认和实行按生产要素分配原则，因而在转轨过程中，居民收入差距的扩大就成为不可避免的了。此外，在竞争社会中，优胜劣汰是竞争的一般原则，但这一市场原则应用于个人收入分配在一定程度上却是不适当的，因为企业在市场竞争中失败了可以破产淘汰，而人却不能因为他在就业竞争中失败了，就剥夺他生存的权

---

① 《邓小平文选》第3卷，人民出版社1992年版，第374页。

利。在这里，还包含着伦理和道德的因素。可见，收入分配不公平是市场机制调节的天然缺陷。这就需要引进政府的收入调节政策来克服市场缺陷。这也是任何市场经济体制国家通常的做法。政府收入调节政策的引入，将会抑制居民收入差距的扩大，并转向趋于缩小。

2. 在从计划经济体制向市场经济体制转轨过程中，政府对收入的市场分配的调节制度和政策体系不可能在短期内迅速建立起来，这就会使市场造成的收入差距在没有或缺乏政府调节的情况下迅速趋向扩大。政府的收入调节制度和政策体系之所以在短期内无法建立起来，这是因为：一是要彻底改革传统体制下的社会保障制度和收入调节制度，重新建立一套适应社会主义市场经济体制的新制度和政策体系，这是一个庞大的系统工程。二是新制度和政策体系的建立与运作需要有一个逐步认识、熟悉和适应的过程。三是我国是一个发展中的人口大国，政府财力不足是一个基本的发展特征，因而在短期内能够筹集出足够的资金以应付政府调节收入分配的需要是不可能的。随着适应社会主义市场经济体制的新制度和政策体系的逐步建立，居民收入差距扩大的走势就会趋缓，并出现趋向缩小的拐点。

3. 我国从计划经济体制向市场经济体制的转轨是一个渐进的改革过程，这个渐进的改革过程，实质上就是一个市场不断发育和成熟的过程。这样，在市场尚处在不发育和不成熟的时期内，居民收入差距不仅会因市场分配收入而趋向扩大，而且还会由于市场机制本身的不健全和不完善使这种扩大趋势得以强化。这是因为市场机制的不完善也会加剧收入分配的不公平，如垄断企业会利用其垄断地位获得垄断利润；价格信号失真会导致当事人之间利益的不公平分配；市场秩序混乱会导致各种非法收入的出现等。随着经济体制改革的不断深化和市场的不断发育和成熟，市场机制不完善对居民收入差距扩大的影响作用会减轻，因而有助于抑制居民收入差距的扩大，并转向缩小。

第四节　居民收入差距中国假说的实证检验

自 1978 年我国实行改革开放以来，居民收入差距的变动趋势就总体而言是趋向不断扩大，但期间也表现出一些不规则的波动。不论是总体的变动趋向还是期间的不规则波动都与我国改革政策的出台和步步深化相吻合的，显示了极高的相关性，从而证明了我国制度变迁型倒 U 假说的成立。

1. 城镇居民收入差距的变动。在 1978 年实行改革开放直到 1985 年改革中心开始向城镇转移这段时间内，我国城镇居民收入分配的基尼系数基本是稳定的。到 1984 年基尼系数仍然没有超过 1978 年 0.16 的水平。但 1985 年城市经济体制改革启动后，基尼系数开始趋于上升。据我们使用《中国统计年鉴》（1986~1998）提供的数据计算，1985~1997 年我国城镇居民基尼系数分别是：0.268、0.265、0.264、0.275、0.271、0.272、0.262、0.272、0.297、0.234、0.229、0.449、0.300。除 1996 年的异常值以外，基尼系数总体上是趋于上升的，这与我国经济体制改革不断趋向深化是符合的。在这 13 年中，先后出现过三次基尼系数的快速上升，而这三次变动都是与改革政策的出台相关。第一次发生在 1988 年，即从 1987 年的 0.264 上升到 0.275，然后一直到 1990 年是一个较高的平台。出现这次上升的一个重要原因是 1987 年 10 月底召开了党的十三大，明确提出了社会主义初级阶段理论，并在此基础上提出了一系列加快改革进程的政策。第二次是 1992~1993 年，1992 年从 1991 年的 0.262 上升到 0.272，然后 1993 年再跃升到 0.297。1992 年邓小平发表了具有历史意义的南巡讲话，明确提出要建立社会主义市场经济体制；同年又召开了党的十四大，提出要围绕社会主义市场经济体制的建立，加快经济改革步伐。第三次是 1997 年，即从 1995 年的 0.229 上升到 0.300。1997 年 9 月，我们党召开了十五大，明确提出了把按劳分配和按生产要素分配结合起来的新的分配制度，允许和鼓励资本、技术等生产要素参与收益分配。

2. 农村居民收入差距的变动。根据唐平的计算，[①] 1978～1995年，我国农村居民收入分配的基尼系数分别是：0.21、0.24、0.26、0.29、0.30、0.31、0.31、0.31、0.33、0.33、0.34。农村基尼系数与城镇基尼系数不同，表现出了稳定的逐步上升态势。导致这一结果的基本原因是我国农村在实行家庭承包责任制改革后，农村经济体制基本上是稳定的，没有像城镇那样不断出台新的改革政策。

3. 城乡居民收入差距的变动。我们用城镇居民人均可支配收入与农村居民人均可支配收入之比来衡量城乡居民收入差距的变动。据测算，1978～1997年，收入比例差距表现出先下降，后上升，总体呈上升趋势的曲线（见表2－1和图2－1）。

表2－1　　　　　城镇/农村居民收入水平比例差距

1978	1980	1985	1989	1990	1991	1992	1993	1994	1995	1996	1997
2.57	2.5	1.86	2.28	2.2	2.4	2.58	2.8	2.28	2.7	2.5	2.47

资料来源：《中国统计年鉴》(1979～1998)。

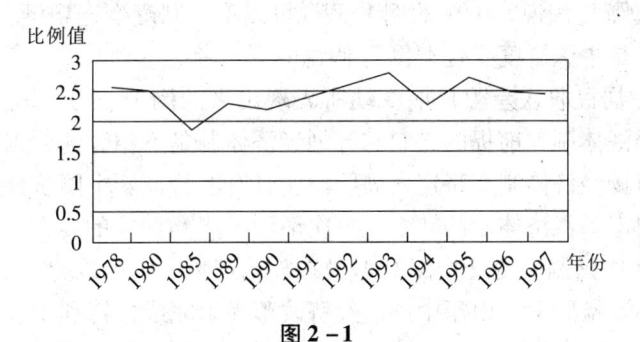

图2－1

[①] 唐平：《我国农村居民收入水平及差距研析》，载《管理世界》1995年第2期。

导致这一结果的原因是与城乡改革的不对称相关的。1978～1985年，是农村改革阶段。农村改革大大提高了农民的收入，相对于城镇改革的滞后，城乡居民收入差距趋向缩小。1985年后，经济改革中心转向城市，城市相对于农村，经济改革步伐加快，城乡居民收入差距又转向扩大。1992年明确了我国改革的目标是建立社会主义市场经济体制，经济改革走向高潮，1993年城乡居民的收入差距达到20世纪90年代的最高点。之后，政府为提高农民收入，连续大幅度提高农产品收购价格，并在农村大规模开展扶贫，使城乡居民收入差距又趋向缩小。

第五节　几点结论

通过以上分析，我们可以作出如下几点结论：

1. 中国居民收入差距的长期变动虽然也表现出倒U曲线，但这种变动的原因不能简单地用库兹涅茨倒U假说来解释，因为中国居民收入差距的变动是与经济体制改革紧密相关的。根据收入差距变动倒U曲线形成原因的不同，库兹涅茨倒U假说可以称为经济增长型倒U假说，中国的倒U假说可以称为制度变迁型倒U假说。邓小平是中国制度变迁型倒U假说的创立者。

2. 居民收入差距长期变动所表现出来的倒U曲线，是以建立市场经济体制为前提的，它与计划经济体制是不相容的，因而可以说是市场经济体制在特定发展阶段所具有的特征。中国从计划经济体制向市场经济体制的转变，再次证明了倒U曲线的存在。

3. 中国制度变迁型倒U假说在理论逻辑上是可以得到验证的，但在实证检验上，由于中国的经济改革尚未完成，特别是攻坚改革还没有最终完成，还只能对倒U假说的前半段进行检验。到目前为止，我国居民收入差距的扩大走势尚没有确切见顶的迹象。但可喜的是：中国政府已开始注重积极运用收入政策、建立调节收入的一系列法律法规、完善社会保障制度、加大扶贫力度、推进城市化、实施西部大开发等,特别是经济改革步伐的加快和对外开放的扩大,为抑制居民收入差距的过快扩大,尽快走向倒 U 曲线的拐点带来了希望。这就是说,中国制度变迁型倒 U 假说的后半段即下降阶段要留给今后的中国实践去检验。可以相信:随着社会主义市场经济新体制的逐步完善,以及政府调控收入分配职能的归位,一个富有效率而又公平的和谐社会一定会通过我们的努力而实现。

邓小平创立的中国制度变迁型倒 U 假说,实际上存在两个重要的规定性:一是制度变迁对收入分配的决定性影响;二是以进入新世纪为时间界限。所以,本书的研究就依据这样两个规定性而展开:一是研究的视角从制度变迁入手研究中国城镇居民的收入差距变化;二是对中国居民收入差距的计量也就分为两段,即新世纪前和新世纪后的变动。

第三章

中国城镇居民收入差距的测算与定量描述 I：静态分析

本章和以下两章将依据国家统计局，国际社会调查项目（The International Social Survey programme，简写为 ISSP）卢森堡收入研究数据库（The Luxembourg Income Study Database，简写为 LIS）以及 1998/1999 年世界发展报告提供的最新统计资料，对我国城镇居民的收入差距进行总量分析、结构分析和国际对比分析，解释了这一差距正在由绝对平均向国际上比较合理区间发展的规律性趋势；同时，在实证分析的基础上，我们再针对转轨时期收入分配中出现的问题进行规范分析。

第一节 定量分析的概念和边界界定

在对我国城镇居民收入分配的现状进行计量之前，有必要首先对几个重要的概念和研究的边界做出界定和阐释。

1. 公平和平等。这两个范畴的含义很多，在中国和西方的文献中，不同的时代，同一时代的不同制度，同一制度下的不同学派都对此有不同标准和定义。中国古代将公平理解为公正而不偏袒，正

第三章 中国城镇居民收入差距的测算与定量描述 I：静态分析

直而不徇私的美德。中国封建社会的小生产者曾将平均看做公平的最高体现，认为"均贫富、等贵贱"是社会公平的最高体现。在西方的古代社会，公平的含义不明确。古希腊亚里士多德认为公正就是合比例，不公正就是破坏比例；公平处理人们之间的关系就是一种平等，否则就是不平等。由于公平涉及价值判断，在现代西方经济学中，与公平有关的定义更多。自由主义根据效率原则或禀赋基础原则认为，如果每个人得到的收入完全取决于他的产出对社会的贡献，分配就是公平的。而边际主义者认为，如果每个人从他的收入中获得相同的效用，就称为公平分配。按照平均主义的定义，如果社会中每个人不分性别、种族、年龄、劳动贡献等差别，都获得相同的收入，称为公平分配。显然，中国传统计划经济体制下的城镇职工的收入分配是以此为标准的。还有一种以收入分配的最低界限定义的公平分配，它指社会中的每个成员都获得能够满足其基本需求的最低收入。当代发达的资本主义国家一般以此作为其制定政策的标准。马克思主义经典作家认为，社会主义国家消灭了生产资料占有上的私有制，公有制基础上的按劳分配（它承认个人天赋、努力程度等差别）是最公平的分配，是公平与效率的统一。可见，由于对公平分配持有不同的价值判断，对于同样的分配结果就会出现不同的判断。为了避免分析中不必要的混乱，我们在以后各章中主要对分配的结果进行分析，作出收入分配均等与否的判断。现有的定量分析都是用来测量不平等程度的。在此基础上进行政策分析时，加入了价值判断的内容。

2. 规模收入分配和功能收入分配。在传统计划经济体制下，城镇居民的收入主要是劳动收入，所以功能收入分配的研究主要是揭示国家、集体、个人之间的分配关系；规模收入分配研究的意义不大，因为我国城镇居民收入分配的基尼系数在 0.16 左右，在世界上属平均分配程度最高的国家之一，建国后几十年内没有变动。改革开放以后，随着经济体制的转变和社会主义市场经济体制的逐步确立，城镇居民开始拥有生产要素，收入分配的格局和均等程度都发生了巨大的变化。对于功能收入分配和规模收入分配的研究在转轨时期比以前更为重要。但在本书中,我们主要研究规模收入分配问题。

3. 隐形经济和非法收入。隐形经济和非法收入问题是任何国家都有的现象。就我国来说,对于这一方面的调查和研究不是很多,研究的结果和利用的资料也不具有权威性。本书的研究主要涉及合法收入,虽然在体制转轨时期已经出现了一个依靠体制漏洞和法律空子而发了不义之财的"暴富群体"(于祖尧,1997),同时,由于国有企业和行政机构改革,我国城镇出现了一个待救济的"贫民阶层",但他们的收入没有可靠的数据。不过做的结果有一点是确定的,即我们利用国家统计资料计算出来的各种不平等指标低估了现实中的不平等程度。

第二节 计量方法和指标选择

从国际上研究居民收入分配差距的文献来看,很少采用单个指标。因为单个指标的分析很难全面地反映收入差距状况,并且单个指标存在的缺陷也影响到其反映的收入差距状况的准确性。本书试图建立城镇居民收入差距分析方法体系的目的在于尽力对分配状况有一个全面的、系统的认识。

本书的分析方法体系包括:不同类型收入差距分析方法;离差分析方法;以基尼系数和泰尔熵指数为中心的总体判断方法。具体内容如下:

(1) 范围法 (The range)。考虑 n 个人的收入分配,i = 1,2,3,…,n,让 y_i 表示第 i 个人的收入,μ 表示平均收入,于是个人 i 的相对收入份额为 x_i,则

$$\sum_{i=1}^{n} y_i = n\mu$$

第三章 中国城镇居民收入差距的测算与定量描述Ⅰ：静态分析

$y_i = n\mu x_i$

最简单的标准是比较分配方面的极端值，即最高收入与最低收入。范围可被定义为两个极值之差与均值收入的比值。如果范围用 E 表示，则

$E = (Maxy_i - Miny_i)/\mu$

如果收入绝对平均分配，显然 $E = 0$。另一个极端情况是，如果一个人得到了全部收入，那么，$E = n$。E 的取值介于 0 与 1 之间。

范围法的缺陷是显而易见的。它忽视了极端值之间的分配（见图 3-1）。

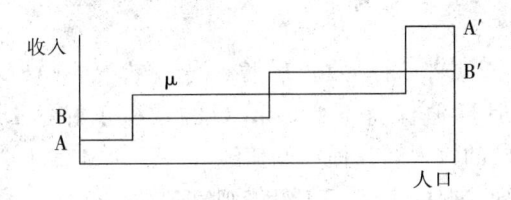

图 3-1

AA′的分配比 BB′的分配有一个较大的范围，但大多数 AA′上的人具有均值收入 μ，只有少数人不是。另一方面，BB′上的人口划分为两个明显的贫富阶层。如果只关注极端值，范围法将失去许多重要特征。

（2）相对均值偏差法（The relative mean deviation）。一个关注全部分配状况而不仅关注极端值的方法是，比较每一个收入水平与均值收入的差距，然后将这些绝对差距加总，观察差距总和与总收入的比例。如果用 M 表示这一离差：则

$$M = \sum_{i=1}^{n} [\mu - y_i]n\mu$$

分配完全平等时，$M = 0$；如果一个人获得全部收入，$M = 2(n-1)/n$。和 E 不一样，M 考虑了所有分配情况。

相对均值偏差法的一个主要缺陷是，当穷人和富人的收入处于均值同一侧时，它对从贫困阶层向富裕阶层的收入转移不敏感（如图 3-2）。

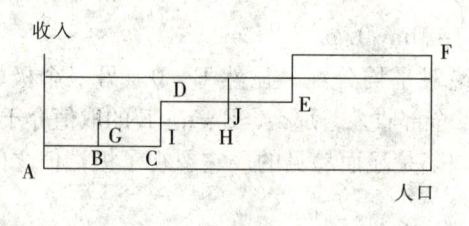

图 3-2

在图 3-2 中，通过收入转移，分配状况由 ABCDEF 转变为 ABGHJEF，但 M 值保持不变。BGIC 的减少正好是 DIHJ 的增加。除非两个阶层的收入转移横穿均值线 μ，否则 M 值不会变化。作为一种衡量分配状况的方法，M 没能观察到被公众认可的一些不平等事实。

（3）方差和方差系数（The variance and the Coeffient of Variation）。除了简单的加总差距的绝对值外，我们如果将差距平方后加总，这个结果将会使之与均值的比值显著得多。它将有助于消除图 3-2 中的不足。这个方差公式表示如下：

$$V = \sum_{i=1}^{n} (\mu - y_i)^2 / n$$

在图 3-2 中，ABCDEF 比 ABGHJEF 有一个更高的方差，因为经过平方后，BG 的差距大于 JH。在其他条件不变时，任何一种从穷人向富人的转移会使方差增加。作为一种衡量不平等的工具，这是一个很有用的特征。事实上，早在 1920 年，胡佛·道尔顿（Hugh Dalton）认为任何一种不平等标准最少应具备这一特征，而且由于道尔顿引用了庇古（Pigou）的成果，这被称为庇古—道尔顿条件（the Pigou-Dalton Condition）。

第三章 中国城镇居民收入差距的测算与定量描述Ⅰ:静态分析

然而,方差依据于均值收入水平,一种分配比另一种可能具有更大的相对方差。为了消除均值水平带来的影响,方差系数这一工具可以达到这一目的。它表示为方差的平方根除以均值收入:

$$C = V^{\frac{1}{2}}/\mu$$

由于方差系数能观察到收入转移的敏感性,又独立于均值收入,所以是一个很受欢迎的工具。

(4) 对数标准差方法 (The Standard deviation of logarithms)。如果收入水平很低时,我们可以使用对数标准差来测量收入转移的重要程度。与方差和标准差相比,它消除了单位划分和绝对值乘方等形式的任意性。在统计学文献中,偏差值采用几何均值,但在收入分配文献中,常采用代数均值 (Atkinson 1970a, Stark 1972)。公式表示为:

$$H = \left[\sum_{i=1}^{n} (\log \mu - \log y_i)^2 / n \right]^{\frac{1}{2}}$$

当收入水平逐渐升高时,它加速收敛。作为一个福利标准,在高收入水平时为一非凹函数,反映不灵敏。同时,它和 V、C 一样,受均值差异的限制。

(5) 基尼系数和相对均值差 (The Gini Coefficient and the relative mean difference)。一个被广泛使用的不平等标准是基尼系数。它的出现要归功于基尼 (Gini, 1912) 和做了大量分析的瑞赛 (Ricci, 1916),随后,道尔顿 (Dalton, 1920),尹特马 (Yntema, 1938)、阿特金森 (Atkinson, 1970a),纽伯瑞 (Newbery 1938)、赛新斯基 (Sheshinski, 1972) 等人又做了进一步研究。给这一工具一个全新视图的是洛伦茨 (Lorenz, 1905),他发明了洛伦茨曲线,把人口百分比按从最穷到最富的次序标在坐标横轴上 (图 3-3)。

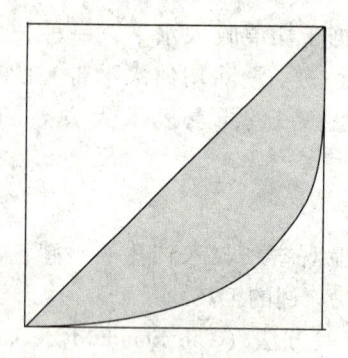

图 3-3

图 3-3 中,对角线是绝对平等线,实际中,每一条洛伦茨曲线都位于对角线之下,他们之间的面积除以对角线下面等腰直角三角形的面积就是基尼系数。基尼系数有多种计算方法。① 其中一种定义为,所有两对收入之差的代数均值。

$$G = (1/2n^2\mu)\sum_{i=1}^{n}\sum_{j=1}^{n}|y_i - y_j|$$

$$= 1 - (1/n^2\mu)\sum_{i=1}^{n}\sum_{j=1}^{n}\text{Min}(y_i, y_j)$$

$$= 1 + (1/n) - (2/n^2\mu)[y_1 + 2y_2 + \cdots + ny_n]$$

公式为:

其中,$y_1 \geq y_2 \cdots \geq y_n$ (1)

和 C、V 和 H 相比,G 利用每对收入之差,避免了差值的集中度。同时,它避免其他方法任意性大的乘方过程,又不损害敏感性。因此,基尼系数是目前世界上运用最广泛的一种方法,我国学者也经常运用这一指标。为了便于国际比较和保持分析的连续性,

---

① Atkinson. A. B. (1970a). "On the measurement of Inequality", *Journal of Economic Theory*, Vol. 2; Bishop. J. A. J. P. Formby and P. D. Thistle, (1989), "Statical inference income distributions, and social welfare", Research on Economic Ineguality, I, 49~82; Cowell, F. A. and K. Kuga (1981), "Inequality measurement: an axiomatic approach", Journal of Economic Theory, 15, 287~305. etc.

在城镇居民分析方法体系中,我们建立了以基尼系数为中心的总体判断方法体系。基尼系数的另一个优点是它可以分解为各收入来源对总差距的贡献。具体可分解为以下指标:① G_i,第 i 项收入来源的基尼系数;② S_i,第 i 项收入占总收入的比重;③ I_i,第 i 项收入差距对总收入差距的贡献度;④ E_i,第 i 项收入的不平等弹性,它表示第 i 项收入的变动对总收入差距变动的边际影响。我们用它来衡量政策变动的影响力度。

我们采用的基尼系数分解方法是由罗伯特·I·勒曼(Robert I. Lerman)施罗莫·伊茨哈奇(Shlomo Yitzhaki)在 1985 年提出的。[①] 假设居民家庭总收入 Y 由 Y_1,Y_2,Y_3,…,Y_n 共 n 个分项组成,则有:

$$Y = \sum_{i=1}^{n} Y_i \qquad (2)$$

式中,Y 的样本容量为 n,Y = (Y_1,Y_2,Y_3,…,Y_n),Y_i = (Y_{i1},Y_{i2},Y_{i3},…,Y_{in}),i = 1,2,…,n。总收入 Y 的分布函数为 F(X),F(X) = P(Y|Y≤X),(其中 X 表示各分项收入)。(3)

相应地各分项收入的分布函数为:$F_i(X) = P(Y_i | Y_i \leq X)$,i = 1,2,…,n。 (4)

那么总收入的基尼系数可以用下列公式表示:

$$G = \sum_{i=1}^{n} \{Cov[Y_i, F(Y)]/Cov[Y_i, F_i(Y_i)]\} \\ \times \{2Cov[Y_i, F_i(Y_i)]/M_i\} \times (M_i/M) \qquad (5)$$

式中,Cov[Y_i,F(Y)] 表示两个随机变量 Y_i(第 i 项收入要素)和 F(Y)(累积的收入分配)之间的协方差。假设随机 Y_i 变量取值为 Y_{ij},(j = 1,2,…,n);F(Y) 取值 F(Y_j),F(Y_j) = P(Y|Y≤Y_j)。假设 Y_j 在整个 Y 的样本中按升序排列次序为 K,

---

[①] Robert I. l. Lerman and Shlomo Yitzhaki (1985), "Income inequality effects by income source: A new approach and applications to the United States", *The Review of Economics and Statitstics*, no. 67 (1), 151~156.

显然 $F(Y_j) = K/n$，所以 $F(Y_j)$ 表示第 j 个样本按收入升序排列的位次数。$Cov[Y_i, F(Y)]$ 的经济学含义是第 i 项收入的随机变量 Y_i 与该收入按总收入升序排列所占位次之间的关系。同理，$Cov[Y_i, F_i(Y_i)]$ 的经济学含义是第 i 项收入 Y_i 与该收入按自身数值升序排序所占位次之间的关系。则有

$$M_i = \frac{1}{n}\sum_{j=1}^{n} Y_{ij} (i = 1, 2, 3, \cdots, n) \tag{6}$$

$$M = \frac{1}{n}\sum_{j=1}^{n} Y_j \tag{7}$$

式中，M_i 是第 i 分项收入的平均值，M 为总收入的平均值。

根据基尼系数的定义，考维尔和库格等人证明了第 i 项收入来源的基尼系数为：

$$G_i = 2Cov[Y_i, F_i(Y_i)]/M_i \tag{8}$$

则总收入的基尼系数为：

$$G = 2Cov[Y, F(Y)]/M \tag{9}$$

总收入基尼系数的公式可以简化为：$G = R_i G_i S_i$。其中，R_i 称为第 i 项收入的基尼相关系数；G_i 为第 i 项收入自身的基尼系数；S_i 表示第 i 项收入占总收入的份额。同时，我们将 $R_i G_i$ 称为第 i 项收入的拟基尼系数或伪基尼系数（Pseudo-Gini Coefficient），有的文献中也将其称为集中率（Concentration Rate）[4]，用 C_i 表示。所以有

$$G = \sum_{i=1}^{n} C_i S_i \tag{10}$$

其中，$C_i = 2Cov[Y_i, F(Y_i)]/M_i$，它可以被理解为按总收入升序排列的第 i 项收入的基尼系数。其经济学意义在于，当 $C_i \leqslant G$ 时，说明该项收入对整体收入差距起缩小作用；反之当 $C_i \geqslant G$ 时，则起扩大作用。

研究要素分解还有一个重要推论：即我们可以计算出某一收入来源的变化对总收入不平等影响的程度。若用 E_i 表示第 i 项收入的

百分比变化量，那么，$(\partial G/\partial E_i)/G$ 就表示第 i 项收入的变化对总收入基尼系数的边际影响，称之为第 i 项收入的不平等弹性。

$$E_i = \frac{\partial G/\partial E_i}{G} = \frac{R_i G_i S_i}{G} - S_i = S_i \times \frac{R_i G_i - G}{G} = S_i \times \frac{C_i - G}{G} \quad (11)$$

E_i 的经济学含义是：第 i 项收入每增加百分之一单位对整体收入不平等的影响。如果 E_i 为正，表示第 i 项收入将增加收入不平等；E_i 为负，表示第 i 项收入将减少整个收入不平等。E_i 为正时，数值越大，表示第 i 项收入对扩大收入差距的作用越明显；E_i 为负时，其绝对值越大，表示第 i 项收入对缩小收入差距的作用越明显。

（6）泰尔熵标准（Theil's entropy measure）。泰尔熵标准是由泰尔（Theil，1967）利用信息理论中的熵概念来计算收入不平等而得名。我们假设 x 是某一特定事件将要发生的概率，观察到的信息量 h(x) 肯定是 x 的减函数，用公式表达如下：

$$h(x) = \log \frac{1}{x}$$

当有 n 个可能的事件 1，2，…，n 时，它们相应的概率假设为 x_1，x_2，…，x_n，$x_i \geq 0$ 且

$$\sum_{i=1}^{n} x_i = 1$$

熵或期望的信息量可被看做每一件的信息量与其相应概率乘积的总和。

$$h(x) = \sum_{i=1}^{n} x_i h(x_i) = \sum_{i=1}^{n} x_i \cdot \log\left(\frac{1}{x_i}\right)$$

显然，n 种事件的概率 x_i 越趋近于（1/n），熵越大。在热力学中，熵是衡量无序的标准。如果 x_i 被解释为个人 i 的收入份额，h(x) 就类似于测量平等的标准。当每个 x_i 等于（1/n）时，h(x) 达到其最大值 logn。如果我们从收入分配最大值 logn 中减去熵 h(x)，就得到了不平等指数—泰尔熵标准。

$$T = \log n - h(x) = \sum_{i=1}^{n} x_i \cdot \log nx_i$$

用泰尔熵指数来衡量不平等的一个最大优点是，它可以衡量组内差距和组间差距对总差距的贡献。泰尔熵标准只是普通熵标准（Generalized Entropy Measures）的一种特殊情况。当普通熵标准的指数 $C=0$ 时，测量结果即为泰尔熵指数。取 $C=0$ 的优势在于分析组内、组间差距对总差距的解释力时更加清楚。[①]

在西方经济学文献中，经常使用泰尔熵指数还因为它符合一种不平等指数所应具备的四个特征：①庇古—道尔顿条件（the Pigou-Dalton Condition），②均值独立（mean independence），③人口规模独立（population-size independence），④可分解性（decomposability）。

庇古—道尔顿条件我们在前面已经解释过。均值独立要求，当所有收入被一个常数 K 相乘时，不平等指数不变。人口规模独立要求，当每一收入水平上的人口规模按相同比例变动时，指数值保持不变。可分解性要求指数能按来源或小规模人口分成部分不平等指数，包括"组内"和"组间"不平等，或者按收入来源分解出贡献度。

泰尔熵指数和基尼系数之间具有一定的互补性。基尼系数对中等收入水平的变化特别敏感。泰尔熵 T 指数对上层收入水平的变化很明显，而泰尔熵 L 和 V 指数对底层收入水平的变化敏感。他们的公式如下（Anand, 1983）：[②]

[①] Shorrocks and Foster (1987), "Transfer sensitive inequality measure", *Review of Economic Study*, no. 54.

[②] Jonne. P. Estudillo (1997), "Income inequality in the philippines, 1961~91", *The Developing Economiecs*, XXXV-1, March: 68~95.

* 基尼系数符合上述前 3 个条件，但在第 4 个条件中，它不能分成"组内"和"组间"不平等。但是也有新进展，兰伯特和爱若逊（Lambertand Aronson, 1993），据说已经有所突破。见 Lombert, Peterj. and Richard Aronson (1993), "Inequality decomposition analysis and the Gini coefficient Revisited", Economic Journal 103, no. 402: 1221~27.

第三章 中国城镇居民收入差距的测算与定量描述 I：静态分析

$$L = \frac{1}{n} \sum_{i=1}^{n} \log \frac{\mu}{y_i};$$

$$V = \sum_{i=1}^{n} (\log \mu^* - \log y_i)^2 / n$$

其中，y_i 是第 i 户收入，n 是家户数，μ 是代数人均收入，μ^* 是几何人均收入。泰尔熵指数分解如下：

第一，我们先分解泰尔熵 L 指数。

$$I(Y) = \frac{1}{n} \sum_{i=1}^{n} \log \frac{\mu}{y_i}$$

其中 $Y = (y_1, y_2, \cdots, y_n)$，$y_i$ 是第 i 个样本的收入，n 为样本总量，μ 为 $y_1, y_2 \cdots, y_n$ 的均值。L 指数可以分解为：

$$I(Y) = \sum_{i=1}^{N} S_i I(Y_i) + I(\mu_1 e_1, \mu_2 e_2, \cdots, \mu_n e_n)$$

其中 $S_i = N_i / n$，表示第 i 组样本占总样本的份额。N 为样本分组数，Y_i 是第 i 组样本收入的向量，N_i 是第 i 组样本的个数，

$$\sum_{i=1}^{N} N_i = n$$

所以，$Y_i = (y_{i1}, y_{i2}, \cdots, y_{iN_i})$，$i = 1, 2, \cdots, N$。$\mu_i$ 表示第 i 组样本的平均值，e_i 是由 N_i 个 "1" 组成的单位向量，$e_i = (1, \cdots)$，$I(Y_i)$ 表示第 i 组样本的不平等指数。

在上述等式两边同除以 $I(Y)$，我们得到：

$$I = \sum_{i=1}^{N} \frac{S_i I(Y_i)}{I(Y)} + \frac{I(\mu_1 e_1, \mu_2 e_2, \cdots, \mu_n e_n)}{I(Y)}$$

我们用 S_i 表示

$$\frac{S_i I(Y_i)}{I(Y)}$$

其含义是第 i 组样本的组内差距对总差距的贡献率；

$$I_b = \frac{I(\mu_1 e_1, \mu_2 e_2, \cdots, \mu_n e_n)}{I(Y)}$$

其含义是各组样本间差距对总差距的贡献率。再令

$$I_w = \sum_{i=1}^{N} I_i$$

它表示总的组内差距对整个差距的贡献率。$I_b + I_w = 1$。

$$L = \frac{1}{n} \sum_{i=1}^{n} \log \frac{\mu}{y_i}; \quad v = \sum_{i=1}^{n} (\log \mu^* - \log y_i)^2 / n$$

第二，泰尔熵 T 指数的分解公式：

$$T = \sum_{j=1}^{n} \left(\frac{n_j}{n} \times \frac{\mu_j}{\mu} \right) T_j + \sum_{j=1}^{n} \left(\frac{n_j}{n} \times \frac{\mu_j}{\mu} \right) \log \left(\frac{\mu_j}{\mu} \right)$$

设 $V_j = n_j/n$，表示第 j 组的人口份额，$K_j = \mu_j/\mu$，表示第 j 组代数收入份额，$K_j^* = \mu_j/\mu^*$，表示第 j 组几何收入份额，$T = \sum_{j=1}^{n} V_j K_j T_j + \sum_{j=1}^{n} V_j K_j \log K_j$，

其中，左面的一项是组内的差距，右面一项是组间差距。

第三，泰尔熵 V 指数的分解公式：

$$V = \sum_{j=1}^{n} \left(\frac{n_j}{n} \right) V_j + \sum_{j=1}^{n} \frac{n_j}{n} (\log \mu_j^* - \log \mu^*)^2$$

$$= \sum_{j=1}^{n} V_j V_j + \sum_{j=1}^{n} V_j \log K_j^{*2}$$

左面一项是组内差距，右面一项是组间差距。上式中 n_j 是第 j 组家户数，μ_j 是第 j 组代数均值，μ_j^* 是第 j 组几何均值。

在本书中，我们主要运用泰尔熵 L 指数进行分解分析。

(7) 人口收入份额度量方法（The income share of Certan number population）。用一定人口收入份额反映收入差距，在国际上是常用工具之一，如库兹涅茨指数以及计算基尼系数常用的五等分法等。要对我国改革开放以来的城镇居民收入差距进行全面的比较分析，应对目前使用较多的"等分法"等分析方法进一步加以分析运用。这一方法中利用的指标包括：收入不良指数（收入最高 20% 人口的收入份额与收入最低 20% 人口的收入份额之比）；阿鲁瓦利亚指数（收入最低 40% 人口的收入份额值，最大值为 0.4）；库兹

第三章　中国城镇居民收入差距的测算与定量描述 I：静态分析

涅茨指数（收入最高 20% 人口的收入份额值，最低值为 0.2）。

除了上述方法和指数在理论上存在的缺陷外，我国国内有关机构在运用这些指标分析问题时，实践中的测算也存在不少问题。

目前我国在收入差距总体判断上运用最多的是比例方法和基尼系数。我国学者经常分析的城乡收入差距、地区收入差距、行业收入差距等，主要是通过横向和纵向的对比进行分析。

就比例方法来说，运用较多的是五等分法。这样的统计分析建立在抽样调查的基础上，无疑存在样本代表性和数量不足的问题。

国际上通用的基尼系数在我国得到了越来越普遍的使用，目前甚至成了分析居民收入差距的主要方法。长期以来，我国缺乏社会各阶层收入变动的统计资料，我们很难用洛伦兹曲线和基尼系数这样的方法来科学估算我国较长时期内的收入分配状况。我国经济学文献中对同一时期基尼系数估算的差异较大就不足为奇了。在估算内容上，有些学者没有考虑到我国在转轨时期沿袭下来的旧体制因素，如只有大部分城镇居民享有的福利、社会保险、公房收益等，必然使基尼系数失真性加大。但有一部分国内外学者，如阿瑟·R·卡恩（Azizur Rahman Khan）、凯思·格里芬（Keith Griffin），卡尔·里什金（Carl Riskin）和中国社科院的赵人伟等考虑了这一因素。[1]
在转轨国家中，基尼系数的测算与经济体制有着必然联系。我国在改革开放前，在收入分配制度上实行"按劳分配"的原则，城镇居民不存在个人劳动之外的生产要素收入，这实质上导致了分配中的平均主义，因此我国的基尼系数大大低于资本主义国家。这是一种不正常的分配状况，是以牺牲效率为代价的。改革开放以来，我国采取了"效率优先，兼顾公平"的分配原则，城镇居民的收入差距迅速扩大。但在体制转轨时期，由于各种政策措施不到位和立法的

---

[1] Azizur Rahman Khan, Keith Griffin, Carl Riskin and Zhao Renwei (1992), "Household income and its distribution in China", *The China Quarterly*, no. 132. December, Azizur Rahman Khan and Carl Riskin (1998). "Income and Inequality in China: Composition, Distribution and Growth of Hoursehold Income, 1988 to 1995", *The China Quarterly*, no, 154. June.

滞后，分配秩序和分配格局又出现许多新问题。一方面，旧平均主义在部分人的思想中根深蒂固，在消除旧平均主义的同时出现了新平均主义；另一方面，各种隐形收入、非正常收入大量增加，出现了一个"暴富群体"和"新贫困阶层"。这些因素的出现，使我们计算出的基尼系数很难说明哪些是合理的差距，哪些是不合理的差距。所以，在我国目前较为普遍地用基尼系数反映收入差距中，有一种"雾里看花"的感觉。正如我们难以简单地判断收入差距的大小和合理一样，我们也难以简单地判断基尼系数这种在世界上被广泛采用的方法用来分析我国收入差距时是否合理。但在现有的研究水平和研究手段下，我们还必须借助基尼系数来反映我国城镇居民的收入差距状况。

既然我国城镇居民的收入差距在急剧扩大，那么我们就需要一个判断差距是否扩大到"两极分化"程度的方法和指标。在这一重大理论和实践问题上，对于研究方法存在分歧。不良指数法（或五等分法）和基尼系数法是国际上研究收入差距的公认的方法。前者以倍数的高低来判断差距的程度，倍数越大，收入差距越大，倍数越小，收入差距也越小。国际学术界一般认为，基尼系数小于 0.2 表示绝对平均，0.2～0.3 之间表示比较平均；0.3～0.4 之间表示比较合理，0.5 以上为差距悬殊。

我国大多数学者认为，不良指数和基尼系数法可以成为研究两极分化的方法。[①] 而另一些学者认为，上述两种方法不能作为研究两极分化的方法。首先，这种研究与其包含的两极分化概念的原本含义是不一致的；其次，这种研究所包含的分配公正评价是自相矛盾的；两种研究方法不适于研究与伦理公正价值相联系、且已被马克思、邓小平赋予了确定含义的两极分化问题。[②]

[①] 陈宗胜：《中国城市居民分配差别现状、趋势及影响因素》，载《经济研究》1997 年第 3 期。

[②] 苏晓离：《略论经济分配中的某些价值观问题》，载《哲学研究》1996 年第 8 期。

学术界的分歧关键在于说明两种方法能否反映两极分化的规定性,邓小平指出:"如果富的愈来愈富,穷的愈来愈穷,两极分化必然产生。"① 这里的贫与富不仅有数量上的区别,而且应该包括利益分配上的对抗性这种性质的差别。马克思在《资本论》中指出:"一极使社会的生产资料和生活资料转化为资本,在另一极使人民群众转化为雇佣工人,转化为自由的'劳动贫民'";② "在一极是财富的积累,同时在另一极,即在把自己的产品作为资本来生产的阶级方面,是贫困、劳动折磨、受奴役、无知、粗野和道德堕落的积累。"③ 根据马克思和邓小平的经典论述,我们认为,两极分化应包括三个方面的内涵,即量、质和发展趋势。从量的方面来讲,两极分化必然导致人们收入分配差距悬殊,要有一个数量阈值;从质的方面看,两极分化要求在收入分配中具有劳动收入之外的生产要素收入时,才会产生,否则不可能产生马克思所批判的剥削关系和对抗性冲突;从发展趋势来看,两极分化所表现的收入差距应呈现出不断扩大的趋势,产生恶性循环,穷者愈来愈穷,富者愈来愈富。两极分化的三方面内涵是相互影响、相互促进的。

不良指数和基尼系数是完全可以从量的方面测算出两极分化与否的数据。两极分化的数据应参照国际倍数的中位值或平均值,在超过数值的国家中再运用统计手段进行聚类分析,凡聚到倍数大的一类中的国家的数值,应看成两极分化数值。从基尼系数来看,国际惯例是超过0.4就是两极分化。④ 从两个指标的长期数值可以看出两极分化的发展趋势。

---

① 《邓小平文选》第3卷,人民出版社1992年版,第374页。
② 马克思:《资本论》第1卷,人民出版社1972年版,第708页。
③ 同2。
④ 我国学者陈宗胜认为,基尼系数超过0.5才是两极分化。

第三节　中国城镇居民收入差距的总体状况分析

为了比较全面地衡量城镇居民的福利状况，我们利用基尼系数和泰尔熵 T、L 和 V 指数对此进行纵向的和历史的比较，据以判断城镇居民收入差距所处的区间和发展趋势（见表 3-1）。

表 3-1　　　　城镇居民基尼系数和泰尔熵指数

指数 年份	基尼指数 （G）	泰尔熵指数 （T）	泰尔熵第二测算指数（L）	对数方差指数 （V）
1985	0.268	0.129	0.116	0.202
1986	0.265	0.131	0.116	0.202
1987	0.264	0.131	0.118	0.204
1988	0.275	0.138	0.124	0.214
1989	0.271	0.143	0.128	0.22
1990	0.272	0.139	0.125	0.215
1991	0.262	0.132	0.119	0.206
1992	0.272	0.16	0.131	0.224
1993	0.297	0.167	0.149	0.252
1994	0.234	0.177	0.158	0.266
1995	0.229	0.17	0.152	0.256
1996	0.449	0.296	0.049	0.253
1997	0.3	0.181	0.161	0.271

注释：①数据来源：《中国统计年鉴》（1986~1998）；
②G 对中等收入阶层反应灵敏，L 和 V 对低收入阶层收入变化反应灵敏；T 对高收入阶层收入变化反应灵敏；
③测算方法：见 "Economic Journal" 103, no. 402. 1993. Lambert, Peter J. And Richard Aronson. 1993. "Inequality Decomposition Analysis and the Gini Coefficient Revisited"。

需要指出的是，上述计算依据的是可支配收入，即居民货币收入扣除个人所得税后的余额，不包括福利收入。我们根据国务院研究室课题组的数据，知道城镇居民收入的基尼系数在 1978~1986

年为 0.16~0.19，处于绝对平均区间。① 根据我们的计算，1985 年以后，随着经济体制改革的推进，收入差距在总的趋势上是逐渐上升，基尼系数值一般在 0.25~0.3 之间（1996 年例外，达 0.449）。具体来讲，1985~1992 年基尼系数有小幅波动，幅度不超过 0.7%；1993 年，基尼系数比 1992 年猛升 2.5%，这说明在 1992 年邓小平发表南巡讲话后，国民经济从 1989 年前后治理整顿的低迷状态突然步入高涨状态，通货膨胀大幅上升，居民收入分配状况相应有较大变动。1996 年的异常值也与当年高达 20% 以上的通货膨胀有关。从国际惯例来看，我国城镇居民的基尼系数处于比较平均区域。这说明平均主义的影响依然存在，改革的目标应该定位在 0.3~0.4 的合理区间。

基尼系数只是对中等收入阶层的变化反应比较灵敏，而泰尔熵指数对高和低收入阶层变化反应灵敏。先看泰尔熵 T 指数。在 1985~1989 年期间，反映中等收入阶层收入变化的基尼系数是先降后升，而反映高收入阶层收入的 T 指数则是稳步上升；同时，反映低收入阶层收入变化的 L 和 V 指数也在稳步上升，这说明高收入阶层和低收入阶层的分配状况是不平等程度加大，收入在向一部分人口集中，而中等阶层的收入状况表现为先是不平等程度减少，后又增加。可见，1989 年是一个分配不平等的高峰值。1990~1993/94 年，从基尼系数和泰尔熵指数来看，大体经历了高→低→高的过程，基尼系数在 1994 年达到高峰值，与本期国民经济高速非均衡增长有关。1995 年，各种不平等指数与上年相比，都有所下降，分配状况有所好转。1996 年，基尼系数有一个最大的异常值 0.449，这说明当年中高收入阶层的分配不平等骤然升高；同年，泰尔熵 L 和 V 指数有大幅下降，尤其是 L 指数，有一个最低的奇异值 0.049，这在另一方面表明低收入阶层分配更加平等，即普遍贫困化了。综合 1996 年的情况可以看出，我国国民经济在 1995 年的高速增长引发通货

---

① 李实、赵人伟：《中国居民收入分配再研究》，载《经济研究》1999 年第 4 期。

膨胀后，政府及时进行宏观调控，使国民经济实现"软着陆"，中高收入阶层拥有90%以上的金融资产，他们的实际收入必然受到很大的冲击，而低收入阶层受影响不大，于是就出现了上述奇异值。除去1996年的奇异值后，1997年的基尼系数和泰尔熵指数是1985年以来最高的。这些数据的波动显然是和我国国民经济的波动相适应的，这也充分说明，整个转轨时期的城镇居民收入分配状况是波动幅度较大的，这是一种不成熟的状况，可以预见，在我国社会主义市场经济体制成熟之前，在转轨时期各利益集团的博弈未达到均衡之前，这种不平等指数的波动不可避免，但也可以确信下述一点，即城镇居民收入差距的不断扩大和进入合理化区间的趋势是不可避免的。

在我国，可支配收入只是城镇居民实际收入的一部分。我国城镇居民每月除了从"工资袋"里拿到劳动所得收入之外，还有"一大块"无形的收入由国家及单位以公共福利方式无偿供给。有数据表明，1995年全国城镇居民人均获得福利收入3304元，占居民可支配收入的七成以上。

城镇居民福利这些非货币形式的收入包括住房、养老保险、医疗、教育、交通价格、物品以及其他福利事业的补贴等8个部分。调查显示，1995年，在城镇居民人均福利收入中，住房补贴占第一位，达1960元，占福利收入的59.3%；养老保险补贴居第二位，为595元，占18%；医疗补贴列第三位，占9.3%。此外，教育、交通、价格补贴分别为252元、14元、59元，分别占福利收入的7.6%、0.4%和1.8%。同时，单位发给各种物品折合收入87元，其他福利事业补贴31元，分别占2.6%和1%。分析表明，与1990年相比，职工福利收入的构成发生了很大变化。随着经济体制改革的逐步深入，养老保险的改革使养老保险补贴迅速上升；而伴随价格改革的推进，大部分"暗补"变为"明补"，价格补贴占福利收入的比例迅速下降；两项分别上升和下降10个百分点和7.8个百分点。

第三章 中国城镇居民收入差距的测算与定量描述 I：静态分析

可支配收入加上福利收入后，城镇居民收入的基尼系数明显缩小。根据国务院研究室课题组的测算，加上福利收入后，1990年基尼系数为0.16，1995年为0.21，分别比同期可支配收入的基尼系数下降7个百分点。这说明，5年来城镇居民总体收入差距拉大的程度并不像可支配收入反映的那样严重，目前仍处于0.2~0.3这一国际通常认为比较平均的区间。换言之，在缩小城镇居民总体收入差距方面，福利收入起了重要作用。这主要是因为，福利收入所占比重趋大。1995年，10%最低收入家庭的福利收入相当于可支配收入的比例为116.8%；而10%最高收入家庭的这一比例仅为37.9%。这从一个侧面体现了福利收入使低收入家庭受益更大的要求。值得注意的是，高收入群体仍享有绝对额较高和增长较快的福利。1990年10%最低收入家庭的人均福利收入994元，10%最高收入家庭为1570元，福利收入最低与最高之比为1:1.58，1995年分别为2076元和3882元，两者之比为1:1.87，这不利于缓解少数社会成员之间过大的贫富差距。

我们在分析了以人口为单位的基尼系数后，再以家庭户为单位，解释家户间的贫富差距。

按城镇家户人均收入由低到高排序，1995年10%的最高收入户的人均可支配收入与10%的最低收入户人均收入差距由1990年的2.9倍扩大到3.8倍。据部分城市调查，当前中、西部地区、市属工业企业处于亏损状态的占50%~60%，这些企业的职工只能领到部分工资或补助，他们的生活陷入困境，对通货膨胀的承受能力差，与一部分先富起来的居民家庭形成强烈的反差。按贫困、温饱、小康、富裕、富有五个层次来划分城镇居民家庭，1995年各类家庭情况如下：

贫困家庭。家庭年收入在5000元以下，占总家庭的3.8%，比1994年下降了1个百分点。

温饱型家庭。家庭年收入在5000元~10000元，占总家庭的36.1%。这部分主要是由内地中小城市的普通居民家庭，以及城市中没有额外收入的工薪阶层组成。

小康型家庭。家庭年收入在1万~3万元,占家庭总数的50.1%。这部分居民家庭主要由大中城市、沿海城市中的大部分居民家庭组成。

富裕型家庭。年收入在3万~10万元,占总家庭的8%,有680万户左右。这部分家庭主要是由外企和合资企业的中方高级管理人员、出租车司机、部分涉外导游、经营规模较大的个体经营者、部分机关企事业单位领导人、专业人才紧缺的某些职业人员(如律师、美容师、高级厨师等)组成。

富有型家庭。家庭年收入在10万元以上,占总家庭的1%左右,城镇约有85万户左右。主要由民间企业家、合资企业老板、著名演员和节目主持人、名画家和作家、部分股份制企业老总、部分承包租赁者、包工头、部分私营企业主、证券经营中获高利者,以及少数以权谋私者组成。

如果根据《中国统计年鉴》的分组,我国城镇居民家庭按五等分法分为五个组,八个类别(见表3-2)。

表3-2　　　　分阶层城镇居民家庭人均全部收入　　　　单位:元

年份	总平均	10%最低收入户	5%困难户	10%低收入户	20%中偏下收入户	20%中收入户	20%中偏上收入户	10%高收入户	10%最高收入户
1985	821	483	438	599	692	805	936	1098	1384
1986	910	496	456	632	734	850	994	1162	1478
1987	1012	596	551	733	852	991	1154	1352	1734
1988	1192	683	627	849	992	1166	1374	1618	2093
1989	1383	780	716	982	1146	1352	1595	1891	2494
1990	1523	860	783	1077	1267	1489	1757	2072	2676
1991	1713	1007	929	1240	1439	1671	1951	2283	2957
1992	2032	1127	1032	1409	1665	1977	2330	2767	3663
1993	2583	1360	1239	1719	2043	2454	2986	3627	4906
1994	3052	1735	1566	2238	2721	3304	4079	5007	6838
1995	4288	2178	1985	2779	3346	4074	4958	6036	8231

续表

年份	总平均	10%最低收入户	5%困难户	10%低收入户	20%中偏下收入户	20%中收入户	20%中偏上收入户	10%高收入户	10%最高收入户
1996	4845	2454	2243	3149	3780	4580	5599	6827	9250
1997	5083	2456	2186	3246	3988	4922	6074	7495	10297
1998	5336	2505	2229	3329	4135	5149	6405	7918	11021

资料来源：《中国统计年鉴》1986~1999年各期（表中数据取整数）。

从八个类别的时间序列来看，从1985~1998年，各个组别的收入都在逐年提高；从横向来看，八个类别的家户收入都按升序排列。但从分阶层家户收入占城镇居民收入比重的时间序列来看，除了中等偏上户、高收入户和最高收入户三个级别的收入呈总体上升趋势外，其他五个组别的家户收入所占比重在总体上呈下降趋势。

根据本节从人口比例和家户两个侧面对城镇居民收入状况的总体考察，我们可以得出一个结论，即我国城镇居民的收入差距在继续扩大，以家户为观察单元来看，出现了穷的愈来愈穷，富的愈来愈富的现象，但没有出现两极分化。

第四节 中国城镇居民消费领域福利状况的总体分析

改革开放以来，随着社会经济的发展和我国城镇居民收入水平的提高，消费结构也不断变化和升级。如果按生存资料、享受资料和发展资料来划分，消费资料结构发展的一般趋势是：生存资料在消费资料中的比重不断降低，用以享受的耐用消费品和投资品等发展资料会增多，这反映了收入水平提高后，消费结构逐步走入成熟和高级化阶段，同时，这也是世界上大多数国家消费结构发展的必然趋势。

本节以基尼系数为工具，从城镇居民消费支出、拥有的普通商品及耐用品拥有量的不平等程度来判断居民的消费结构所处的阶段和发展趋势（见表 3-3）。

表 3-3　城镇居民家庭平均每人全年生活费支出基尼系数

项目 \ 年份	1988	1985	增加或降低
生活费支出	0.254	0.247	+
一、购买商品支出	0.253	0.245	+
1. 食品	0.224	0.22	+
（1）粮食	0.199	0.195	+
（2）副食	0.222	0.224	−
（3）烟、酒、茶	0.234	0.236	−
（4）其他食品	0.236	0.229	+
2. 衣着商品	0.25	0.25	0
3. 日用品	0.325	0.304	+
4. 文化娱乐用品	0.376	0.384	−
5. 书报杂志	0.234	0.227	+
6. 药及医疗用品	0.22	0.195	+
7. 房屋及建筑材料	0.42	—	+
8. 燃料	0.21	0.312	−
二、非商品支出	0.244	0.234	+
1. 房租	0.243	0.246	−
2. 水费	0.21	0.22	−
3. 电费	0.239		+
4. 煤气费	0.241		+
5. 市内交通费	0.229	0.264*	−
6. 其他交通费	0.319	—	+
7. 邮电费	0.382	0.352	+
8. 医疗保险费	0.242	—	+
9. 学杂费	0.17	0.165	+
10. 保育费	0.136	0.1	+
11. 文娱费	0.25	0.233	+
12. 修理服务费	0.303	—	+

注释：①0.22* 为1985年水电费基尼系数；
②0.264* 为1985年交通费基尼系数；
③1988年比1985年基尼系数增加的，用"+"表示，降低的用"−"表示。
资料来源：1986和1989年《中国统计年鉴》。

从表 3-3 中可以看出，生活费支出的基尼系数在 1985 年和 1988 年分别为 0.247 和 0.254，而同期相应的可支配收入基尼系数分别为 0.268 和 0.275，后者指数均高于前者，说明城镇居民可支配收入中用于消费的部分，分配更平等一些，居民的消费差距不大。在生活费支出中，用于购买商品支出的基尼系数在 1985 年和 1988 年分别为 0.245 和 0.253，显然 1988 年的商品支出方面不平等程度上升了；同时，用于非商品支出的基尼系数分别为 0.234 和 0.244，1988 年非商品支出的不平等程度上升了，从 1985 年和 1988 年的商品支出基尼系数和非商品支出的基尼系数来看，商品支出方面的不平等程度均高于非商品支出。这说明在改革开放的初期，第三产业很不发达，拥有商品量的多寡成为家庭穷或富的标志。从这两年的对比可以看出：除副食、烟酒、茶、文化娱乐商品、市内交通、燃料费、房租、水费外，其他商品的消费不平等程度上升了。我们用 K-均值快速聚类法对各种商品和非商品的消费支出基尼系数进行聚类。1985 年聚为两类：第一类中心为 0.338，属基尼系数高的一类，包括日用品、文化娱乐用品、燃料、邮电费，其他基尼系数低的聚为一类。从聚类的结果可以看出，聚为第一类的商品为当时紧缺的物资，如日用品、文化娱乐用品和燃料，这说明改革开放初期，原有的计划经济体制没有发生根本性的变革，原来短缺的物品在 1985 年依然是短缺的，从而从一个侧面验证了体制改革所处的阶段。另外在非商品支出中，只有邮电费一项，一方面说明改革初期交通通讯方面的落后和整个基础设施的不足，另一方面反映了当时第三产业仍处于原始状态。

1988 年的项目也聚为两类，第一类是基尼系数较高的一类，包括：日用品、文化娱乐用品、房屋及建筑材料，其他为第三类。与 1985 年相比，1988 年分配不平等的商品和服务项目增加了，这反映了改革开放带来的城镇居民收入和消费上的大幅增长，基尼系数最高的是房屋和建筑材料，达 0.42，可见"住"已经成为当时消费的热点，也是高档商品。从服务项目看，交通、邮电、修理方面的消费差距较大，说明第三产业开始起步。

从1988年到现在，改革经历了从双轨制向单一体制的转轨时期，尤其是1992年邓小平南巡讲话后，我国加速了向社会主义市场经济体制的转变。在这一段时期，我国城镇居民的消费支出及各个子项目的分配状况必然会发生一些明显的变化（见表3-4）。

表3-4　城镇居民家庭平均每人全年消费性支出基尼系数

年份 项目	1993	1994	1995	1996	1997
消费性支出	0.258	0.214	0.258	0.256	0.266
食品	0.22	0.213	0.218	0.216	0.22
粮食	0.19	0.182	0.185	0.182	0.181
肉禽及其制品	0.212	0.21	0.21	0.208	0.211
蛋类	0.209	0.197	0.197	0.195	0.192
水产品	0.226	0.22	0.222	0.216	0.228
奶及奶制品	0.235	0.246	0.238	0.25	0.245
衣着	0.257	0.277	0.276	0.28	0.28
服装	0.272	0.296	0.294	0.302	0.298
家庭设备及服务	0.377	0.395	0.392	0.376	0.415
耐用消费品	0.428	0.451	0.452	0.438	0.488
医疗保健	0.26	0.263	0.257	0.267	0.278
交通通讯	0.393	0.387	0.363	0.324	0.337
娱乐教育文化服务	0.273	0.289	0.29	0.288	0.306
文娱用耐用消费品	0.437	0.465	0.483	0.493	0.5
居住	0.266	0.267	0.264	0.244	0.264
住房	0.35	0.358	0.335	0.305	0.338
杂项商品	0.352	0.363	0.35	0.352	0.362

资料来源：1994～1998年《中国统计年鉴》。

就总体的消费支出来看，除1994年的基尼系数较小外，其他年份都在0.25以上，分配比较平均。1993～1994年，一般的食品类基尼系数保持不变或略有下降，而水产品、奶制品这类营养价值高的商品的基尼系数上升了，这说明城镇居民已经解决了温饱问题，在"吃"的方面正向营养型迈进。在穿的方面，衣着、服装的基尼系数升高了,可见城镇居民的衣着消费正在跟上世界潮流,向高档化和个性化方向发展,这方面消费的多样化和层次性必然在基尼系数上表现出来。家庭设备用品和耐用消费品的基尼系数都有大幅度上升,这方面消费的不平等一方面说明了不同家庭收入水平上的较大差距(0.4左右),另一方面也反映出我国城镇居民中的大多数目前还没有整体上的实力向更高的消费阶段攀升。第三产业方面,医疗保健的基尼系数、娱乐教育文化服务和文娱用耐用消费品的基尼系数均有较大幅度上升,这说明随着国民经济整体实力的增强,居民户中有一定经济实力的阶层开始向消费的高级阶段——精神和娱乐、保健等方面发展。其中,文娱用耐用消费品的基尼系数从1988年的0.437上升到0.5,消费差距悬殊。居住和住房的基尼系数有轻微下降,在0.25~0.36之间,分配比较平均,但已向0.3~0.4的合理区间发展,这说明建国后持续了40多年的福利分房制度正在逐步改变,最终将完全由市场调控。

从横向来看,我们对1993和1997年的各个消费支出项目进行了K-均值快速聚类分析。1993年的聚类分析中,第一、第二类的类中心分别是0.3895和0.2398,其中第一类包括家庭设备用品及服务、耐用消费品、交通通讯、文娱用耐用消费品、住房、杂项商品。1997年聚类分析的两个类中心分别是0.4413和0.2603,其中聚为第一类的项目包括:家庭设备用品及服务、耐用消费品、文娱用耐用消费品、杂项商品。1993年和1997年的情况相比,1997年的两个类中心的基尼系数都高于1993年的;所包括的项目中,1997年比1993年少了交通通讯和住房这两项。根据有关专家的计算,[①] 1995年前后,医疗保健、交通通讯、文教娱乐用品及服务、居住四项的城镇居民需求收入弹性分别为1.04,1.31,1.13,1.16,需求弹性都大于1、属于富有弹性的商品,再加上上述四项

---

① 范剑平、向书坚:《论当前经济增长中的消费需求》,载《经济学家》1998年第3期。

商品的基尼系数高,且在聚类分析中属于第一类,所以这些商品属本阶段的高档商品。

我们为了分析转轨时期年度商品分配不平等程度的相关性,即以后年度对以前年度有无路径依赖问题。我们对1985年、1993年和1997年度进行了皮尔逊(Pearson)相关分析,发现1985年和1993年、1997年相关性不大,这说明城市改革初期的状况与20世纪90年代改革取得巨大变化的状况相差很大,正好说明,改革取得了巨大的成绩。1993年与1997年的皮尔逊相关系数为0.9599,两个年度的商品不平等程度高度相关,说明在整个90年代,整个消费结构没有发生质变。我们在对城镇居民的消费支出福利状况进行了分析后,接下来继续对城镇居民家庭平均每人全年购买的主要商品数量的不平等状况进行分析。这些商品是"食"和"衣"方面的普通商品(见表3-5)。

表3-5 城镇居民家庭平均每人全年购买的主要商品数量的基尼系数

项目 \ 年份	1988	1985	增加或降低
粮食	0.19	0.195	-
鲜菜	0.196	0.203	-
家用植物油	0.202	0.21	-
猪肉	0.21	0.22	-
牛羊肉	0.224	0.224	0
家禽	0.23	0.237	-
鲜蛋	0.216	0.221	-
鱼虾	0.219	0.218	+
食糖	0.21	0.201	+
卷烟	0.218	0.218	0
酒	0.228	0.246	-
棉布	0.249	0.23	+
化纤布	0.249	0.213	+
呢绒	0.295	0.301	-
绸缎	0.287	0.286	+
布制服装	0.208	0.195	+
化纤布服装	0.21	0.209	+

续表

年份 项目	1988	1985	增加或降低
呢绒服装	0.28	0.292	−
丝绸服装	0.281	0.253	+
针织服装	0.21	0.187	+
皮鞋	0.207	0.203	+

注释："+"表示1988年比1985年基尼系数增加；"−"表示减少。
资料来源：1986，1989年《中国统计年鉴》。

从总体上看，这些普通商品的基尼系数分布在0.19~0.31之间，大多数在0.2左右，说明城镇居民对于维持生存的普通低档商品的消费很平均。

我们用K−均值快速聚类法对1985和1988两年的商品进行了分类，都分为两类。1985年属于基尼系数较高一类的商品有：酒、呢绒、丝绸、呢绒服装、丝绸服装。1988年属于基尼系数较高一类的商品有：棉布、化纤布、呢绒绸缎、呢绒服装、绸缎服装。比较这两年可以看出，在城市改革的初期，传统的一些丝绸、呢绒制品属于普通商品中的高档商品；1988年多了棉布、化纤布两类商品。这些情况表明，这些普通商品仍比较短缺，传统计划经济体制的供给不足和居民收入水平低并存。

进入20世纪90年代以后，城镇居民消费的普通商品种类大大地增加了，为了反映这一时期城镇居民的商品消费状况，表3−6计算了1993~1997年的商品数量基尼系数。

表3−6　　城镇居民家庭平均每人全年购买商品数量基尼系数

年份 项目	1993	1994	1995	1996	1997
淀粉及薯类	0.194	0.18	0.195	0.186	0.186
大豆	0.239	0.221	0.2	0.212	0.196
豆腐	0.208	0.205	0.204	0.198	0.216

中国城镇居民收入差距

续表

年份 项目	1993	1994	1995	1996	1997
食用植物油	0.19	0.184	0.184	0.173	0.173
食用动物油	0.178	0.183	0.174	0.174	0.187
猪肉	0.206	0.198	0.202	0.199	0.202
牛肉	0.194	0.21	0.208	0.202	0.205
羊肉	0.192	0.234	0.227	0.212	0.224
家禽	0.22	0.217	0.214	0.212	0.204
鲜蛋	0.206	0.199	0.196	0.194	0.186
鱼	0.206	0.208	0.2	0.194	0.2
虾	0.23	0.219	0.202	0.22	0.231
鲜菜	0.2	0.198	0.196	0.195	0.198
食糖	0.2	0.189	0.194	0.188	0.178
糖果	0.26	0.244	0.24	0.252	0.248
卷烟	0.21	0.2	0.197	0.197	0.189
白酒	0.214	0.176	0.191	0.166	0.179
果酒	0.226	0.234	0.216	0.252	0.3
啤酒	0.235	0.215	0.224	0.208	0.227
其他酒	0.203	0.198	0.216	0.152	0.179
鲜瓜果	0.419	0.212	0.22	0.207	0.212
糕点	0.216	0.222	0.221	0.211	0.22
鲜乳品	0.24	0.258	0.251	0.255	0.259
奶粉	0.217	0.23	0.195	0.224	0.232
酸奶	0.238	0.543	0.244	0.274	0.284
男士服装	0.224	0.228	0.225	0.234	0.225
女士服装	0.22	0.237	0.229	0.241	0.236
儿童服装	0.193	0.204	0.185	0.206	0.194
棉布	0.241	0.286	0.237	0.305	0.282
棉花化纤混纺布	0.257	0.26	0.228	0.28	0.277
化纤布	0.236	0.23	0.223	0.228	0.228
呢绒	0.287	0.316	0.322	0.269	0.309
绸缎	0.296	0.308	0.31	0.286	0.287
毛线	0.206	0.214	0.2	0.245	0.196
皮鞋	0.21	0.214	0.224	0.219	0.22
布鞋	0.192	0.188	0.19	0.186	0.187
其他鞋	0.187	0.198	0.189	0.19	0.194

资料来源：1994~1998年《中国统计年鉴》。

第三章 中国城镇居民收入差距的测算与定量描述 I：静态分析

从各年的基尼系数来看，绝大多数分布在 0.17~0.3 之间，分配相当平均，这也从反面证明了这些商品是维持生存需要的基本品。在全部 85 个数据中，只有 1993 年鲜瓜果和 1994 年的酸奶的基尼系数是两个异常值，分别高达 0.419 和 0.543，其他各年在 0.2~0.3 之间，这只能说明 1993 年鲜瓜果和 1994 年的酸奶量少或者昂贵，属于异常值。

我们对 1993 年和 1997 两年的数据进行了 K－均值快速聚类分析，都聚为两类（1993 年排除了鲜瓜果这一异常值）。1993 年两类的类中心分别为 0.2045 和 0.2508，其中基尼系数高的一类包括：大豆、虾、糖果、啤酒、鲜乳品、酸奶、棉布、棉花化纤混纺布、化纤布、呢绒、绸缎。1997 年的两类中心分别为 0.2036~0.2808，基尼系数高的一类包括：糖果、果酒、鲜乳品、酸奶、棉布、棉花化纤混纺布、呢绒、绸缎。1993 年和 1997 年相比，变化不大。从皮尔逊相关系数矩阵来看，各年数据基本不相关，可见，生活基本品的消费受居民收入水平影响不大（显然是一定收入水平之上）。

在对普通商品的消费福利进行分析后，我们接下来考察城镇居民家庭平均每户年底耐用消费品拥有量的分配状况（见表 3-7）。

表 3-7 城镇居民家庭平均每百户年底主要消费品拥有量基尼系数

项　目	1988 年	1985 年	增加或降低
呢大衣	0.194	0.207	-
毛料服装	0.205	0.221	-
毛毯	0.204	0.222	-
大衣柜	0.167	0.18	-
沙发	0.199	0.202	-
写字台	0.182	0.188	-
组合家具	0.213	0.288	-
沙发床	0.214	0.273	-
自行车	0.171	0.18	-
缝纫机	0.17	0.176	-

续表

项　目	1988 年	1985 年	增加或降低
机械手表	0.174	0.19	-
电子手表	0.165	0.177	-
电风扇	0.191	0.192	-
洗衣机	0.18	0.188	-
电冰箱	0.255	0.368	-
彩色电视机	0.234	0.336	-
黑白电视机	0.182	0.154	+
立体声录音机	0.196	0.236	-
普通录音机	0.187	0.212	-
照相机	0.276	0.297	-

注释：1. "+"表示1988年的基尼系数比1985年的上升了，"-"则表示下降了；
2. 资料来源：同表3-5。

在表3-7中，从总体上看，除黑白电视外，1988年其他各项耐用消费品的基尼系数都下降了，这说明在短短的3年时间内，我国城镇居民的生活水平和消费结构都发生了较大变化，也说明了国有企业的市场化改革取得了一定成绩。黑白电视机的基尼系数从1985年的0.154上升到0.182，只能说明家庭用户在改革初期比较穷（当然，也存在商品的短缺问题），经过3年改革，有些家户有经济实力购买黑白电视机。就基尼系数的分布区间看，都在0.16~0.37的区间内，说明每百户的消费差距不大，用K-均值快速聚类法对1985和1988年的数据进行聚类分析，都聚为两类。1985年基尼系数较高的一类商品有：组合家具、沙发床、电冰箱、彩电、照相机。两年相比，1988年组合家具和沙发床的拥有量更平均了，电冰箱、彩电、照相机的拥有量也比1985年普及，但仍属较高档的三大件。

我们继续考察1993~1997年耐用消费品的分配状况（见表3-8）。

第三章 中国城镇居民收入差距的测算与定量描述 I：静态分析

表 3-8　城镇居民家庭平均每百户年底耐用消费品拥有量基尼系数

项目＼年份	1993	1994	1995	1996	1997
毛皮大衣	—	—	—	0.24	0.237
呢大衣	0.195	0.196	0.194	0.199	0.192
毛毯	0.194	0.196	0.194	0.189	0.198
地毯	0.267	0.274	0.246	0.233	0.217
组合家具	0.189	0.186	0.188	0.187	0.184
沙发床	0.207	0.21	0.215	0.2	0.211
沙发	0.204	0.208	0.197	0.22	0.199
大衣柜	0.182	0.188	0.186	0.184	0.186
写字台	0.19	0.186	0.186	0.187	0.186
摩托车	0.288	0.225	0.252	0.238	0.214
自行车	0.174	0.172	0.167	0.17	0.164
家用汽车	—	—	—	—	0.453*
缝纫机	0.188	0.184	0.184	0.18	0.186
洗衣机	0.184	0.176	0.178	0.179	0.178
电风扇	0.186	0.184	0.186	0.186	0.182
电冰箱	0.204	0.2	0.194	0.194	0.191
冰柜	0.22	0.26	0.274	0.3	0.278
彩色电视机	0.191	0.185	0.18	0.186	0.186
影碟机	—	—	—	—	0.368
录放像机	0.246	0.244	0.242	0.238	0.21
家用电脑	—	—	—	—	0.38
组合音响	0.316	0.258	0.266	0.251	0.229
录音机					0.171
摄像机	—	—	—	—	0.384
照相机	0.248	0.254	0.239	0.25	0.238
钢琴	0.32	0.343	0.394	0.384	0.34
中高档乐器	0.224	0.254	0.26	0.27	0.257
微波炉	—	—	—	—	0.35
空调器	0.388	0.405	0.386	0.351	0.318
电炊具	0.2	0.199	0.203	0.2	0.197
淋浴热水器	0.277	0.259	0.239	0.241	0.224
排油烟机	0.26	0.246	0.231	0.224	0.223
吸尘器	0.286	0.288	0.275	0.28	0.284
健身器材	—	—	—	—	0.381

81

中国城镇居民收入差距

续表

年份 项目	1993	1994	1995	1996	1997
移动电话	—	—	—	—	0.411*
家用三轮车	0.247	0.23	0.26	0.28	—
黑白电视机	0.228	0.235	0.236	0.234	—
游戏机	0.198	0.2	0.2	0.187	—
立体声收录机	0.181	0.188	0.189	0.188	—
普通收录机	0.193	0.187	0.175	0.181	—
家用冷暖风机	0.283	0.24	0.194	0.24	—

资料来源：1994~1998年《中国统计年鉴》。

1992年邓小平南巡讲话后，我国改革开放的步伐大大加速，1993年党的十四届三中全会确立了我国经济体制改革的目标模式是建立社会主义市场经济体制，这就在理论上宣布了双轨制的结束，虽然社会主义市场经济体制的确立还需较长的实践时间。在这段时间内是我国经济增长速度快，人民生活水平提高较大的一个阶段，相应地，我国城镇居民的消费结构也会发生较大的提高，反映在耐用消费品上，必然有耐用消费品中较高档商品的出现和消失及基尼系数的变动。

我们先考察总体分配状况。从1993~1997年数据的分布区间看，大多数在0.16~0.4之间，跨越了绝对平均、比较平均、比较合理三个区间，说明耐用消费品中也有档次。有3个0.4以上基尼系数的商品；1994年的空调器为0.405，1997年的汽车为0.453。空调器的分配状况是比较合理的，一般在0.3~0.4之间。而移动电话和汽车则属于新三大件中的两件，因价格高和使用费高，导致这两种商品的分配差距大，只有少数人拥有，分配差距的缩小还需一段时间，消费结构仍处于升级前的储备期。

将这些耐用消费品分成几大类来看，从1993~1997年间，衣着、家具、一般交通工具（汽车除外）、电器、电子娱乐产品的基尼系数变动不大；基尼系数较大的一般为新出现的产品，如移动电话、影碟机、家用汽车、家用电脑等。如果用 K-均值快速变量聚类法将 1993 年和 1997 年的数据分为两类，1993 年聚为基尼系数较高一类的有：地毯、摩托车、组合音响、钢琴、空调器、淋浴热水器、排油烟机、吸尘器、家用冷暖风机；1997 年聚为基尼系数较高的一类有：家用汽车、影碟机、家用电脑、摄像机、钢琴、微波炉、空调器、健身器材、移动电话。比较这两年的高档商品种类，可以看出我国城镇居民的消费水平在大幅度提高，和世界上的畅销商品相类似，但和发达国家相比，仍有较大差距，如在发达国家已普及的汽车和免费赠送的移动电话、家用电脑，在我国仍属高档商品。从 1993 年和 1997 年聚为两类的类中心来看，1993 年的类中心分别为 0.2983 和 0.2032；1997 年的类中心分别为 0.3772 和 0.2085，1997 年的两个类中心分别高于 1993 年，表明我国城镇居民在高档耐用消费品领域的差距扩大了。用 Cluster 过程进行变量聚类发现，1985 年和 1993 年差距缩小，1997 年与上两年差距大，这说明城镇居民的收入和消费差距在 1993 年以后有大幅度上升。

第五节　中国城镇居民收入差距的来源结构分析

前面的分析表明，从 1985 年城市经济改革开始，我国城镇居民的收入分配差距在逐渐扩大。这个事实，不论是利用我们自己测算的数据，还是国务院研究室课题组以及中国社会科学院经济研究所与美国福特基金会合作研究得出的数据，虽然因算法和包括的内容不一样而有差异，但是总体上关于收入差距的结论是一致的。为了较为全面系统地分析城镇居民在收入来源方面的结构差距，我们先采用由美国福特基金会和亚洲发展银行赞助的美国加州大学（University of California）和中国社会科学院经济研究所通过抽样调查而对 1988 年和 1995 年所做的初步研究成果，然后再利用我们根据

《中国统计年鉴》中的数据所做的研究成果进行分析。这两项研究不仅在依据的数据方面有别，而且更为鲜明的是对收入来源的分类方法不同，这就使两项研究不但不是重复研究，而且是互相补充，各具特色。

城镇居民的可支配收入，根据研究者的不同目的，可以分解为不同的分项收入。中国社会科学院经济研究所和加州大学1988年的联合调查将其分为8个分项：（1）在岗工人的工资（含工资等现金收入）；（2）退休工人的工资（包括津贴，工资等）；（3）非工作人员的收入；（4）个人企业或私人企业获得的收入；（5）财产收入；（6）各种收入和补贴（如票证补贴，住房补贴，减免税补贴等）；（7）自家房屋租金；（8）其他（转移支付，赠与等）。根据该项调查，中国城镇居民可支配收入来源结构如下：在表3-9中，城镇居民可支配收入是1942元，比我们从《中国统计年鉴》上得到的1181元高55%以上。62%的差异来自于住房补贴和自由住房租金，而这两项没有被国家统计局（the State Statistical Bureau，简写为SSB）包括在内。即使不包括这两项，这一估计值也比SSB的数字高20%。原因是他们在本项研究中，非常仔细地对会计账户和各种补贴、收入进行了测算。

表3-9　　城镇居民可支配收入来源结构（1988年）

收入来源	数额（元）	百分比（%）
可支配收入	1841.96	100.00
1. 在岗工人工资	818.28	44.42
2. 退休工人工资	125.77	6.83
3. 非工作成员收入	8.74	0.47
4. 从个体或私人企业获得的收入	13.56	0.74
5. 财产收入	9.06	0.49
6. 各种补贴收入		
票证补贴	96.97	5.26
住房补贴	334.12	18.14

第三章　中国城镇居民收入差距的测算与定量描述 I：静态分析

续表

收入来源	数额（元）	百分比（%）
减免税补贴	288.8	15.68
7. 自由房屋租金	71.81	3.9
8. 其他（转移支付，赠与等）	74.85	4.06

注释：1. 资料来源：Azizur Rahman Khan, Keith Griffin, Carl Riskin and zhao Renwei (1992), "Household income and its distribution in China", The China ceuarterly. No 132, December.
2. 调查家户数：9009 户；家户平均人口：3.533 人。

城镇居民的收入来源组成方面有两大特征：一个是政府（包括公有制企业）提供了高达 39% 的净补贴和收入；另一个显著的特点是来自个人和私人企业的收入比例极端低微，不到 1%，这与公众一般的看法不一致，而在 1988 年城镇私人企业雇佣了 2300 万工人（不包括个人企业，Beijing Review, no. 4. 1990）。此外，来自工作上的工资和其他现金收入占家户收入的半数以上。财产收入所占比例也很低，只有 0.5%。可以看出，到 1988 年为止，经过 10 多年的改革开放，城镇居民的收入来源结构仍体现出传统计划经济体制的特征，家户收入主要由工资和政府补贴组成，非劳动生产要素收入还没有成为城镇居民收入的一大来源，分配体制还没有发生较大的变革。

下面我们分析一下 1995 年的相应情况，以便对确立社会主义市场经济体制后城镇居民收入来源结构的变动作出对比分析（见表 3-10）。

表 3-10　　城乡居民可支配收入来源结构（1995 年）

收入来源	数额（元）	百分比（%）	实际增长率
可支配收入	5706.19	100.00	4.48
1. 在岗工人工资	3497.77	61.3	17.32
2. 退休工人工资	667.14	11.69	12.83
3. 私有/个人企业收入	30.23	0.53	-0.31

续表

收入来源	数额（元）	百分比（%）	实际增长率
4. 财产收入	72.28	1.27	19.60
5. 各种住房补贴	555.66	9.74	-4.40
6. 其他净补贴	71.12	1.25	-69.82
7. 自有房屋租金	650.12	11.39	21.78
8. 其他收入	161.87	2.84	-2.30

注释：1. 资料来源：Azizur Rahman Khan and Carl Riskin (1998), "Income and inequality in China: composition, distribution and growth of household income, 1988 to 1995", The China quarterly, no 154, June.
2. 1988 年包括在其他净补贴中的票证补贴在 1995 年以前被废除了；
3. 实际增长率是指 1988~1995 年期间的增长率。

　　工资是城镇居民收入中最大的一项，比 1988 年的 44% 多 60%，占 61.3%。退休职工的收入在 1995 年占约 12%，高于 1988 年的约 7% 的比例约 5 个百分点。自有房屋的租金在 1995 年是第三大来源，增长迅猛，从 1988 年不到 4%，增加到 1995 年的 11.39%。公房补贴所占比例 1995 年（21%）和 1988 年（22%）大致一样，住房支出的增加要求增加实际的租金，1988 年占收入的 0.7%，而 1995 年占收入的 28%（SSB 相应的估计值分别为 0.6% 和 2.4%）。因此，总的住房成本在边际收入水平上提高了。1995 年占总收入的 23.8%，高于 1988 年的 22.7%。然而，住房成本负担的分配有了巨大的变化。1988 年，80% 的成本由国家负担，17% 由住房户负担，只有 3% 由承租人承担。1995 年，国家负担的成本不到一半，只有 41%，住房补贴的下降程度远远没有非住房补贴大，后者从 1988 年的 21% 降到 1995 年微不足道的 1.25%。财产收入增加很快，但所占比例很小。这个数字可能被低估了，加州大学和中国社会科学院组成的课题组认为，中国城镇居民 80% 的非劳动收入来自利息，分红和租金。与 1988 年相比，来自个人和私企的收入下降了，这很可能是低估了。其他收入来源，主要是转移支付，下降得很快。

　　扣除物价指数后，城镇居民可支配收入年均增长 4.48%。最高的年增长率是来自住房制度的改革推动了城镇居民购买自己的住房。据调查，1988年只有3.8%的家户住在自有的住房内，而这一比例在1995年上升到41.7%。[①] 第二个增长最快的收入来源是财产收入，虽然它仅占1995年总收入的1%多。工资年均增长7%。退休职工收入年均增长约13%，退休职工收入的快速增长反映了中国人口的老龄化问题。1988年只有8.4%的城镇人口退休，1995年上升到13.7%。[②] 剩余的其他项目为负增长，最显著的减少是政府净补贴，如上所述，从占总收入的1/5强下降约1%。

我们重点分析1988年和1995年各项收入来源的分配现状，揭示社会各阶层对各项要素的占有程度，以利于找出高收入阶层和低收入阶层差距的根源（见表3-11）。

表3-11　城镇居民十等分组间收入来源纵向结构（1988年）

十等分组	总收入	就业人员的工资等	退休后就业人员现金收入	非就业人员收入	个体和私人经营收入	财产收入	票证收入	实物住房补贴	其他净补贴和实物收入	私有住房收入	杂项
Min：1	5	5	3	4	2	7	4	4	6	4
2	6	7	5	7	3	8	6	6	5	5
3	7	8	5	5	4	5	8	8	5	5
4	8	9	6	5	4	6	9	7	9	6	5
5	9	9	8	5	3	6	9	8	9	6	6
6	9	10	8	3	7	8	9	10	6	7
7	10	10	11	8	8	9	11	9	11	8	9
8	11	12	13	7	5	12	11	11	12	11	12
9	14	13	17	12	11	15	13	13	13	16	17
Max：10	21	17	23	44	43	34	15	28	18	30	30
总计	100	100	100	100	100	100	100	100	100	100	100

资料来源：赵人伟、格里芬主编：《中国居民收入分配研究》，中国社会科学出版社1994年版。

[①] Azizur Rahman Khan and Carl Riskin (1998)，"Income and inequality in China: composition, distribution and growth of household income, 1988 to 1995", The China quarterly, no 154, June.

[②] 同上。

在表3-11中，最高收入组的收入占总收入的1/5强，是最低收入组的4.2倍。在工资收入项目中，就业人员工资，退休后就业人员收入、非就业收入各项的最高收入组与最低收入组的比值分别为3.4、7.7、11，就业人员工资差距小于总收入差距。有缩小总收入差距的作用，相反，后两项收入比值大于4.2，对总收入差距起扩大作用。再来看非工资收入项目，除票证补贴外，其他各项收入最高与最低的比值均大于4.2，扩大了城镇居民收入差距，其中最突出的是财产收入，比值高达17。可见，非劳动生产要素收入是扩大收入差距的重要因素。

我们再来看1995年城镇居民的收入差距。由表3-12可知，最高收入组与最低收入组的比值为8。工资收入和退休收入最高组与最低组的比值分别为5.2和7.3，均低于总收入比值，这说明两项收入起了缩小收入差距的作用。个体和私企收入一项比较特殊，最高收入组与最低收入组都占本项收入的16.2%，中间收入组所占比例低，它仍然起了缩小差距的作用。

表3-12　　城镇居民十等分组组间收入来源纵向结构（1995年）

十等分组	总收入	工资收入	退休收入	个人/私企收入	财产收入	非住房补贴	住房补贴	自有房屋租金	其他收入
Min: 1	3.4	3.9	2.9	16.2	1.4	3.2	1.3	1.7	2.9
2	4.9	5.7	4.9	9.3	2.5	5.9	2.6	2.1	4.8
3	5.8	6.9	5.3	12	4.2	6.2	3.1	3.1	4.7
4	6.7	7.8	6.6	3.4	4.9	6.8	4	3.6	6.3
5	7.6	8.7	7.6	5	5.8	7.1	5.6	3.7	6.3
6	8.6	9.5	9.9	6.1	7.5	8.3	7.2	4.5	7.7
7	9.8	10.8	9.9	6.8	8.8	10.3	8.4	5.7	9.1
8	11.5	12.4	12.8	8.1	12	13.2	10.5	6.1	11.9
9	14.4	14	18.9	16.9	15.4	17.5	16.3	9.4	17.7
Max: 10	27.4	20.3	21.3	16.2	37.6	21.4	40.9	60.1	28.6
总计	100	100	100	100	100	100	100	100	100

资料来源：根据表3-11相关数据计算。

第三章　中国城镇居民收入差距的测算与定量描述Ⅰ：静态分析

再来看补贴项目，非住房补贴和住房补贴最高组与最低组之比分别为6.7和31.5，可见非住房补贴有助于缩小差距，而住房补贴因补贴不平均而起到了最大程度扩大收入差距的作用，比值高达31.5。另外，财产收入、自有房屋租金两项最高组与最低组的比值分别为26.9、35.4，均起到了扩大差距的作用。

从1988年和1995年情况的对比来看，这种工资收入极端平均的分配都起到了缩小差距的作用，而住房补贴这类计划经济体制下的福利制度，因对不同收入阶层补贴数量不等，在很大程度上加剧了收入的不平等。非劳动生产要素收入中，财产收入虽然数量不大，但分布极不平等，最高收入组与最低收入组的比重从1988年的17上升到1995年的26.9，呈现迅速上升之势，是扩大城镇居民收入差距的日益重要的因素。

下面我们进行具体的定量分析，计算各项收入来源对收入差距的具体贡献。如表3-13所示：

表3-13　　　　　城镇居民收入差距来源结构

收入及构成	S_i（%）1988	S_i（%）1995	C_i（%）1988	C_i（%）1995	S_iC_i（%）1988	S_iC_i（%）1995	I_i（%）1988	I_i（%）1995	E_i（%）1988	E_i（%）1995
总收入	100	100	0.233	0.332	0.233	0.332	100	100	0	0
1. 工资	44.42	61.3	0.005	0.005	0.178	0.247	33.9	45.6	-43.467	-10.704
2. 退休收入	6.83	11.69	0.34	0.028	0.335	0.316	9.8	11.1	-5.833	-10.704
3. 个人/私企收入	0.74	0.53	0.315	0.626	0.413	0.042	1.3	0.1	0.26	0.469
4. 财产收入	0.49	1.27	0.476	0.261	0.437	0.484	0.9	1.9	0.511	-0.422
5. 住房补贴	18.14	9.74	0.012	0.034	0.311	0.516	24.2	15.1	-17.206	-8.743
6. 其他净补贴	20.94	1.25	0.011	0.266	0.188	0.296	16.9	1.1	-19.951	-0.248
7. 自有房屋租金	3.90	11.39	0.06	0.029	0.338	0.639	5.7	21.9	-2.896	-10.395
8. 其他（个人赠与等）	4.53	2.84	0.051	0.117	0.383	0.371	7.4	3.2	-3.538	-1.839

资料来源：Azizur Rahman Khan and Carl Riskin（1998），"Income and inequality in China: composition, distribution and growth of household income, 1988 to 1995", The China quarterly, no 154, June.

$E_i > 0$ 表示该分项收入起到扩大收入差距的作用，$E_i < 0$ 表示该分项收入起到缩小差距的作用。从表中可以看出，1988 年工资、退休收入，住房补贴、其他净补贴、自有房屋租金和其他项目都起到了缩小收入差距的作用，而个体和私企收入、财产收入都扩大了收入差距。在 1995 年，除个体和私企收入扩大了收入差距外，其他项目都缩小了收入差距。从 $|E_i|$ 看，1988 年和 1995 年工资的不平等弹性系数最大，对缩小收入差距作用最显著。

从集中率和贡献度的角度看，1988 年和 1995 年工资分别占总收入的 44.42% 和 61.3%，但贡献度分别为 33.3% 和 45.6%，前者都大于后者，说明工资对缩小工资差距的作用非常明显。这清楚地说明，几十年来平均主义的工资分配是城镇居民收入差距过小的主要原因。我国城镇居民多数就职于国有企业，几乎每个家庭都有国有企业发放的平均工资。退休收入集中率很高，说明该项收入的发放是差别较大的，这与退休人员的参加工作时间、工龄、受教育程度、企业盈利等情况有关，但因其占总收入比例很低，对整体收入分配不平等的作用很小。各种补贴占总收入的比重较大。住房补贴和净补贴在 1968 年的集中率分别为 0.311 和 0.188，1995 年分别为 0.516 和 0.296，这些数值比其他收入来源集中率的加权平均值高得多，对加剧收入不平等起了较大作用。这个结论值得我们对补贴政策进行反思。城镇居民的其他收入来源数额很小，对收入差距影响不大。

由于我国地域辽阔，各地的人文、自然资源条件相差很大，再加上建国后工业布局的影响以及改革开放后各地在开放的速度和程度方面的差别，收入来源中各项目的重要性不同，因此有必要做进一步的研究。从表 3-14 中可以看出各省城镇居民收入不平等及其结构（1997）。（其中，收入来源分为 6 项：国有企业收入，集体企业收入，外资企业收入，财产收入，转移收入，隐形收入）。

第三章 中国城镇居民收入差距的测算与定量描述 I：静态分析

表 3-14（1） 各省（自治区、直辖市）城镇居民收入不平等及其结构（1997 年）

	Y	S_{i1}	S_{i2}	S_{i3}	S_{i4}	S_{i5}	S_{i6}	R_i	C_i
1	7861.74	0.58	0.0456	0.051	0.0132	0.121	0.059	0.929	0.333
2	6621.47	0.562	0.031	0.0433	0.0181	0.271	0.0758	0.95	0.549
3	4982.43	0.6693	0.0457	0.00463	0.02744	0.2065	0.0464	0.89	0.571
4	4007.86	0.653	0.0445	0.00086	0.0214	0.2161	0.051	0.9	0.563
5	3968.09	0.5864	0.0418	0.00696	0.0254	0.2036	0.1358	0.951	0.557
6	4547.23	0.5772	0.12	0.02021	0.01025	0.1854	0.08667	0.94	0.525
7	4206.04	0.65	0.0669	0.00452	0.0051	0.1959	0.077	0.91	0.575
8	4110.08	0.5763	0.0532	0.01042	0.0085	0.2387	0.1129	0.97	0.577
9	8475.5	0.47	0.0594	0.10685	0.0081	0.2677	0.0875	1.01	0.495
10	5807.35	0.529	0.1271	0.0286	0.025	0.239	0.0515	0.975	0.523
11	7366.19	0.57	0.1083	0.338	0.0262	0.171	0.0894	0.908	0.474
12	4619.95	0.616	0.1066	0.028	0.0134	0.1563	0.079	0.89	0.506
13	6201	0.5442	0.09476	0.0312	0.03	0.176	0.1236	0.57	0.287
14	4090.74	0.68	0.0634	0.002024	0.0351	0.1626	0.0556	0.87	0.545
15	5217.18	0.7476	0.1032	0.01555	0.0228	0.091	0.02	0.82	0.542
16	4111.54	0.6773	0.0489	0.0053	0.0443	0.18	0.0443	0.87	0.545
17	4693.82	0.6688	0.0719	0.00648	0.031	0.159	0.063	0.87	0.536
18	5248.93	0.7484	0.0669	0.00765	0.02134	0.1273	0.0283	0.83	0.56
19	8615.86	0.559	0.095	0.067	0.0489	0.1322	0.0978	0.835	0.381
20	5139.52	0.6713	0.0395	0.00335	0.0563	0.1381	0.092	0.86	0.525
21	4917.55	0.6723	0.0294	0.00699	0.0175	0.154	0.11998	0.89	0.566
22	5343.12	0.733	0.0814	0.01558	0.0096	0.1147	0.0457	0.83	0.544
23	4787.86	0.682	0.0729	0.0214	0.0304	0.1333	0.0599	0.837	0.504
24	4458.29	0.6657	0.0372	0.00399	0.0102	0.2125	0.07	0.91	0.597
25	5616.21	0.7069	0.0729	0.00734	0.0247	0.1434	0.0447	0.85	0.548
26	4022.2	0.655	0.034	0.0042	0.0429	0.2213	0.0426	0.896	0.568
27	3613.43	0.692	0.04388	0.00175	0.0058	0.231	0.026	0.901	0.621
28	4015.5	0.7376	0.0325	0.39E(-4)	0.0053	0.1653	0.0593	0.865	0.585
29	3863.65	0.614	0.044	0.00396	0.0108	0.2225	0.10475	0.95	0.592
30	4878.52	0.7327	0.0238	0.0021	0.0158	0.1743	0.05	0.863	0.595

表3–14（2）　　各省（自治区、直辖市）城镇居民收入不平等及其结构（1997年）

	I_{i1}	I_{i2}	I_{i3}	I_{i4}	I_{i5}	I_{i6}
1	0.338	0.0152	0.0297	0.0077	0.07	0.0343
2	0.539	0.0298	0.0416	0.0174	0.26	0.0728
3	0.668	0.0456	0.0046	0.0274	0.206	0.0463
4	0.643	0.0438	0.00085	0.021	0.213	0.05
5	0.57	0.041	0.0068	0.0247	0.198	0.132
6	0.53	0.11	0.019	0.0094	0.17	0.08
7	0.653	0.067	0.00454	0.00513	0.197	0.0774
8	0.58	0.054	0.0105	0.00857	0.241	0.1139
9	0.41	0.051	0.0924	0.007	0.232	0.076
10	0.484	0.116	0.026	0.0229	0.218	0.0471
11	0.473	0.0898	0.028	0.0217	0.142	0.074
12	0.545	0.094	0.0248	0.0119	0.138	0.07
13	0.273	0.048	0.0157	0.0151	0.088	0.062
14	0.648	0.06	0.0019	0.033	0.155	0.053
15	0.71	0.098	0.0147	0.0216	0.086	0.019
16	0.65	0.047	0.0051	0.0422	0.172	0.042
17	0.627	0.067	0.0061	0.029	0.149	0.059
18	0.73	0.066	0.0075	0.021	0.125	0.029
19	0.372	0.063	0.045	0.0326	0.088	0.065
20	0.62	0.036	0.0031	0.052	0.127	0.085
21	0.67	0.0291	0.00692	0.0173	0.152	0.119
22	0.696	0.077	0.0148	0.009	0.11	0.043
23	0.6	0.064	0.019	0.027	0.117	0.0527
24	0.69	0.039	0.004	0.011	0.22	0.073
25	0.68	0.07	0.001	0.024	0.138	0.043
26	0.65	0.034	0.004	0.0426	0.21	0.04
27	0.75	0.0478	0.0019	0.0063	0.25	0.028
28	0.75	0.033	0.4E(−4)	0.0054	0.169	0.06
29	0.635	0.046	0.004	0.011	0.23	0.108
30	0.762	0.025	0.0022	0.0164	0.18	0.052

第三章 中国城镇居民收入差距的测算与定量描述 I：静态分析

表3-14（3） 各省（自治区、直辖市）城镇居民收入平等及其结构（1997年）

	E_{i1}	E_{i2}	E_{i3}	E_{i4}	E_{i5}	E_{i6}	G_i	与全国 G 相比
1	-0.0242	-0.019	-0.0213	-0.0055	-0.051	-0.0247	0.358	-
2	-0.0225	-0.00124	-0.0017	-0.0007	-0.0108	-0.003	0.578	+
3	-0.117E(-2)	-0.8E(-4)	-0.81E(-5)	-0.48E(-4)	-0.36E(-3)	-0.812E(-4)	0.642	++
4	-0.015	-0.0011	-0.8E(-3)	0.67E(-3)	-0.0053	-0.0035	0.586	+
5	-0.015	-0.0007	-0.135E(-4)	-0.336E(-3)	0.0034	0.8E(-3)	0.625	+
6	-0.047	-0.0098	0.00166	0.84E(-3)	-0.015	-0.0071	0.559	-
7	0.0034	0.35E(-3)	0.24E(-4)	0.267E(-4)	0.001	0.0004	0.632	++
8	0.005	0.46E(-3)	0.9E(-4)	0.74E(-4)	0.0021	0.00098	0.595	+
9	-0.063	-0.008	-0.0144	-0.0011	-0.036	-0.0118	0.49	-
10	-0.045	-0.011	-0.0025	-0.0022	-0.021	-0.0044	0.536	-
11	-0.097	-0.018	-0.0057	-0.0045	-0.029	-0.015	0.522	-
12	-0.071	-0.012	-0.0032	-0.0015	-0.018	-0.009	0.568	-
13	-0.27	-0.047	-0.0155	-0.0144	-0.088	-0.062	0.504	-
14	-0.032	-0.003	-0.95E(-4)	-0.016	-0.0076	-0.0026	0.627	+
15	-0.022	-0.0031	-0.47E(-3)	-0.68E(-3)	-0.0027	-0.6E(-3)	0.661	++
16	-0.032	-0.0023	-0.00025	-0.0021	-0.008	-0.0021	0.627	+
17	-0.042	-0.0045	-0.41E(-3)	-0.002	-0.01	-0.004	0.616	+
18	-0.016	-0.0014	-0.16E(-3)	-0.45E(-3)	-0.0027	-0.59E(-3)	0.675	+++
19	-0.187	-0.032	-0.022	-0.016	-0.044	-0.033	0.456	-

续表

	E_{i1}	E_{i2}	E_{i3}	E_{i4}	E_{i5}	E_{i6}	G_i	与全国 G 相比
20	−0.054	−0.0032	−0.27E(−3)	−0.0045	−0.011	−0.0074	0.611	+
21	−0.0067	−0.29E(−3)	−0.69E(−4)	−0.175E(−2)	−0.154E(−2)	−012E(−2)	0.636	++
22	−0.036	−0.004	−0.76E(−3)	−0.47E(−3)	−0.0056	−0.0022	0.656	++
23	−0.08	−0.0087	−0.0025	−0.0036	−0.0159	−0.007	0.602	+
24	0.029	0.0016	0.18E(−3)	0.4E(−3)	0.009	0.003	0.656	++
25	−0.028	−0.003	−0.29E(−3)	−0.99E(−3)	−0.0057	−0.0018	0.645	++
26	0.0046	0.24E(−3)	0.29(−4)	0.3E(−3)	0.0015	0.298E(−3)	0.634	++
27	0.062	0.004	0.16E(−3)	0.5E(−3)	0.02	0.0023	0.689	+++
28	0.017	0.7E(−3)	0.9E(−6)	0.12E(−3)	0.0038	0.0014	0.678	+++
29	0.02	0.0015	0.14E(−3)	0.38E(−3)	0.0078	0.0037	0.623	+
30	0.0293	0.001	0.84E(−4)	0.63E(−3)	0.007	0.002	0.689	+++

注释：1. 表中数字代表的省份：1 北京，2 天津，3 河北，4 山西，5 内蒙，6 辽宁，7 吉林，8 黑龙江，9 上海，10 江苏，12 安徽，13 福建，14 江西，15 山东，16 河南，17 湖北，18 湖南，19 广西，20 广西，21 海南，22 重庆，23 四川，24 贵州，25 云南，26 陕西，27 甘肃，28 青海，29 宁夏，30 新疆。

列坐标 $j=1$，2，3，4，5，6，分别代表全国有企业收入、集体企业收入、外企收入、财产收入、转移收入、隐形收入 6 项；

2. "−" 表示地方 $G_i < G$；"+" 表示地方 G_i 比全国 G 高 $1\% \sim 10\%$；"++" 表示地方 G_i 比全国高 $10\% \sim 15\%$；"+++" 表示地方 G_i 比全国高 $16\% \sim 29\%$；"++++" 表示高 30% 以上。全国基尼系数 G 为 0.572。

3. 表中西藏和台湾暂缺；

4. 因国内可利用的资料有限，在计算各省（自治区、直辖市）的基尼系数时，均将其人口抽象为 1，所以计算出的基尼系数偏高。

5. 资料来源：1998 年《中国统计年鉴》。

第三章 中国城镇居民收入差距的测算与定量描述Ⅰ：静态分析

从总体上看，省级单位中基尼系数小于全国基尼系数的有：北京、辽宁、上海、江苏、浙江、安徽、福建、广东共8个省和直辖市，其中除安徽外，其他7省和直辖市都属于东部沿海经济发达地区。这说明，由于这些省和直辖市对外开放早，引进外资多，经济发展程度高，城镇居民人均可支配收入明显高于其他地区；另一方面由于城镇居民收入中工资收入一项所占比例最大且比较平均，因此这些地区的基尼系数比较低。安徽省比较特殊，它地处内陆，经济发展水平不高，其基尼系数低的原因主要是因为该省城镇居民收入中，从国有企业和集体企业获得的收入加上转移支付占总收入的90%左右，而这些收入的分配是比较平均的。从各省、自治区和直辖市的人均可支配收入看，收入在6000元以上的有：北京、天津、上海、浙江、广东，全是经济发达的沿海地区；收入在4000元以下的有：内蒙古、甘肃、宁夏，均属于工业基础比较薄弱，经济较为落后的中西部地区。这表明沿海发达地区和内地的收入差距很大，而沿海地区分配比内地平等。

从单个的地区看，北京的各项S值中，除$S_{i5}>I_{i5}$外，其他各项$S<I$，E_{ij}的值均为负，说明国有企业收入、集体企业收入、外企收入、财产收入、转移收入、隐形收入都起了缩小差距的作用。天津市除$S_{i5}<I_{i5}$，$S_{i6}<I_{i6}$外，其他各项$S<I$，各项E_{ij}的值均为负，缩小了收入差距。与北京市不同的是，天津市隐形收入一项贡献度大于其在总收入中所占的比例，起了扩大收入差距的作用。上海市各项S值均大于I值，有助于减少收入差距，所以各项E值为负。重庆市除$S_{221}>I_{221}$，$S_{222}>I_{222}$外，其他$S<I$，说明重庆市居民的国有企业和集体企业收入起了扩大差距的作用，但各项E值为负，缩小了收入差距。东北地区以辽宁为例，其各项$S<I$值，缩小了收入差距，但从总体上看，E_{63}和E_{64}大于0，即从外资企业和财产方面获得的收入起了扩大收入差距的作用。其他各项：国有企业收入、集体企业收入、转移收入和隐形收入的E值为负，缩小了收入差距。华北地区以河北省为例，各项$S<I$，但从E值来看，都在一定

程度上缩小了收入差距。中南地区以湖北为例,各项 S<I,且 E 值均为负,与河北省类似,减少不平等的程度高一些。华东地区以江苏为例,各项 S>I,各分项收入占总收入的比例相应的贡献度要大,扩大了收入差距,但从 E 值看,均为负,从总体上看缩小了收入差距。西南地区以四川为例,各分项 S>I 且为负值,各项收入都对差距缩小有作用。西北地区以陕西为例,各分项 S>I 且 E 值为正,都起了扩大收入差距的作用,其中 E_{265} 项,即转移收入一项所起作用更大,这说明对西北地区城镇居民的转移支付没有起到缩小贫富差距的目的,政策需要调整。

再来比较 S_{ij},C_i,I_{ij} 和 E_{ij} 的大小。在 S_{ij} 中,占总收入最高的是国有企业收入(S_{i1})一项,一般在 50% 以上,排在第二位的是转移收入(S_{i5}),一般在 10%~25% 之间。在国有企业收入一项中,占总收入 70% 以上的有:山东、湖南、重庆、云南、青海、新疆。除山东省外,其他省、市的比重大,是国家三线投资的重点地区或非公有制经济发展比较慢的地方。转移支付一项中占总收入 20% 以上的地区有:天津、河北、山西、内蒙古、黑龙江、上海、江苏、贵州、陕西、甘肃、宁夏共 11 个省、自治区、直辖市,其中既有经济发达地区,也有资源产地和偏远的边疆地区,说明国家的转移支付是有针对性的,具有反哺和支援的特性。在上述 11 个省级单位中,只有黑龙江、宁夏和甘肃三省区的转移支付占总收入的比例小于各自的贡献度(S<I),对收入差距起了缩小的作用;而其他 8 个省级单位的转移支付都不同程度地扩大了收入差距。再看集中率 C_i 的数值分布,一般在 0.2~0.6 之间,其中 $C_i<G_i$ 的省级单位有:北京和上海,这两个城市的收入对全国的整体收入差距起了扩大的作用。从各省级单位的贡献度来看,贡献度最大的是国有企业收入一项。就收入的不平等弹性 E_{ij} 的值看,国有企业收入(E_{i1})大于 0 的省级单位有:吉林、黑龙江、贵州、陕西、甘肃、宁夏、新疆,这些省或自治区的国有企业收入扩大了各自地区的收入差距,说明这 8 个省份的国有企业收入分配不均,仅有部分职工

第三章　中国城镇居民收入差距的测算与定量描述Ⅰ：静态分析

在国有企业就业。特别是自1996年东南亚金融危机爆发后，西北五省区，西南区的贵州，东北区的吉林、黑龙江作为国有企业比较密集的地区，国有企业受国内外经济危机的影响大，出现大面积亏损，必然会导致一部分国有企业工人失业，收入分配情况视企业盈亏而定，分配不平等就会加剧。集体企业收入的不平等弹性系数（E_{i2}）中，大于0的省区和国有企业一样，原因也是类似的。外资企业收入的不平等弹性系数（E_{i3}）大于0的省级单位有：吉林、黑龙江、辽宁、贵州、陕西、甘肃、宁夏、青海、新疆9个省或自治区，他们的外资企业收入一项对各自的收入差距起了扩大的作用，这说明9个省区外资企业数量不多，分配自然不平等。财产收入不平等弹性系数（E_{i4}）大于0的省级单位有：内蒙古、辽宁、吉林、黑龙江、贵州、陕西、甘肃、宁夏、青海、新疆10个省区，这些地区属于边疆地区，非劳动生产要素收入的占有没有经济发达地区普遍。一个值得注意的现象是，改革开放以来，随着经济体制的转轨和市场化改革的深入，一些不能被政府管理的隐形经济收入出现了，如利用双轨制漏洞从事各种腐败活动和非法活动赚取的收入，人们从事第二职业的收入，艺术界名人不纳税的非法高额报酬等，这些收入统称为隐形收入。他们虽然不能直接计算出来，但可以从国民经济统计资料中推算出来。我们计算的隐形收入的不平等弹性系数（E_{i6}）大于0的省级单位有：山西、吉林、黑龙江、贵州、陕西、甘肃、宁夏、青海、新疆9省区，这些地区由于经济不如东部地区发达，地下经济收入水平不高，分配不平等，所以扩大了各自总收入的差距。相比之下，其他21个省区的地下经济在较大程度上侵蚀了国民收入，应该在全国制定相应的法律和政策打击非法收入群体，控制不依法纳税的收入群体，增加国民财富，让广大人民群众受益于改革开放带来的成果。总的看来，城镇居民收入水平高的地区在总体上分配比较平等，而收入水平低的地区，基尼系数一般偏高，这种情况初步显示出我国城镇居民收入分配中倒U形动态分配的轨迹。

第六节　中国城镇居民收入差距的地域分析

中国是一个幅员辽阔的国家，由于历史和自然、人文等发展要素的差异，长久以来各地区的发展就不平衡。建国后，为了使各地区的经济发展基本平衡和国防安全，在前几个五年计划期间，国家有计划地将一些大中型项目布局在中西部地区，曾经带动了当地经济的发展，缩小了历史上一度存在的较大的收入差距。改革开放以后，各地区由于区位优势，国家政策，资源状况，科技人才资源，经济基础不同等因素，收入差距呈上升趋势。从世界范围来看，发展中国家在经济增长过程中，区域间收入不平等问题一直受到发展经济学家和各国政府的重视。就是在发达国家，地区收入差距问题照样存在。如美国政府在二战后制定过一个田纳西河谷开发计划，就是为了使该相对落后地区脱贫致富。中国城镇居民的区域差距虽然不如农村那么大，但是也在逐步扩大。本节在分析地区收入差距问题时，面临一个重要问题，既地域的划分方法。我们在分析时，为了更加全面而系统地分析问题，不但使用了东、中、西三大地带的发展梯度划分方法，而且也使用了六大区和省、自治区、直辖市的办法。本节把差距分为两种：组内差距和组间差距，使用的方法主要为泰尔熵指数法。

一、最高收入省份与最低省份的差距分析

根据国家统计局有关城镇居民的资料，1991～1997年各省区城镇居民收入对比情况如下（见表3-15）：

从总体上看，排在前五位的地区一般包括广东、上海、北京、浙江、西藏，天津和海南有时也入围前五强，排在第一位的一般为广东，只有一次是上海。排在后五位的一般包括内蒙古、山西、河

南、江西、黑龙江。1996年后,青海和宁夏也属于这一组。在前五强中,除西藏由于边疆地区补贴高人口少而具有较高的人均可支配收入外,其他几个省区均为改革开放早,区位优势和人才优势强的沿海发达地区。排在后五位的均为中西部地区,或者是资源大省,加工工业落后;或者是边疆少数民族聚居地区,自然环境恶劣,工业基础也比较薄弱,因此这些省区人均收入低下。从最高省份与最低省份的倍数和绝对数来看,1991年,收入最低的江西省与收入最高的广东省相差1475.07元,后者是前者的2.13倍。1992年,内蒙古自治区与广东省相差1980.22元,后者是前者的2.32倍;1993年两个地区相差2738.92元,后者是前者的2.44倍;1994年,两个地区的绝对差距为3873.96元,后者为前者的2.55倍;1995年,广东与内蒙古的绝对差距为4571.16元,倍数为2.549,相对差距达到改革开放以来最高点,绝对差距仍在扩大。1996年,收入最高的是上海市,它与收入最低的甘肃省相差4836.89元,为后者收入的2.44倍。1997年,收入最高的省份为广东省,它与收入最低的甘肃省相差5002.43元,相对差距为2.38倍。1995年,地区相对差距达到最高峰,1996年以后有所下降的原因是,1996年下半年东南亚爆发金融危机,我国出口市场受到很大冲击,尤其是广东和上海两地区,它们对外贸易的依存度远远高于中西部地区的内蒙古和甘肃,所以导致广东和上海的出口收入下降,影响到了当地城镇居民可支配收入的快速增长,相对差距下降幅度较大。

表3-15(1)　　1991~1997年各省区城镇居民收入对比表　　单位:元/年

1991（年）		1992（年）		1993（年）		1994（年）	
收入最高五省区	收入最低五省区	收入最高五省区	收入最低五省区	收入最高五省区	收入最低五省区	收入最高五省区	收入最低五省区
广东 2777.53	江西 1302.46	广东 3484.42	内蒙古 1504.2	广东 4640.61	内蒙古 1901.69	广东 6377.71	内蒙古 2503.75
上海 2502.78	内蒙古 1305.29	上海 3026.74	江西 1531	上海 4297.4	江西 1921.6	上海 5889.57	山西 2566.28

中国城镇居民收入差距

续表

1991（年）		1992（年）		1993（年）		1994（年）	
收入最高五省区	收入最低五省区	收入最高五省区	收入最低五省区	收入最高五省区	收入最低五省区	收入最高五省区	收入最低五省区
西藏 2415.14	黑龙江 1388.585	浙江 2619.85	河南 1609.37	浙江 3627.09	吉林 1957.43	北京 5086.04	吉林 2581.38
北京 2185.61	河南 1388.93	西藏 2568.22	山西 11624.51	北京 3547.78	山西 1958.18	浙江 5069.57	黑龙江 2598.79
浙江 2143.37	吉林 1405.78	北京 2556.53	黑龙江 1630.9	海南 3095.95	黑龙江 1961.21	西藏 4025.04	河南 2619.44

资料来源：《中国统计年鉴》（1992~1998）。

表3-15（2）　　1991~1997年各省区城镇居民收入对比表　　单位：元

1995		1996		1997	
收入最高五省区	收入最低五省区	收入最高五省区	收入最低五省区	收入最高五省区	收入最低五省区
广东 7445.1	内蒙古 2873.94	上海 8191.41	甘肃 3354.52	广东 8615.86	甘肃 3613.43
上海 7196.42	甘肃 3155.78	广东 8166.13	内蒙古 3446.44	上海 8475.5	宁夏 3863.65
北京 6237.91	吉林 3176.33	北京 7338.76	宁夏 3616.14	北京 7861.74	内蒙古 3968.09
浙江 6224.62	河南 3302.14	浙江 6960.41	山西 3706.22	浙江 7366.19	山西 4007.86
天津 4931.41	山西 3306.66	西藏 6566.62	河南 3756.78	天津 6621.47	青海 4015.5

注释：1. 西藏数据暂缺；
　　　2. 根据1992~1998年《中国统计年鉴》相关数据计算。

　　我们还可以通过最高与最低地区城镇居民的可支配收入的均值的比率来衡量城镇居民收入差距的变动。1991年，广东省和江西省的人均可支配收入分别为全国均值的161%和75.3%。1992年广东省和内蒙古自治区的收入分别为全国均值的117%和73.3%；1994年分别为181%和71%。1996年，上海和甘肃的收入分别为全国均值的168%和68.8%。1997年，广东和甘肃省的收入分别为全国均值的166%和69.8%。从90年代以来的数值来看，在1994～1995年左右有一个差距较大的波峰。整体来看，最高收入与最低省份之比呈现不规则的变化。

二、省际城镇居民可支配收入基尼系数比较分析

为了计算中国城镇居民收入的省际差距，由于国家统计局的资料有限，我们采取不分组计算法。进行计算时，我们将各个省级单位抽象为一个单位，认为每个省都是平等的，不考虑其各自的人口特征。

我们假定Y代表总收入，Y_i代表第i省级单位城镇居民人均可支配收入，S_i表示第i省级单位城镇居民人均可支配收入占总收入的百分比。显然，$Y = (y_1, y_2, \cdots, y_n)$，其中，$y_1 \leq y_2 \leq, \cdots, \leq y_n$，N为全部省、自治区和直辖市个数。

$$Y = \sum_{i=1}^{N} Y_i, \quad S_i = Y_i/Y, \quad \sum_{i=1}^{N} S_i = 1$$

基尼系数的计算公式为：$G = aUy - b$，其中，$a = 2/N$，$b = (n+1)/N$，

$$Uy = \sum_{i=1}^{N} \lambda_i S_i$$

λ_i为递增排序的组序号。

根据这一公式，运用1994～1998年中国统计年鉴的数据，我们计算出了从传统计划经济体制转变为社会主义市场经济体制以来五年间城镇居民省际收入差距的基尼系数（见表3-16）。

总体上看，1993～1997年间，31个省、自治区、直辖市城镇居民的基尼系数呈下降趋势，1997年有明显的上升。但是从基尼系数最高值与最低值的比值看，1993年基尼系数最高的甘肃与最低的浙江的比值为1.4；1994年基尼系数最高的是西藏，最低的是广东，两者之比为1.51；1995年，基尼系数最高的是新疆，最低的

仍是广东，比值为1.7；1996年，基尼系数最高的是甘肃，最低的是天津，两者之比值为1.71；1997年，基尼系数最高的是新疆和甘肃，最低的是北京，比值为1.92。

表3-16　　1993~1997年全国各省、自治区、直辖市基尼系数

年份	1993	1994	1995	1996	1997
北京	0.56	0.563	0.559	0.557	0.358
天津	0.57	0.575	0.54	0.396	0.578
河北	0.64	0.62	0.615	0.6	0.642
内蒙古	0.579	0.614	0.628	0.626	0.586
辽宁	0.523	0.494	0.522	0.47	0.559
吉林	0.554	0.555	0.548	0.586	0.632
黑龙江	0.56	0.552	0.561	0.564	0.595
上海	0.49	0.46	0.45	0.423	0.49
江苏	0.520	0.522	0.52	0.51	0.536
浙江	0.472	0.499	0.5	0.493	0.522
安徽	0.55	0.55	0.557	0.54	0.568
福建	0.49	0.49	0.51	0.5	0.504
江西	0.56	0.59	0.564	0.582	0.627
山东	0.593	0.61	0.612	0.61	0.661
河南	0.6	0.588	0.61	0.596	0.627
湖北	0.588	0.592	0.6	0.58	0.616
湖南	0.53	0.584	0.638	0.64	0.675
广东	0.44	0.45	0.396	0.46	0.456
广西	0.587	0.62	0.63	0.643	0.611
海南	0.63	0.64	0.65	0.635	0.636
重庆	—	—	—	—	0.656
四川	0.54	0.557	0.57	0.575	0.602
贵州	0.594	0.594	0.61	0.614	0.656
云南	0.578	0.6	0.592	0.556	0.645
西藏	—	0.68	—	—	—
陕西	0.614	0.61	0.62	0.636	0.634
甘肃	0.66	0.65	0.656	0.679	0.689
青海	0.636	0.63	0.66	0.678	0.676
宁夏	0.64	0.64	0.603	0.6	0.623
新疆	0.62	0.65	0.674	0.646	0.689

资料来源：1994~1998年《中国统计年鉴》。

可以看出，基尼系数最高省份城镇居民的收入差距与基尼系数最低省份城镇居民的收入差距相比，差距在趋于扩大，而基尼系数最高的省份，全是西部经济发展较慢的省或自治区，基尼系数低的省份，均为沿海经济发达地区的省或直辖市。此外，在这一体制转轨时期，最高与最低省份基尼系数比值升幅攀升幅度较大，1995年和1997年都在12%以上。

下面再来看各年基尼系数的皮尔逊相关分析（见表3–17）。

表3–17　　1993～1997年省际城镇基尼系数皮尔逊相关矩阵分析

		1993	1994	1995	1996	1997
Pearson	1993	1.000	.936	.886**	.744**	.686**
Correlation	1994	.936**	1.000	.939**	.825**	.733**
	1995	.886**	.939	1.000	.873**	.758**
	1996	.744**	.825	.837**	1.000	.678**
	1997	.686**	.758	.758**	.678**	1.000
Sig.	1993		.000	.000	.000	.000
(2-tailed)	1994	.000		.000	.000	.000
	1995	.000	.000		.000	.000
	1996	.000	.000	.000		.000
	1997	.000	.000	.000	.000	
N	1993	29	29	29	29	29
	1994	29	29	29	29	29
	1995	29	29	29	29	29
	1996	29	29	29	29	29
	1997	29	29	29	29	29

注释：1. 29个省级单位，不含重庆，西藏。
资料来源：《中国统计年鉴》（1994～1998）。

从相关分析中，我们可以看出以下规律：全国29个省、自治区、直辖市（重庆、西藏、台湾除外），历年基尼系数一般与本年度前后一年的基尼系数相关度大，说明相邻前一年的基尼系数对后一年的基尼系数有决定性影响。经济不平等与经济发展具有路径依赖特征，也验证了缪尔达尔"循环因果积累原理"。

我们还对 1993 年和 1997 年 31 个省、自治区和直辖市的基尼系数进行了 K—均值快速聚类分析，根据基尼系数由低到高的顺序聚为 3 类。1993 年的 3 个类中心分别是：0.473、0.5575、0.6197。聚为第一类的有：上海、浙江、福建、广东；聚为第三类的有河北、山西、山东、河南、海南、贵州、陕西、甘肃、宁夏、青海、新疆。从所属类别可以看出，第一类都是沿海经济发达的省区，第二类中东部省区和中部省区并重，第三类中以中西部省区为主。这说明，中西部地区中有经济较发达，分配比较平等的省份；东部地区也有经济较为落后，收入差距较大的省份。1997 年的 3 个类中心分别是：0.358、0.5332、0.6401、聚为第一类的只有北京；聚为第二类的有天津、内蒙古、辽宁、上海、江苏、浙江、安徽、福建、广东；聚为第三类的有：河北、山西、吉林、江西、山东、河南、湖北、湖南、广西、海南、四川、贵州、云南、山西、甘肃、宁夏、青海、新疆。第一、第二类以东部地区省份为主，第三类主要为中西部地区。

可以从省际城镇居民基尼系数的对比和分类分析中得出一个初步的结论，凡是经济比较发达的地方，基尼系数一般比较低。但其城镇居民的收入分配是否呈倒 U 形，还有待于进一步验证。

三、六大行政区城镇居民收入差距分析

关于地区差距的研究，国际上的贡献非常之多，就中国地区差距研究而言，研究者多为美国一些大学的华裔学者和部分中国香港各大学的教授。他们的研究一般具有如下的特征：

第一，研究方法和手段先进。他们一般都用到了基尼系数及其分解方法，泰尔熵指数法，在动态分析中，一般采用多元线性回归与非线性回归，以及可计算一般均衡模型（Computable General

第三章　中国城镇居民收入差距的测算与定量描述 I：静态分析

Equilibrium Model，简写为 CGE）等方法。

第二，在数据的收集上，有些学者完全使用本课题组的调查数据，如阿瑟·R. 卡恩（Azizur Rahman Khan），卡尔·里什金（Carl Riskin）和凯思·格里芬（Keith Griffin）等；有些学者如美国孟菲斯大学（The Uniwersity of Memphis）的 Long Gen Ying 和香港大学的 Kai Yuen Tsui 等，他们主要使用中国统计年鉴的资料。至于从哪一种渠道获得的资料更可靠，目前没有定论。

第三，从他们研究的成果看，有的学者已对省际差距（Tsui 1991，long Gen Ying, 1999；Guo and Wang, 1988；Yang 1990；Li, 1990；Hussan, Lanjouw, and Steen, 1994；Oshima, 1994；Rolf Aaberge, 1997；Long Gen Ying, 1999）和县级数据（Tsui, 1993）进行了分解和预测，得出了差距扩大的结论。在对原因的解释上，一些学者如 Shin Minematsu, Hisae Sakata, Xiao-Ping Zheng, Junichi Yamada 等认为，计划经济体制下的"平衡发展战略"和改革开放后的"不平衡发展战略"都没有阻止地区收入差距的扩大。

我们将研究对象分为六大区和三大地带，并用泰尔熵指数法分解出组内差距与组间差距，以丰富地区差距的研究。

我们先对六大区内部城镇居民收入差距情况考察分析，从直观的角度出发，分析各地城镇居民的收入之比（见表 3-18）。由表中可知，从 1991~1997 年的 7 年时间内，从纵向结构看，华北区、华东区和中南区内部收入差距经历了一个先上升后下降的过程，东北区内部收入差距的变动比较平缓；西南区内部收入差距在 1991 年以后大幅下降，1996 年后又大幅上升；西北区内部收入差距在逐渐扩大。内部收入差距从总趋势上看在逐渐上升的有华北区、华东区和中南区。

就横向结构来看，内部收入差距最小的是西北区，这主要是因为西北区为老少边穷地区，国家对各城镇的补贴多且平均；而差距最大的是中南区，内部各省经济发展程度差异较大。1992 年，内部

表 3-18　　　　1991~1997 年六大区内部城镇居民收入比

年份 大区	1991	1992	1993	1994	1995	1996	1997
华北区	1.679	1.695	1.86	2.04	2.17	2.13	1.98
东北区	1.234	1.196	1.178	1.188	1.16	1.12	1.11
华东区	1.921	1.99	2.24	2.13	2.136	2.166	2.073
中南区	2	2.16	2.36	2.44	2.25	2.17	2.1
西南区	1.621	1.347	1.159	1.246	1.04	1.55	1.26
西北区	1.11	1.145	1.213	1.196	1.326	1.4	1.35

资料来源：《中国统计年鉴》(1992~1998)。

差距最小的为西南区，最大的仍是中南区。以后各年的情况大体相似。这表明 90 年代期间，虽然经历了经济体制和增长方式两个转变，各地区内部和相互之间贫富差距基本没有变化，与国民经济高速不平衡增长没有多大相互关系。

再来看六大区的基尼系数，通过这一指数，我们能够更加直接地观察到各地区的不平衡情况（见表 3-19）。

表 3-19　　　　1993~1997 年六大区城镇居民收入的基尼系数

年份 大区	1993	1994	1995	1996	1997
华北区	0.5878	0.5936	0.596	0.5538	0.5578
东北区	0.5457	0.5336	0.5436	0.54	0.5953
华东区	0.5258	0.5316	0.53	0.5226	0.5583
中南区	0.5625	0.579	0.5876	0.5923	0.6035
西南区	0.5706	0.5836	0.5907	0.5817	0.6343
西北区	0.634	0.636	0.6426	0.6478	0.6622

资料来源：《中国统计年鉴》(1992~1998)。

从表 3-19 中可以看出，华东区城镇居民收入的基尼系数最小，西北区基尼系数最大，可以初步得出结论，经济越是发达，收入分配越是平等；反之，经济发展水平越低，收入分配越不平等。除华北区以外，其他地区的基尼系数在总体趋势上趋于上升。为了更清晰地判断六大区相互之间的关联程度，我们用皮尔逊相关系数矩阵进行分析（见表3-20）。

表3-20　　　　1997年六大区城镇居民基尼系数、
皮尔逊相关矩阵分析

	Var1	Var2	Var3	Var4	Var5	Var6
Var1 华北区	1.0000 (5) p=	-0.5365 (5) p=0.351	-0.3499 (5) p=0.564	-0.6585 (5) p=0.227	-0.4835 (5) p=0.409	-0.769 (5) p=0.129
Var2 东北区	-0.5365 (5) p=0.351	1.0000 (5) p=	0.9329 (5) p=0.021	0.6203 (5) p=0.264	0.9222 (5) p=0.026	0.8604 (5) p=0.061
Var3 华东区	-0.3499 (5) p=0.564	0.9329 (5) p=0.021	1.0000 (5) p=	0.6365 (5) p=0.248	0.9613 (5) p=0.009	0.7886 (5) p=0.113
Var4 中南区	-0.4835 (5) p=0.227	0.6203 (5) p=0.264	0.6365 (5) p=0.248	1.0000 (5) p=	0.8175 (5) p=0.091	0.9108 (5) p=0.03
Var5 西南区	-0.4835 (5) p=0.409	0.9222 (5) p=0.026	0.9613 (5) p=0.009	0.8175 (5) p=0.091	1.0000 (5) p=	0.9108 (5) p=0.032
Var6 西北区	-0.769 (5) p=0.129	0.8604 (5) p=0.061	0.7886 (5) p=0.113	0.9146 (5) p=0.03	0.9108 (5) p=0.032	1.0000 (5) p=

资料来源：《中国统计年鉴》（1992~1998）。

如表3-20所示，除华北区与其他各区的相关系数为负外，东北区、华东区、中南区、西南区、西北区相互之间的皮尔逊相关系数最低也在0.8左右。这说明华北区城镇居民的分配状况受外界影响的程度很低，本区内基本上形成了一个经济圈；而其他五区相互之间经济联系紧密，分工程度高，市场范围广阔。

基尼系数在说明各项收入来源对收入不平等的贡献上具有优

势，但它的缺陷是不能累加地区差异变化，泰尔熵指数正好具有这一优势，它可以将城镇居民的收入差距分解为组间差距与组内差距，从而找出造成地区差距的原因是地区内占主要因素，还是地区间是关键因素。

在国内外有关地区差距的研究中，还没有涉及六大区的数据，下面是我们的计算结果（见表 3 - 21）。

表 3 - 21　　　　1997 年六大区城镇居民泰尔熵分解

	N_i	S_i（%）	μ_i（元）	$I(y_i)$	I_i（%）
样本总体	30	1	5180.295	0.02983	1
华北区	5	16.7	5488.318	0.0376	21.37
东北区	3	10	4287.78	0.00094	0.32
华东区	7	23.3	5968.27	0.028	22.2
中南区	6	20	5454.54	0.0296	20
西南区*	4	13.3	5051.37	0.0042	1.9
西北区	5	16.7	4078.66	0.0051	2.9
Iw					68.7
Ib					31.3

注释：不包括重庆市（西南区）；资料来源：《中国统计年鉴》（1992～1998）。

从表 3 - 21 中可知，以六大区为选择样本，区内差距对城镇居民收入不平衡贡献为 68.7%，区际差距对城镇居民收入不平等的贡献度为 31.3%。这个结果也可以通过比较区际和区内基尼系数的总体状况来验证。以 1997 年为例，我们计算的该年区际基尼系数为 0.57，而六大区中，有四个区的区内城镇居民的基尼系数超过了它。所以，我们可以得出结论，城镇居民收入的区内差距是整体城镇居民收入差距的主要原因。

四、三大地带城镇居民收入差距分析

三大地带是我国研究区域经济学的学者根据经济发展梯度理论

而提出的一种经济地理区域划分方法，已被国内外经济理论学界广泛接受。国内外有些学者（林毅夫、蔡昉、李周，1998；卡恩·格里芬、李思勤、赵人伟，1994；Adelmen, I. 和 Sunding, D, 1987）已经从全国的角度和城乡的角度做了一些研究，目前只分析城镇居民区域收入差距的文献不多，中国社科院课题组的奈特、李实、赵人伟等做了初步分析，我们拟对这一问题做出进一步的探索。

我们在前面的分析中已经指出，收入高的省份主要集中在东部沿海地区，而收入低的省份主要分布在中西部地区，根据国家统计局的资料，东、中、西部城镇居民的收入差距在 1985 年为 1∶0.77∶0.87，1990 年扩大为 1∶0.72∶0.78，1995 年扩大到 1∶0.68∶0.7，1997 年为 1∶0.7∶0.82，总的趋势是东部和中、西部的地区差距在扩大。其中，西部高于中部的原因是地区津贴高。再来看三大地带内部之比的收入差距（见表 3 - 22）。

表 3 - 22　1991 ~ 1997 年三大地区内部最高收入和最低收入比值

年份	1991	1992	1993	1994	1995	1996	1997
东部	1.27	1.86	2	2.08	2	1.95	1.89
中部	1.32	1.4	1.29	1.55	1.64	1.47	1.32
西部	1.65	1.5	1.34	1.51	1.33	1.96	1.55
东中西之比	1∶1.04∶1.3	1∶0.75∶0.81	1∶0.65∶0.67	1∶0.75∶0.73	1∶0.82∶0.67	1∶0.75∶1.01	1∶0.7∶0.82

资料来源：《中国统计年鉴》（1992 ~ 1998）。

从纵向结构看，东部地区内部差距总体上趋向扩大，而中西部总体上是趋于缩小。东部和中部的内部收入差距在 1995 年左右曾大幅度扩大，这与当年 20% 以上的通货膨胀率有关，东部地区内部收入差距扩大，说明即使在沿海发达省份，经济发展的差距也在扩大。从横向结构来看，除 1991 年西部地区内部收入差距最大外，从 1992 年开始，东部地区内部收入差距明显高于中、西部地区。然后，我们用基尼系数来分析三大地区城镇居民收入分配差距（如

表 3 – 23 所示)。

表 3 – 23　1993 ~ 1994 年三大地区城镇居民收入的基尼系数

地带	均值	1993 年	1994 年	1995 年	1996 年	1997 年
东	0.5399	0.5415	0.5453	0.542	0.5248	0.5461
中	0.5902	0.5712	0.58	0.5938	0.5893	0.6168
西*	0.6249	0.6103	0.6164	0.6231	0.623	0.6518

注释：1. 西部*不包括重庆、西藏。
资料来源：《中国统计年鉴》(1992 ~ 1998)。

从基尼系数可以看出，东部小于中部，中部又小于西部，从纵向结构上看，东部地区的基尼系数在这五年期间基本未变，而中、西部地区的基尼系数在不断上升。可以得出的初步结论是：经济发达地区的收入分配差距较小，而经济发达地区的收入差距较大，经济发展与收入分配很可能遵循一个倒"U"型轨迹。

为了检验东、中、西三大地区基尼系数的相关性和经济联系的程度，我们计算出了皮尔逊相关系数矩阵（见表 3 – 24）。

表 3 – 24　东中西三大地区城镇居民基尼系数相关系数矩阵

	Var1	Var2	Var3
Var1	1.000 (5) P =	0.1679 (5) P = 0.787	0.2208 (5) P = 0.721
Var2	0.1679 (5) P = 0.787	1.0000 (5) P =	0.9791 (5) P = 0.004
Var3	0.2208 (5) P = 0.721	0.9791 (5) P = 0.004	1.0000 (5) P =

注释：1. Var1，Var2，Var3 分别代表东、中、西部城镇居民基尼系数。
2. P 表示不相关概率。

从表中可以看出，东部与中西部的相关系数很小，不相关的概率高达70%以上，说明沿海与内地经济联系程度不高，不是一个经济圈。而中部与西部的相关系数高达0.98，不相关的概率几乎为0，这说明中西部在经济发展程度上接近，经济联系紧密。这也告诉我们，在建立社会主义市场经济体制的基本框架时，没有一个统一的全国大市场，不能说是建立了市场经济的框架。沿海地区与国际大市场联系紧密，参与了国际分工与交换，促进了国民经济的发展，今后还应注意加强与中西部地区的经济联系，先富带动后富，争取走向共同富裕。

我们仍然需要进一步找出形成三大地区之间收入差距的原因是来自于本地区内部，还是归因为三大地区之间的差距，这就必须用泰尔熵指数分解出组内差距和组间差距以及他们各自对总收入差距的贡献度。我们利用1997年的数据进行了计算，结果见表3-25。

表3-25　　三大地区城镇居民泰尔熵分解（1997年）

	N_i	S_i（%）	μ_i（元）	$I(y_i)$	I_i（%）
样本总体	30	1	5180.295	0.02938	1
东部地区	12	40%	6312.75	0.0238	32.4%
中部地区	9	30%	4339.67	0.0041	4.2%
西部地区	9	30%	4510.98	0.01034	10.56%
Iw					47.16%
Ib					52.84%

注释：1. 西部地区不包括重庆市。
资料来源：《中国统计年鉴》（1992~1998）。

表3-25显示，在城镇居民可支配收入的地区差距中，东、中、西三大地带之间的差距对城镇居民收入不平等的贡献为52.84%，三大地区内部差距对城镇居民收入不平等的贡献为47.16%。而在内部差距中，东部地区为32.4%，占全部内部差距的约70%。这说明，区域之间的差距对城镇居民收入不平等的影响较大，我们的计算结果和北京大学中国经济研究中心林毅夫教授等

的计算结果有差异,但基本结论是一样的。① 香港中文大学 Kai-Yuen Tsui 的研究也证实了我们的结论。②

五、区域间城镇居民收入不平等原因的多元回归分析

城镇居民的人均可支配收入高低要受到许多因素的影响,其中各地区的整体经济实力,人力资本和固定资产投资等因素是最重要的。我们以人均 GDP（P）来代表某地区的经济发展水平和整体实力,用人均教育经费（E）来代表人力资本投资,用人均固定资产投资数量（K）来代表物质资本投资,从而得到城镇居民收入 Y 的线性计量模型。

$$Y = \alpha + \beta_1 P + \beta_2 K + \beta_3 E + u$$

模型中使用的数据是 1997 年 27 个省、自治区、直辖市的横截面数据。模型中不使用北京、天津和上海的数据,是因为在计算中发现是异常值,而西藏的数据有缺失（见表 3-26）。

表 3-26　　1997 年各省、自治区、直辖市人均收入、
人均 GDP、固定资产、人均教育经费一览

	人均收入（Y）	人均 GDP	人均固定资产（K）	人均教育经费（E）
北京	7861.74	14597.5	79.815	944.026
天津	6621.47	13015.74	52.536	454.477
河北	4982.43	6059.433	21.854	172.874
山西	4007.86	4712.289	11.994	191.034
内蒙古	3968.09	4705.589	11.98	182.346
辽宁	4547.23	8432.133	23.843	237.938
吉林	4206.04	5505.746	13.743	231.531
黑龙江	4110.08	7220.634	17.858	203.652

① 林毅夫、蔡昉、李周:《中国经济转型时期地区差距分析》,载《经济研究》1998 年第 6 期。
② Kai-Yuen Tsui (1993),"Decomposition of china's Regional inequalities", Journal of Comparative Economics 17, 600~627.

第三章　中国城镇居民收入差距的测算与定量描述 I：静态分析

续表

	人均收入（Y）	人均 GDP	人均固定资产（K）	人均教育经费（E）
上海	8475.5	23062.133	135.997	834.397
江苏	5807.35	9345.747	30428	267.719
浙江	7366.19	10458.264	36.27	286.778
安徽	4619.95	4357.6079	11.063	131.571
福建	6201	9141.865	26.89	257.909
江西	4090.74	4132.964	7.939	114.347
山东	5217.18	7569.744	19.835	185.962
河南	4111.54	4413.351	13.086	143.75
湖北	4693.82	5874.749	17.427	189.828
湖南	5248.93	4629.544	10.323	170.471
广东	8615.86	10375.138	32.493	352.32
广西	5139.52	4349.665	10.356	148.093
海南	4917.55	5516.285	21.734	220.602
重庆	5343.12	4438.199	12.346	144.802
四川	4787.86	3938.446	10.989	124.523
贵州	4458.29	2199.057	6.165	82.405
云南	5616.21	4016.194	13.156	184.104
西藏	—	3104.032	13.911	180.619
陕西	4022.2	3714.398	11.013	169.636
甘肃	3613.43	3132.879	9.706	140.191
青海	4015.5	4073.589	17.831	162.008
宁夏	3863.65	3979.623	16.196	173.716
新疆	4878.52	6119.697	26.018	269.649

注释：表中数据根据1997年《中国统计年鉴》有关数据整理。

我们利用表 3-26 中的数据得到了中国城镇居民人均可支配收入的多元线性回归模型：

$$Y = 2696.108 + 0.228P + 20.92K + 2.96E$$

方程复相关系数

$R = 0.743, R^2 = 0.55, \overline{R^2} = 0.494; F = 9.46 > F0.05(3.23) = 3.03$，方程通过 F 检验；人均 GDP（P），人均固定资产（K），人均教育经费（E）通过了置信区间为95%的 T 检验；方程的自相关性检验值 D.W = 0.772，基本正常；同时，在方程的多重共线性检验

中，参数 P, K, E 的方差扩大因子（VIF）值分别为 6.918、7.958、5.214，VIF < 10，说明不存在多重共线性。

由回归模型可以得出以下结论：

第一，固定资产投资回报率非常高，每多投入 1 元钱，可增加 20.92 元的收入。我国目前存在的问题是，城镇居民的收入多用来储蓄，1996 年城镇居民人均存款余额达 8581.4 元，远远超过了当年 4838.9 元的可支配收入。因此，应该设法激励城镇居民扩大投资。

第二，教育对城镇居民收入的影响也较大，每多投入 1 元，可增加 2.96 元的收入，可见教育投资与收入的提高成正比。关于教育的重要性，美国的明瑟（Mincer, J. 1974）经过研究发现，美国 1959 年收入不平等的 33% 可由教育和工作经历来加以解释，乔治·萨卡洛布斯（George Psacharopoulos, 1985）对 60 多个国家教育收益率的估算表明，在发展中国家的低层级教育，其收益率一般都在 15% 以上，远高于物质资本的投资收益率。后来，世界银行和国际发展银行的几位专家乔治·萨卡洛布斯，塞缪尔·莫雷（Samuel Morley），阿瑞·弗茨伯恩（Ariel fiszbein），希达克·李（Haeduck lee），威廉姆·C·沃德（William. C. Wood）在 1995 年对拉美地区 1980 年以来贫困和不平等的研究中发现，该地区人们每多受一年教育，就会减少 3% ~ 4% 进入最低 20% 组别的可能性，平均来说，教育对收入不平等的贡献度是 25%。[①]

第三，在影响城镇居民可支配收入的三大要素中，经济发展水平对城镇居民收入的影响较小，人均 GDP 每增加 1 元，可以增加约 0.23 元收入。实证分析表明，影响城镇居民收入水平的诸多因素中，各个因素之间是相互联系、相互促进的。在我们的分析中，国民经济发展水平对收入贡献度低的一个重要原因是不重视教育，

[①] George Psacharopoulos, Samuel Morley, Aried Fiszbein, Haeduck lee and William C wood (1995), "Poverty and income inequality in Latin America", Review of Income and Wealth, series 41, no. 3, september.

中国教育经费的支出水平在世界发展中国家中都是非常低的，世界平均水平是教育支出占 GDP 的 5% 左右，而我国 1995 年仅为 2.3%，与中国发展水平相近的印度，当年的比例为 3.5%。[1] 尤其是在全球进入知识经济时代的今天，重视教育就是重视国家的未来。固定资产投资对城镇居民收入水平贡献度大的原因是，我国城镇居民的绝大多数在国有企业和集体企业就业，企业创新投资一般会使经济效益显著提高。

第七节　中国城镇居民分行业、分所有制的收入差距分析

随着我国市场化改革的不断深入，特别是随着多种所有制形式的共同发展，不同所有制、不同行业的分配体制就出现了差异，分析它们之间的差距，对于全面认识中国城镇居民的收入差距是必不可少的。

一、分行业职工的收入分配分析

在传统体制下，因为国民经济发展程度低，人们普遍比较贫穷，所以不分行业（当时还没有三次产业划分的概念）的效益状况如何，一律实行基本一样的工资分配政策，对于一些因环境恶劣和经济效益不好的行业，如农林牧副渔行业，地质勘探行业等有一些特殊照顾。但在市场经济条件下，各个行业的分配一般依赖于本行业的利润率，并随之而波动。从世界范围内来看，产业利润率和产业演进的一般顺序是（1）一、二、三；（2）二、一、三；（3）二、三、一；（4）三、二、一等。我国目前处于（2）二、一、三阶

---

[1]《1998～1999 年世界发展报告》，中国财政经济出版社 1999 年 8 月版。

段，第二产业即加工工业在 GDP 中的比重仍然很高；第三产业比重在改革开放后有较大幅度上升，但与世界同类国家相比，所占比重仍然很低。产业结构的变动也反映了产业内部各个行业利润率的变化，从而影响了分行业职工收入分配的变化。

从 20 世纪 80 年代中期城市经济体制改革一直到 1990 年代末，不同行业职工的工资收入差距随产业结构的演进而呈现扩大趋势。根据国家统计局的资料计算，如果假定全国各行业平均工资指数为 1，将最高行业与最低行业工资与之相比。可以看出，1978 年改革初期比值为 1.38：1：0.76，1985 年降为 1.22：1：0.76，1990 年扩大到 1.27：1：0.72，1995 年进一步扩大到 1.43：1：0.64。人均工资最低的行业一直是属于第一产业的农林牧副渔；人均工资最高的行业在 1978 年是电力、建筑、交通、采掘业等第二、第三产业，1995 年后则转变为金融、保险、通信等第三产业中带有风险性、垄断性和技术性的行业。

高收入行业的收入的快速增加，一方面反映了我国产业结构在市场经济条件下向比例协调和知识化迈进，与世界产业的信息化融为一体，收入的提高反映了这一导向；另一方面，这些新兴产业的收入与传统产业收入差距的扩大，也部分地由政策调控不到位造成，如金融、保险、交通运输，邮电通讯等行业属于垄断经营，获取行业垄断利润成为这些行业收入高的重要因素，促进有效竞争和执行反垄断政策应成为政府加强对收入差距调控的重要手段。

二、分所有制职工的收入分配分析

我国在改革开放后鼓励非公有制经济的发展，以便发展生产力并为公有制企业的发展创造一个竞争的环境。经过 20 多年的发展，非公有制经济在工业产值中所占比例，已经从 1980 年的 0.5% 上升到 1998 年的 19.9%。从数量上看，个体企业有 2200 万个，拥有从业人员超过 5000 万人；私营企业有 122 万家，其从业人员超过 1500 万。在以公有制为主体，多种经济成分并存的所有制格局下，收入分配的格局必然与传统体制下的公有制分配状况不同。1985 年城市经济体制改革开始时，国有企业和单位、城镇集体企业和单位、外资企业三者之间职工收入差距为 1∶0.8∶1.18，1990 年为 1∶0.74∶1.31，1993 年为 1∶0.71∶1.51，1996 年为 1∶0.68∶1.32。可以看出，从 1985 年到 1996 年前，国有企事业单位、城镇集体企事业单位和外资企业职工收入差距一直在扩大，1996 年受金融危机的打击，这一差距有所缩小。1996 年在外资企业和股份制企业工作的职工平均工资为 8261 元，分别比国有单位和集体单位高 31.5% 和 92%。

我们上面对公有制企业职工收入的分析仅限于法律和政策限定的第一职业收入，而对于第一职业以外的收入统称为第二职业收入，在国际经济学界又称为隐形收入或地下经济收入。这种收入已经形成一定规模，而长期以来由于统计调查难度很大，没有很精确的数字，近几年来，国家为了加强对国民经济的宏观调控，在 1985 年和 1990 年初做了初步调查，发现第二职业收入增长快，所占比重过大（见表 3-27）。

第二职业收入有两种计算方法，一是窄口径，即仅包括企业职工从本单位得到的除工资之外的收入。二是宽口径，即银行统计的除工资性支出外的"对个人其他现金支出"。按窄口径计算，1991~1993 年，企业职工工资总额和工资外收入总额年均增长速度分别为 18.3%、26.3%，工资外收入比工资快 8 个百分点。按保守估计，1990 年工资外收入相当于工资收入的 26.2%，1993 年上升为 31.8%；同期，按宽口径计算，情况更为突出。1991~1993 年，银行统计的工资和现金支出年均增长 25.02%，比同期企业职工工资总额和职工收入总额的增长速度都要快。银行统计的除工资性支出外的对个人现金支出，1991 年为 1100 亿元，1993 年增加为 2778 亿元，两年间增加 1678 亿元，每年增加 800 亿元。1995 年工资外收入总额约为 2790 亿元，为 1990 年的 3.61 倍。

表 3-27　　　　　　　　职工工资外收入

年份	人均工资外收入		人均工资外收入相对于平均工资的比重（%）
	总额（元）	增长（%）	
1990	561		26.2
1991	669	19.3	28.2
1992	883	32.0	32.6
1993	1072	21.4	31.8
1994	1424	32.8	31.4
1995	1900	33.4	34.5
八五期间		27.4	

资料来源：根据 1991~1996 年《中国统计年鉴》相关数据计算。

如果城镇国有单位和集体单位的职工工资加上第二职业收入作为一个整体收入来源看的话，我们可以得出的初步结论是：各种所有制单位之间的收入差距并不像第一职业货币工资收入所反映的那样大。

第八节　中国城镇居民贫困问题及其测定

随着我国经济的快速发展，城镇居民的整体生活水平得到了大幅度的提高。但不能否认，仍有部分居民处于相对贫困状态，其中一部分尚处于绝对贫困状态。从整体上观察，中国城镇居民的贫困已主要不是生存意义上的贫困，而是缺少某些生活必需品形成的一种狭义的贫困。这种贫困实质上具有绝对性和相对性的双重的含义，所谓绝对性是指贫困有一个数量界线（或标准），低于这个界线，人们的基本需求就得不到满足；所谓相对性，就是说贫困有相对的时期性和地区性，同时也相对于不同收入水平和相对于不同的家庭规模。因此，我们所要研究的贫困，正是这种具有双重含义的贫困,既要考虑它的绝对性,同时更要考虑它的相对性。

目前国际上常用的调查贫困线的方法有恩格尔系数法,维持生活基本需求的市场菜篮法,国际贫困标准,生活形态法等。这几种方法是用来测量绝对贫困人口的。另一种测量相对贫困的方法,按家庭户收入水平进行降序排列,分为若干组,收入最低的一组即为贫困户。国际上习惯采用五等分法,按20%的比例分成五组,然后在高低收入组中分别列出占总调查户5%的最高收入户和最低收入户,5%的最低收入户即为贫困户。[1] 关于绝对贫困线的测算,从我国社会经济发展的情况和测量贫困线的可行性来看,根据恩格尔系数和维持生活基本需求的费用这两种方法来测算我国城镇居民的贫困线是比较合适的。同时采用两种方法测算,一方面两种方法的测算结果可相互验证,另一方面各地区可以根据本地区的实际选择一种方法对本地区贫困线进行测算。

我国城调队在 1995 年对全国 35520 户城镇居民家庭进行了抽样调查,家户规模是每家平均 3.23 人,所以将 3 口之家定为标准家庭,把根据全国平均水平测算的贫困线作为标准家庭的贫困线。调查结果表明,采用恩格尔系数法测算的 1995 年我国城镇居民贫困线为月人均 150 元,年人均 1800 元;用维持生活基本需求的市场菜篮法计算的贫困线为月人均 152 元,年人均 1826 元。[2]

采用恩格尔系数和基本需求两种方法测算的贫困线十分相近,因此,确定 1995 年我国城镇居民贫困线为月人均 150 元,年人均 1800 元。应该指出,实际上 1800 元/人·年的贫困标准是对全体平均水平而言的。标准家庭(三口之家)的贫困线应扣除全国平均水平家庭规模稍大的影响。计算方法和结果如下:首先,以平均水平为 100% 计算标准家庭的支出系数和收入系数,分别为 1.1027 和

---

[1] 《中国统计年鉴》,1992~1997 年。
[2] 《中国统计》1997 年第 3 期。

1.0827；然后再计算家庭规模影响系数，为 1.0185，最后，用 1.0185×1800 元/人·年得出标准家庭（三口之家）的贫困线为 1833 元，为执行政策方便，取整为 1800 元。

上述测算的贫困线是根据现阶段我国城镇居民的平均生活水平进行测算的。在 1990 年代末，在我国许多城市中实行了最低生活保障制度，标准大都为每月人均收入 120 元左右。按照这个标准衡量，似乎我们计算的贫困线略高。应该明确指出，计算贫困线是一回事，而政府解决贫困问题的能力大小与解决的程度又是另一回事，两者不能混为一谈。各级政府在解决贫困问题时，需要综合考虑多种因素，特别是当地的财政状况。何况我们所研究和确定的贫困线既包括绝对贫困，又包括相对贫困，而就目前我国大多数城镇而言，解决贫困的重点仍是那些处于绝对贫困状态的人们，总而言之，贫困线与扶贫线应是两个既有联系，又有区别的不同概念。

我国城镇居民的大部分消费仍以家庭为单位进行。除自行车、手表、服装等以个人为单位进行消费外，主食、副食以及彩电、冰箱和住房等都是以家庭为单位的共性消费。受家庭成员间消费共用和互补程度的影响，在同等条件下，不同家庭规模和家庭结构将产生不同的消费效果。因此，虽然人口贫困标准是相对于贫困户平均家庭人口的消费效益测算的，但在转化为家庭贫困标准时则不能用家庭人口数乘以人口贫困标准的简单计算办法，还应乘以家庭规模和家庭结构影响系数。

城调队的研究表明：家庭结构对消费效益的影响很弱，只是一个中介变量，影响程度只占 2% 左右，而对消费影响较大的独立变量是家庭规模，因此在确定家庭贫困标准时，只计算家庭规模影响系数。计算家庭规模影响系数的基本思路是在扣除收入对消费影响后，单独观察家庭规模对消费的影响。为此，首先以标准家庭（三口之家）为 100% 计算不同家庭人口的支出系数、收入系数（见表 3-28）。

第三章 中国城镇居民收入差距的测算与定量描述Ⅰ:静态分析

表 3-28　　　　　　支出和收入系数计算表

家庭规模 （人）	人均生活费支出 （元/人年）	人均生活费收入 （元/人年）	以三口之家为 100%的支出 系数	以三口之家为 100%的收入 系数
1	5841	5611	1.50	1.33
2	4784	5160	1.23	1.22
3	3901	4214	1.00	1.00
4	3291	3636	0.84	0.86
5 及以上	2937	3388	0.75	0.80

资料来源：《中国统计年鉴》（1992~1997）。

用支出系数除以收入系数计算家庭规模影响系数，再用贫困标准1800元/人年分别乘以家庭规模影响系数，可得出不同规模家庭的人均贫困标准，再乘以家庭人口数就可推算出不同规模家庭的户贫困标准。

表 3-29　　　　　家庭规模影响系数及贫困标准

家庭规模 （人）	影响系数	人均贫困标准 （元/人年）	户贫困标准 （元/人年）
1	1.13	2034	2034
2	1.01	1818	3636
3	1.00	1800	5400
4	0.98	1764	7056
5 及以上	0.94	1692	8460

注释：5人及以上家庭户贫困标准按5人及以上人均贫困标准乘以5人计算。
资料来源：《中国统计年鉴》（1992~1997）。

城调队所测算的全国城镇居民贫困线是对全国各地区贫困情况的一种抽象，并不能代表各地区的贫困标准，各地区在实际应用时应根据本地区的实际情况进行测算。采取的方法有两种：

一是根据本地区的实际情况选取恩格尔系数或基本需求对本地区贫困线进行测算。这种方法的优点是能够充分考虑本地区居民的消费习惯和消费结构，测算的贫困线能较真实地反映出当地城镇居民的贫困状况，缺点是比较麻烦。

　　二是根据全国城镇居民贫困线进行调整，通常采用的方法是根据各地的收入水平和价格水平差异指数来计算各自的贫困标准。在一般情况下，收入水平同贫困标准成正比，而各地区基本生活必需品费用价格指数的差异反映了不同地区购买生活必需品的货币差异，也同贫困标准成正比。所以，各地区城镇居民贫困标准等于全国城镇居民贫困标准乘以各地区收入差异指数，再乘以价格差异程度指数。使用这种方法的困难一是数据处理工作量太大。目前物价报表中没有分地区的生活必需品的价格水平资料，计算各种生活必需品的价格比较困难。即使有了各种生活必需品的价格，计算各地区的价格差异指数工作量也相当大，它首先需要每一个地区用各种生活必需品价格乘以各地区生活必需品消费量求出各地区生活必需品消费额，其次需要计算用全国生活必需品价格乘以各地区生活必需品消费量，得出按全国城镇价格水平计算的消费金额，最后，才能将二者相除计算出各地区价格差异程度指数；二是权数资料难以搜集，计算结果并不十分理想。因为从现有的城市住户调查资料来看，很难找到与价格代表规格品比较一致的消费量。比如在47种基本生活必需品中，只能找到30种与物价代表规格品接近的消费量。由于住户消费资料与物价代表规格品价格资料不配套，因此利用住户生活必需品消费量作权数计算的各地区价格差异程度并不十分理想。有鉴于此，可用消费品消费额差异指数代替收入差异程度指数和价格差异程度指数之积来调整各地区的贫困标准。其依据是：(1) 一般情况下，一个地区收入水平越高，消费水平就越高，价格水平越高，消费水平也越高。所以消费品消费额差异程度指数能综合反映各地区消费品价格差异和收入水平差异；(2) 消费品消费额资料比较容易取得，能够避免计算价格差异程度指数带来的困难。按消费品消费额差异程度指数计算的各地区贫困线如下（见表3-30）。

表 3-30　　　　各省、自治区、直辖市参考贫困线　　　单位：元/人月

贫困线区间	包括地区
100元～200元	内蒙古、吉林、甘肃、山西、河南、江西、黑龙江
120元～140元	陕西、宁夏、青海、辽宁、安徽、河北、新疆、贵州
140元～160元	山东、四川、湖北、云南、海南
160元～180元	江苏、福建、湖南、广西、天津
200元以上	北京、浙江、上海、广东

资料来源：《中国统计年鉴》（1992～1997）。

以1995年城镇居民实际消费状况为基础测算的贫困线，从消费项目和消费量来看，在3年或5年之间具有相对的稳定性；但从贫困标准金额的变动趋势分析，随着生活必需品价格的不断上升，贫困标准将不断提高。为了保证贫困户生活水平不致降低，应采取贫困标准与基本生活费用价格指数相乘的办法来调整计算不同时期的贫困线。依据全国城镇人口贫困线，得出贫困线以下居民比重，然后推算总体，计算出全国城镇贫困居民总体规模。经计算，1995年城镇贫困居民占全部城镇非农业居民家庭人口的8.6%，约为2428万人；全国城镇贫困户约为659万户，占全部非农户的7.6%。

值得注意的是，国家城调队依据贫困线推算的贫困人口和家庭，是绝对贫困与相对贫困的总和，如果只按绝对贫困范畴去推算，则大大低于这个比例。1996年5月，任才方、陈晓杰曾用比例法、需求法、模型法计算出1995年我国城镇居民的绝对贫困线为年人均1500元，人口和户贫困率为4.4%和3.84%，以此推算出的全国城镇绝对贫困人口和家庭分别为1242万和332.9万户。城调队也对全国城镇居民家庭抽样资料进行了详细的计算和分析，结果发现，在他们推断的2428万人口中，收入水平在1500元至1800元之间的占49.8%，也就是说有近1210万人是生活在相对贫困中，这部分人的收入水平与测算的贫困线十分接近，且比例很大。如果扶贫措施得当，这部分人可在近期内迅速脱贫，这将大大降低我国

城镇的人口贫困率。在测量出贫困线后，还需要测量贫困的程度。国际上通用的测量贫困程度的方法是，贫困人头指数、贫困矩指数和加权贫困矩指数。贫困指数可用公式表示：

$$FGT(\alpha) = \frac{1}{N}\sum_{i=1}^{N}\left[1-\frac{y_i}{z_i}\right]^{\alpha} = \frac{1}{N}\sum_{i=1}^{q}\left[\frac{q}{z}\right]_i^{\alpha}$$

其中，z_i 是贫困线；y_i 是贫困人口的收入；$q_i = z_i - y_i$，是第 i 个贫困人口的贫困矩；α 是参数，当 $\alpha = 0$，FGT 是人头指数（Head Count）；当 $\alpha = 1$，FGT 是成比例贫困矩（Proportionate poverty gap）；当 $\alpha = 2$，FGT 是加权贫困矩（Weighted poverty gap）。

我国城镇居民收入差距的扩大引起了人们对贫困程度的关注。在考察转轨时期我国城镇居民的贫困状况时，一个值得注意的现象是，从理论上来看，相对贫困户的生活水平应该高于绝对贫困户的收入水平，但在实际上，占城镇总人口40%的中等偏下收入户和低收入户中，除去5%的绝对贫困户后，剩下的相对贫困户的收入很可能本身也处于绝对贫困状态。[①]

我国原有的贫困群体，主要是各种丧失劳动能力的人员以及一些家庭负担重的人员等。进入1990年代末期，出现了大量下岗职工和失业人员，加上一些离退休较早且负担重的职工，造成城镇贫困群体的扩大。据国家统计局和民政部调查，"八五"期间，收入在贫困线（1086元）以下的城镇居民年均约有1330万人，其中，由于企业不景气发不出工资或欠发工资的约占30%，失业或待业人员约占20%，社会救济和优抚对象约占5%。1996年底，全国城镇贫困人口为1176万（当年贫困线为1671元），比上年减少66万人，但是贫困程度加剧。贫困人口人均生活费收入1321元，比上年减少42元（若考虑物价因素，实际减少162元），比当年贫困线低350元，有一半以上低收入家庭的收入水平比上年下降。在城镇贫困人口中，因结构调整，体制转换等原因而导致收入下降或失业

---

① 于祖尧主编：《中国经济转型时期个人收入分配研究》，经济科学出版社1997年版。

的人员约占84%，比1995年增加了3个百分点，这部分人已经成为最大的贫困群体。按照国际上通用的贫困指标来看，从20世纪80年代末期开始，我国城镇居民的贫困程度，尤其是绝对贫困程度大幅度上升（见表3-31）。

表3-31 转轨时期我国城镇居民的贫困指数：1988~1995年[①]

贫困指数	人头指数		成比例贫困矩		加权贫困矩	
	1988年	1995年	1988年	1995年	1988年	1995年
相对贫困	8.2	8.0	1.4	2.0	0.4	0.8
绝对贫困	2.7	4.1	0.4	0.9	0.1	0.4

注释：贫困线根据低收入者的偏好，对非食品购买经过调整来折算，热量最低折算标准为2000千卡/人日。1995年相对贫困的阈值是每人2291元，绝对贫困定义为相对贫困线的80%。

资料来源：A·R·卡恩（A. R. Khan, 1998）。

表3-31中的数据显示，1988~1995年期间，相对贫困人头指数有轻微下降，而成比例贫困距和加权贫困距指数上升了。这表明，就如城镇居民收入差距在此期间扩大一样，城镇贫困人口的总体贫困距扩大了。对于绝对贫困人口来说，所有的贫困指数都上升了，说明这一阶层的收入状况在逐步恶化。中国城镇相对贫困人口的人头指数与其他发展中国家相比是相当低的，[②] 在1988~1995年间，贫困发生率仅下降了2.44%，[③] 从占城镇总人口的8.2%下降到8.0%。由于同一时期中国城镇居民总人口增长迅速，城镇贫困人口总数上升了19.6%，从1988年的2350万人增加到1995年的2810万人，而同期城镇居民的实际收入年递增4.48%，1995年比

[①] Azizuur Rahman Khan, Keith Griffin, and Carl Riskin (1999), "Income distribution in urban China during the period of economic reform and globalization", The American Economic Review, vol. 89. No. May.

[②] 《1998~1999年世界发展报告》，中国财政经济出版社1999年版。

[③] 中国社会科学院李实、赵人伟的计算结果为0.2%，差异的原因在于双方使用的贫困线不一样。

1988年增加了36%。① 这说明人头指数有可能高估。在利用消费价格指数来估计实际收入增长时，低估了贫困人口生活成本的上升，因为计算时使用的是平均消费价格指数而不是贫困人口消费价格指数。一般消费群体恩格尔系数低，而贫困阶层恩格尔系数高，这一时期食品价格比一般消费品价格上升的快得多。如果考虑到这一因素，1988~1995年间的人头指数会有明显上升。

一个不容置疑的结论是：我国在减少城镇贫困方面是不成功的，因为大多数衡量城镇居民贫困度的指数上升了。贫困发生率的变化主要受两个因素的影响：一个是收入增长的快慢，另一个是收入差距的扩大或缩小。收入增长会消除贫困，而收入差距扩大则会加剧贫困。上述的数据表明，贫困人口的收入差距和其他阶层相比扩大了。如果再加上在城镇就业的农民工（他们没有城镇户口，但大多数时间生活在城镇）这一类流动人口，中国城镇中的贫困人口总量和贫困程度会上升更多。

下面我们用日常生活和消费方面的差距来揭示城镇居民的贫困状况（见表3-32和表3-33）。

表3-32　　　　城镇居民生活状况指数　　　　单位：元

年份	城镇家户人均生活费收入 (1)全国平均	(2)贫困户	消费支出 (1)全国平均	(2)贫困户	生活费盈余"+" 生活费赤字"-" (1)全国 (1)-(3)	(2)贫困户 (2)-(4)	就业面 (1)全国平均	(2)贫困户
1985	748.92	3948	673.2	417.96	+	-	57.59	37.36
1990	1522.79	688.97	1278.89	724.8	+	-	56.57	39.47
1991	1544.3	810.75	1453.81	879.78	+	-	57.14	40.89
1992	1826	874	1672	974	+	-	57.79	42.18
1993	2583.16	1059.22	2110.81	1183.15	+	-	57.83	43.92
1994	3502.31	1352.22	2851.34	1512.7	+	-	57.46	44.49
1995	4288.09	1732.24	3537.57	1904.41	+	-	57.68	44.3

资料来源：根据1986、1991~1996年《中国统计年鉴》计算所得。

---

① 李实、赵人伟：《中国居民收入分配再研究》，载《经济研究》1999年第4期。

第三章　中国城镇居民收入差距的测算与定量描述Ⅰ：静态分析

表3-33　　　　　　　城镇居民的消费状况指数

类别 年份	恩格尔系数 全国平均(1)	恩格尔系数 贫困户(2)	(2)/(1)(%)	耐用品系数 全国平均(3)	耐用品系数 贫困户(4)	(4)/(3)(%)
1985	0.533	0.626	17.4	—	—	—
1990	0.542	0.624	15.1	—	—	—
1991	0.538	0.601	11.7	—	—	—
1992	0.529	0.609	15.1	0.045	0.019	42.2
1993	0.501	0.592	18.2	0.05	0.022	44
1994	0.499	0.617	23.6	0.053	0.019	35.8
1995	0.499	0.606	21.4	0.05	0.021	42

资料来源：1. 根据1986、1991~1996年《中国统计年鉴》计算所得。
　　　　　2. 耐用品系数是耐用品支出占生活费收入的比例。

从表3-32和表3-33可以看出，自城市经济体制改革以来，我国城镇贫困户的生活费收入和消费支出一直低于全国水平，贫困户的日常消费支出远远超过生活费收入，年年有赤字，这说明城镇贫困户尚不能维持基本生存。从食品支出和耐用品支出来看，城镇贫困户的恩格尔系数高出全国平均水平10%以上，说明他们的生活费收入主要用于食品消费；而耐用品消费水平不到全国的1/2。与恩格尔系数反映的情况相对应，联合国粮农组织提出了依据恩格尔系数划分贫困与富裕的标准，即39%以下为富裕，40%~49%为小康，50%~59%为温饱，60%以上为勉强度日。按照这一标准，我国在整体上属于温饱型这一水平。而贫困户显然只能勉强生存。

第四章

中国城镇居民收入差距的测算与定量描述Ⅱ：动态分析

随着我国经济持续、快速、健康的发展，我国城镇居民收入差距有没有遵循某种规律，呈现某种变动轨迹，也就是说，是否具有美国经济学家库兹涅茨（Kuznets, S, 1955）在 1955 年所首创性地提出的收入分配在长期中呈现出倒 U 形的假说呢？本章的研究将揭示中国城镇居民收入分配的长期动态特征。

第一节　库兹涅茨倒 U 假说

关于居民收入分配的长期变动及其与经济发展的关系的研究，要归功于库兹涅茨。他在 1954 年就任美国经济学学会会长时的就职演说中，提出了一个简单地以经验为根据的定理或假说。在此之前，西方经济学界关注的是收入的功能性分配和贫困产生的生命周期特征，库兹涅茨的研究把一部分西方经济学家和发展经济学家的注意力吸引到对收入的规模分配的长期动态特征的探讨上来，从而引发了对倒 U 假说长达半个世纪的争论。在 1955 年、1963 年和 1973 年的一系列文章中，他在提出倒 U 假说的同时，试图阐明这一曲线背后的决定过程和经济原因。其他经济学家在研究这一主题时，也在关注与此有关的其他问题：（1）经济增长过程带来的各种问题，如要素转移、社会各阶级关系、政府稳定等问题；（2）根据工业化国家的资料得出的倒 U 假说对发展中国家有无实用性，即它是否具有普遍意义；（3）现有的计量模型是否适用于对发展中国家数据的建模；（4）研究倒 U 假说时所使用的指标和区分长期趋势和同期现象的方法是否具有普遍意义等。

在对上述问题的研究过程中，探讨出了许多解析这一假说的理论，例如，刘易斯—费景汉—拉尼斯的剩余劳动力模型和哈里斯与托达罗的迁移模型等，卡卡万尼（N. C. Kakwani, 1980）和森（A. Sen, 1973）等全面地考察了影响分配标准的技术问题。阿德尔曼和莫里斯（I. Adelman and C. T. Morris, 1973）、列凯伦（J. Lecaillon, 1984），菲尔兹（G. S. Fields, 1980），毕戈斯登（A. Bigsten, 1983）等对许多发展中国家特殊的发展过程和经验事实进行了概括。

一、库兹涅茨倒 U 假说的内容及其阐释

在 5% 是经验材料，95% 是推测的嫌疑下，库兹涅茨在其 1955 年的论文《经济增长与收入不平等》一文中，通过分析美、英、德等国的不完整资料认为发达国家个人收入分配的长期波动在不断趋向平等，这一趋势很可能在第一次世界大战以前就已开始，在 20 世纪 20 年代后期特征特别明显。在他 1963 年发表的论文《若干国家经济增长的数量特征：Ⅷ，规模收入分配》中，通过对 7 个西欧发达国家和联邦德国普鲁士、萨克森州的分析后，进一步证实了上述观点。库兹涅茨的资料显示出德国的两个州在 19 世纪的末期，处于收入顶峰的 5% 和 20% 的富裕阶层的收入份额开始呈上升趋势，后来又呈下降趋势。包括德国在内的西欧 7 国以 5% 的富人与

60%的穷人的份额相比，收入分配的不平等在不断下降。① 库兹涅茨认为，尽管没有足够资料证明美、英、德三国经济发展的初期都有过收入不平等趋于上升的阶段，他相信有过一个这样的阶段，英国大概在 1780 年到 1850 年；美国大约是 1870 年到 1890 年；德国在 1840 年到 1890 年。然后，库兹涅茨又通过将某些发达国家与发展中国家 60% 最穷的人与 20% 最富的人的收入的横向比较，得出了发展中国家的分配比发达国家更不平等的结论。最后，库兹涅茨设想，在经济增长的早期阶段，即从前工业文明转向工业文明最迅速的时期，长期收入中的不平等会扩大，有一段时间处于稳定期，后期阶段不平等会趋于缩小。在后来的再次表述中，长期收入中不平等的这种长期波动变成了倒 U 形假说。

　　长期收入是库兹涅茨在做资料分析时使用的一个重要概念，如何界定长期收入并确定衡量分配的单位是个很大的困难。为此，库兹涅茨给出了五条解释性的原则，他们都包含了引起争议的因素。第一，收入单位必须建立在家户基础上，同时为提高可比性还必须调整家庭大小。在进行跨国对比时，单位的选择显然是很重要的。第二个原则是分配的计量必须包括一个国家的所有单位，而不只是获得收入的那部分人口。第三个原则主张对获得的收入进行界定，以免包括无关的收入而使局面复杂化。对于那些在生命周期中处于"学习"或"退休"阶段的获得收入的人来说，这种忽略被认为是适当的。第四条原则指出，收入必须限定为个人所得的收入，它包括实物收入而不包括资本收益。实际上，除了资料比较完整的少数发达国家外，其他国家在研究这一问题时能够得到什么资料就用什么。第五条原则要求家户必须依据长期收入来分组，以排除周期性或其他临时性干扰。为达此目的，人们将需要对每个静态的家户在长期内所得到的收入加以平均。由于即便在发达国家如美国和加拿

---

① Kuznets. S. 1963. Quantitative aspects of the economics growth of nation: VIII distribution of income by size, Economic Development and Cultural change, Vol. II, no. 2, January.

大都很少得到在个体水平上的长期资料，因此这一要求是很难满足的。一些政府虽然会不定期地公布有关比一年期限还要长的收入分配的综合指标，但这些指标很难与长期影响相一致。除了五项原则之外，库兹涅茨主张必须立足于平均大约 5 年一代上，而且还必须对收入组中定居和移居单位加以区分，如果没有这种区分，他认为"低"收入阶级和"高"收入阶级的区分就失去意义，特别是对分配份额和分配不平等的长期变动研究。在做了这种限定后，很难相信倒 U 假说对现实有多大的解释作用。

在依据上述原则提出倒 U 假说后，他试图对此作出理论解释，认为在经济发展的早期阶段，使规模分配不平等扩大的力量包括六个方面：(1) 储蓄集中在高收入阶层手中；(2) 工业化和城市化所带来的明显的结构性调整；(3) 生产组织规模的变动；(4) 从个人企业向组织的公司转变；(5) 某些劳动的职业身份的变动和某些工作的"专业化"；(6) 政府对工业的援助。概括起来，这些解释可以分为三大类：

首先，经济结构会随着工业化的发展而变化，而这种结构变化会对收入分配产生重大影响。对于城镇居民来说，工业化会迫使边际收益低于城市工业部门的农业部门向城镇转移剩余劳动力，他们的进入一方面会减少城市工人提高工资的压力，另一方面有可能成为城市中的贫困阶层。

其次，新产业的兴起和企业规模的扩大，会使原来的低收入群体以高于原高收入群体的速度提高收入，从而降低收入不平等，政府对某些工业的援助也会提高某些行业工人的收入，使收入状况发生变动。

再次，在经济发展的早期阶段，储蓄和财产高度集中在占人口小比例的高收入群体中，在推动经济增长的同时，这种集中还将会产生累积效应，扩大收入差距。至于差距上升到一定阶段又降下来的原因，库兹涅茨认为有一些起反作用的因素存在，例如，影响储蓄集中的就有立法活动，通货膨胀，对资产收益的法律约束，限制利息率以保护政府债券市场，甚至包括全部充公。而且产业结构的调整会提高总产品中劳动要素的功能性份额，从而会影响规模收入分配。旧产业财产收入会随着新技术革命的兴起和产业变迁的影响而趋于减少，除非高收入群体能够将积累的财产转向新兴产业。

二、库兹涅茨倒 U 假说与发展中国家的收入分配

库兹涅茨重点研究的是发达国家所经历的经济增长与收入分配的关系，那些比较理想的资料在 30 年前就可以得到，可见，库兹涅茨的长期波动假设是历史性的，定性的和有限的。库兹涅茨通过将发达国家和发展中国家 20 世纪 50 年代的资料对比后认为，收入分配的不平等程度在发展中国家要高于发达国家。他认为，倒 U 理论对发展中国家的分配的解释，要注意这些国家发展的历史性和国际力量对收入分配的影响，拉丁美洲、非洲、亚洲一些国家今天的欠发达，是因为最近两个世纪，尤其是近几十年来他们的经济增长远远低于西方世界。人均收入水平的低增长限制了这些国家经济结构的转变和经济发展的机会。今天欠发达国家增长的起点在许多方面与现在的发达国家在进入现代经济增长前夕的境况有很大不同。特别是，发展中国家更落后，是跟随者而不是领导者，技术创新存量有限，此外，发展中国家普遍存在人口膨胀，生态环境恶化，社会政治制度落后等一系列重大问题，工业化和经济增长过程中，社会和政治制度能否适应生产力发展的要求决定着发展中国家的未来。显然，发展中国家也许会经历倒 U 曲线，但分配状况的改善却不仅是个经济增长的问题，还有社会政治等因素在起作用。

第二节 发展经济学对库兹涅茨倒U理论普适性的研究

库兹涅茨的倒U假说发表于20世纪50年代,当时正好是发展经济学兴起的时期,倒U假说的提出引起了发展经济学家的浓厚兴趣,他们试图研究这样一个问题,即倒U假说在发展中国家是否存在?如果在经济发展的早期存在一个收入差距扩大的阶段,那么与收入分配的恶化二者之间的对立能否避免?如何找到某种合适的发展模式来避免这种情况的出现,就成为发展经济学从20世纪70年代到80年代中期的重要课题。

一、关于库兹涅茨倒U假说的争论

发展经济学家在运用发展中国家的资料研究倒U假说时,同时出现了相互对立的两种结论,一种认为发展中国家的经济增长与收入分配之间存在倒U形轨迹,另一种截然否定了这一结论。这说明,发展经济学家在分析时使用的实证方法、数据的选择等方面种类繁多,有必要对这些方面加以阐述。

研究倒U假说的方法一般有五种。其中最常用的是被称为"程式化事实"(Stylized facts)的回归方法。这种方法要求把与经济发展相关的收入分配变动与发展状况的具体指标比如人均国民生产总值相联系,建立回归模型,其中的相关联系没有必然的因果关系,所以称为"程式化事实"。这种方法可从阿德尔曼和莫里斯(1973年)、布劳尔格(M. Braulke, 1983)、钱纳里(H. R. Chenery, 1960)、钱纳里和泰勒(L. Taylor, 1968)、钱纳里和塞尔奎因(M. Syrquin, 1975)、克莱因(W. R. Clinee, 1972、1975)、克劳威尔(J. Cromwell, 1977)、奥希曼(H. T. Cshima, 1962、1970)、波克特(F. Paukert, 1973)等人的著作中得到。阿鲁瓦利亚（M.S. Ahluwalia, 1976）和鲍克（F. Pauker, 1973）对倒 U 假说的检验中都用到了这种方法。这种方法不是库兹涅茨使用的方法，而且它有明显的缺陷，因为回归方程中参数在不同国家不可能含义一样，由估算参数组成的结构，具有主观的人为性，但在发展中国家资料缺乏的情况下，这不能不说是一种简便的方法。

第二种方法称为"成分分解"方法，它把注意力集中于各个国家不平等的衡量上。森（1973 年）提出了这种衡量的方法，而菲尔兹（1980 年）则提出了它们怎样才能与分解过程联系起来。任何给定的指标 G 都是各部分 G_1, G_2, …, G_n 及其权数 w_1, w_2, …, w_n 和剩余 R 的和：

$$G = w_1G_1 + w_2G_2 + \cdots + w_nG_n + R$$

如果各部分是有意义的，那么这一公式就可用于揭示决定不平等的因素，包括与影响倒 U 假说相一致的因素。下列人员提供了有关分解的方法和数学公式，包括波吉嫩（F. Bourguignon, 1979）、费·拉尼斯和郭（S. W. Y. Kuo, 1978）、菲尔兹（1979a, 1979）、菲尔兹和费（1978）、帕特（G. Pyatt, 1976）、帕特·陈（C. Chen）、费（1980）、夏洛克（A. F. Shorrocks, 1982, 1983）和泰尔（H. Theil, 1979）。库兹涅茨的论述对此也有贡献，他建立了一个只含有两个部门即城市人口和农村人口的简单模型。在非正式的讨论中，他揭示了当城市化发生时，部门间人均收入的差别，部门内的分配和部门权数是怎样影响不平等的。在这种方法中，四类分类方法决定着对分解公式中各部分的实际选择，他们是：（1）根据空间，比如揭示地区间收入的集中度时；（2）根据进行城乡对比的经济部门来分类；（3）根据各种成分的收入类型划分，如工资、投资收入、土地所有权收入、转移收入等；（4）根据分析对象的重要社会经济特征，如家庭的大小、户主的年龄和性别、教育水平、收入获得者需抚养的孩子数。每一种分类决定了各种成分的数目，G 代表某一领域的不平等程度。假如剩余 R 很小，而各种成分之间的区别又比较大，这一等式就可用来表明各种成分的背后的因素是怎样影响总的不平等的。此外，考虑到有些成分的相对大小，从等式中还可推论出与结构转变相联系的定性结论。

第三种方法被称为"库兹涅茨过程"。它强调倒 U 假说只是一种推测，不是依据某种模型或理论推导出来的，倒 U 型分配不是不可避免的结果。在分析问题时，它一般运用分位数和总量指标进行经验的和数学的研究。这一方法注重对人口转移的分析，试图揭示：

（1）在什么条件下，倒 U 型假说会作为这种转移的必要推论而出现；

（2）收入的累积性分配函数而不是单个指标发挥作用的可行性；

（3）不平等扩大和缩小阶段出现的相对可靠度；

（4）通过指标选择来显示与倒 U 型假说相联系的不同转折点和函数形式。

由于运用累积性分配，并对各种工具性假设和对各种可选择指标加以多重对比，这一方法正受到重视。

第四种方法称为"历史"方法，与前两种方法不同的是，它侧重于对统计资料健全的发达国家收入分配的研究，因为收入分配长期波动的最初分析在形式上是历史的和定性的，通过对美、英等国家有关资料的描述和分析，以此来揭示分配的变动规律。它使用的分析方法包括各种正规和非正规技术，缺陷是没有精确的正规模型做支持。

最后一种方法是"计算机模型"方法。这种方法既可以使用实际资料，也可以使用假设资料模拟经济发展与收入分配的各种情况。它优于其他方法的特点是综合性、灵活性和明确性。

需要指出的是，发展经济学家研究倒 U 假说时，有的学者侧重于使用一种方法，有些学者综合使用了多种方法，他们在研究结论上的差异需要具体说明。另外，在资料的实证分析中，有两种方法：一种是横截面资料分析，它通过比较某一年或某一相近时期不同经济发展水平国家的收入分配不平等的程度来检验这一假说，这种方法适合于统计资料缺乏的发展中国家。另一种方法是时间序列分析，它通过测量一个国家在经济发展的各个时间序列上，收入分配不平等程度变化的动态过程来检验倒 U 假说。时间序列方法得到的结果要好于横截面资料分析，但由于它需要一个国家长时间系统而连续的国民经济统计资料，发展中国家一般不具备这一条件，所以在倒 U 假说的检验上，多使用横截面资料。两种资料利用方法还有一个区别，即横截面资料涉及的国家总数多，而时间序列分析可以一国为对象，也可涉及多个国家。

从横截面资料的分析来看，阿德尔曼和莫里斯在 1973 年发表的《发展中国家的经济增长与社会平等》一书中，[①] 利用 43 个国家和地区的资料，选择了 35 个决定收入分配平等程度的经济、政治和社会因素指标，组成了一个指标体系。她们使用的分析方法是多重逐步回归分析方法。他们的研究表明，当发展中国家的经济增长从维持生存的农业经济向规模狭小的现代工业部门扩张时，收入分配的不平等程度一般会大幅度上升。60% 的穷人绝对收入和相对收入走向恶化，20% 的中等收入者的收入份额也会下降，只有处于顶端的 5% 的高收入者的收入份额显著上升。在加剧分配恶化的因素中，她们认为社会、经济、文化、政治、甚至自然条件都包括在内，其中有 6 种因素是最重要的，即（1）人力资源的改进率；（2）政府的直接经济活动；（3）社会经济的二元结构；（4）经济发展的潜力；（5）人均 GNP；（6）劳工运动的力量。这些变量对不同的收入群体会产生不同的影响，在这 6 个变量中，最能促进收入分配平等的政策是人力资源的改进和政府的直接经济活动。在他们的分析解释中，60% 的低收入者的收入在总收入中占较高比例的

---

① Adelman, I and morris, C. T. 1973. Economic Growth and Social Equality in Developing Counties, Stanford university press.

国家分为两类：一种是以维持生存的农业占统治地位的不发达经济；另一类是以人力资本明显不断改进的迅速发展的经济，他们分别处于样本国家的两端，他们的这一结论基本上支持了库兹涅茨的倒 U 假说。同年，鲍克（F. Pauker）利用 56 个发展中国家和发达国家的资料进行了分析。[1] 他利用基尼系数作为衡量不平等的标准，以人均 GDP 为标准将 56 个国家分为 7 组，研究表明基尼系数与人均 GDP 之间呈倒 U 型关系。在人均 GDP 低于 100 美元的最低收入组中，这些国家基尼系数较低。当进入 100 美元以上组别中时，基尼系数的平均值上升。人均 GDP 处于 300 美元~500 美元的第四组国家的基尼系数均值最高，这是库兹涅茨倒 U 曲线的拐点，在人均 GDP1000 美元以上的第六组和第七组国家里，基尼系数的均值开始下降。鲍克的横截面资料也证实了库兹涅茨倒 U 假说。随后，在 1976 年，阿鲁瓦利亚（M. S. Ahluwalia，1976）利用多重回归分析方法，先后对 62 个和 66 个国家的横截面资料对库兹涅茨假说进行了重新研究。[2] 在这些国家中，包括 14 个发达国家和 6 个前社会主义国家，剩下的是第三世界不发达国家。他的研究分为两个方面，一方面研究收入分配与以人均 GNP 表示的经济发展水平的长期关系；另一方面研究收入分配不均等与以人均 GDP 表示的经济增长率之间的短期关系。他的研究结果主要是：

第一，对于收入分配不平等与经济发展水平之间的长期关系的分析结果支持了库兹涅茨倒 U 假说。他的分析证明，人均 GNP 的对数与不同百分比的人口的收入份额之间有统计关系，随着人均 GNP 的上升，40% 低收入阶层的收入份额开始下降，然后趋于上升，20% 高收入阶层的收入份额开始上升，然后下降，从而又一次证明了库兹涅茨的倒 U 假说。

---

[1] Poauker, F, 1973. Income distribution at different levels of development: a survey of evidence. International Labor Review 108. (August—september).

[2] Ahluwalia, M, S, 1976. Income distribution and development: some stylized facts. American Economic Review 66 (2), May.

第二，收入分配不平等是经济增长率之间短期关系分析的结果否定了经济增长必然使不平等扩大的观点。20世纪70年代在发展经济学界流行着一种悲观论调，认为高增长率会导致相对不平等上升，增长与分配平等是不相容的。阿鲁瓦利亚的实证研究结果否定了这一观点。在他的回归方程中，GDP的平均增长率是解释变量，他用该变量的系数来测量在一个既定的人均收入水平上分配与增长的短期关系，回归方程的结果是解释变量的系数为正，这表明，经济增长与分配目标是不冲突的，从而驳斥了当时的一种错误观点，这是阿鲁瓦利亚得出的最重要结论。这一结论对20世纪70年代中期发展经济学的看法有重大矫正作用。中国台湾省20世纪50年代到90年代的高速增长与平等分配的事实也在实践上验证了阿鲁瓦利亚的实证分析结果。[①] 值得注意的是阿鲁瓦利亚的长期分析结果和短期分析结果是有矛盾的。实际上，任何一种长期分析的结果并不必然与短期结果相一致，因为一方面决定收入分配不平等与经济增长关系的因素非常多，短期内的因素组合在长期内会发生结构变化，从而有可能产生另外一种结果；另一方面，短期的数据放在一个较长的时期来看，可能没有代表性，尤其是从均值来看，也是正常的。

第三，发展中国家收入分配的不平等主要是因为占总人口40%~60%的最穷的阶层的收入份额太低。这与库兹涅茨的研究结论不同。库兹涅茨认为，发展中国家较高的收入不平等可能是由于最高收入群体和中等收入群体之间的差距较大，建议国家应该注重提高中等收入群体的收入份额。

第四，阿鲁瓦利亚区分了决定收入分配的结构因素和政策因素。他将收入水平视为结构因素，把人口增长和教育水平作为政府可以影响的政策因素，强调政府的干预和调控。

发展经济学家在20世纪70年代对一些国家资料的时间序列也做

---

① 李国鼎：《台湾经济高速发展的经验》，东南大学出版社1993年版。

出了有价值的分析。菲尔兹研究了 12 个发展中国家 20 世纪 50 年代到 70 年代的资料，得出了与横截面资料不同的结果：[1]（1）与库兹涅茨的分析不同的是，在 12 个国家中，有 4 个国家（哥斯达黎加、巴基斯坦、新加坡、斯里兰卡）的收入不平等与中国台湾省一样，一直在下降，印度的曲线呈波浪形，城市基尼系数先升后降；（2）阿鲁瓦利亚认为 400 美元是库兹涅茨倒 U 曲线的拐点，过了这一点之后，收入不平等不会再扩大，但菲尔兹的分析表明，有 4 个国家（墨西哥、波多黎各、巴西、阿根廷）在人均收入高于 700 美元后，基尼系数仍然在上升。阿鲁瓦利亚和钱纳里等人在 20 世纪 70 年代也研究了 18 个国家和地区的时序资料，分析了随着 GNP 的增长，40% 的低收入群体收入份额的变动。[2] 他们的研究表明，有 6 个国家和地区的 40% 最穷人口的收入增长高于经济增长率，有 11 个国家的收入增长率低于经济增长率，有 1 个国家（韩国）的收入增长率等于经济增长率。

二、简单评价

从发展经济学家在 20 世纪 70 年代至 80 年代对库兹涅茨倒 U 假说的验证来看，横截面资料分析一般都支持倒 U 假说，但是，在时间序列资料的分析结果中，有支持的，也有否定的。我们认为，在对库兹涅茨倒 U 假说的分析中，应该认识到它只是一个假说，并不是已被证明具有永恒性的规律。我们不能因为有的分析支持它就认为它是真理，也不能因为有的分析否定了它，就认为它是谬误，要用马克思主义的辩证唯物主义来指导我们的研究和认识，认识到世界是多样性的统一，一种存在不能否认另一种存在，从事任何研

---

[1] Fields, G. S. 1980, Poverty, Inequality, and Development, Cambridge: Cambridge university press.

[2] Chenery, H, Ahluwalia, M. S. Andothers, 1974. Redistribution with Growth, Oxford university press.

究工作都要坚持实事求是，一切从实际出发，从纷繁的复杂的世界中找出符合事物本来面目的规律性认识。

第三节 库兹涅茨（Kuznets）倒 U 假说的新进展和我国城镇居民收入分配的倒 U 检验

发展经济学界对库兹涅茨倒 U 假说的检验从 20 世纪 70 年代到现在，一直持续不断，这一方面是因为研究人员可以获得比以前系统、全面、长期的统计资料；另一方面，进入 90 年代以后，库兹涅茨倒 U 假说更多地依据数学模型来分析，并将这一研究方法推向其他领域。

20 世纪 90 年代的一项重要研究是由哈里·T·奥希曼（Harry. T. Oshima, 1992）作出的，[①] 他利用亚洲 4 个国家和地区的资料做了横截面分析，证明亚洲国家和西方发达国家一样，经济增长与收入分配不平等之间也呈现倒 U 形曲线，但两者之间也有明显区别：第一，西方发达国家的基尼系数一般在 0.45 以上，亚洲国家的基尼系数小于 0.45，前者的倒 U 曲线在同一坐标轴上显著地位于后者的上方；第二，亚洲国家的拐点出现得比西方国家早，下降得也比西方国家早。亚洲国家在人均收入不到 1000 美元（1972 年价格）时就出现峰值，许多国家甚至在 500 美元就已出现，而西方国家的峰值一般出现在 2000 美元左右。西方国家人均收入达到 2000 美元左右时已经实现了工业化，工业部门雇佣的劳动力人数 2 倍于农业部门的人数。与之相反，亚洲国家中，中国台湾省在 1950 年时，农业部门的劳动力人数数倍于工业部门的人数，当时的韩国这一比例高达 6 或 7 倍。奥希曼对于这一差别做了分析，他认为西

[①] Oshima, H, T, 1992. Kuznets' curve and Asian in come distribution trends, Hitotsubashi Journal of Economics. 33.

第四章 中国城镇居民收入差距的测算与定量描述Ⅱ：动态分析

方国家倒 U 曲线的形状受下列因素影响：（1）人口因素。刚开始时，人口增长率上升很快，主要原因是人口死亡率下降；（2）早期阶段，城市化速度和迁移率很高，然后趋于下降；（3）19 世纪储蓄率低，20 世纪后储蓄率上升了；（4）蒸汽机技术在 19 世纪的大工业中普遍使用，而农业部门和服务业却很少使用。

这一切因素促使西方国家收入分配不平等延续了较长时期。亚洲国家在拐点之前的曲线是推测出来的，理由是亚洲国家农业占支配地位，大多数农民只拥有不到 2 英亩的土地来维持生存，非常少的一部分大农户靠向城市市场销售农产品来维持生存，他们属于中等收入阶层，还有一小部分农场主拥有大块土地并做些生意，属于上层收入户；而城镇居民户多属于中等收入户和下层收入户，所以收入比较平均。随后不平等的快速上升是由于现代工业部门的扩张拉大了城乡差距。值得注意的是，以往的发展经济学家一般关注的是整个国家收入分配的倒 U 曲线，而奥希曼则首次建立了检验亚洲国家城镇居民的倒 U 曲线，与整个国家的倒 U 曲线相比，城镇居民的收入分配比较平等，曲线比较平缓，但整体上仍呈倒 U 形。奥希曼对城镇倒 U 曲线的解释是，城镇居民在初始阶段时，一般是小业主或传统的手工业工人占多数，一小部分是商人、店主、房东、职业公务员等，收入比较平均。现代工业在城镇出现后，收入差距逐渐扩大，这是因为：（1）位于收入上层的商人阶层和新兴产业职工的收入比众多夕阳产业职工的收入增长快，而且大都市的人们收入增长快，其他城镇的人们的收入可能根本不会增长；（2）第三产业和高科技产业部门的收入相对于传统的服务业、公务员阶层等部门和行业的收入增长快。后来，城镇居民收入差距的缩小是由于现代科学技术的扩散大大提高了城镇居民收入较低群体的收入，亚洲发展中国家社会政治和习惯的转变，改变了人们的陈旧观念，劳动力流动性大大增强，增加了低收入群体的收入。

进入 20 世纪 90 年代以后，研究库兹涅茨倒 U 假说的学者群体，已经由发展经济学家转向新古典经济学派的经济学家，① 这一转变也引起研究方法和指导思想的根本改变，从发展经济学家对库兹涅茨倒 U 假说的实证分析和检验，转向纯数学模型的分析，新古典经济学派经济学家现在已经不争论库兹涅茨倒 U 假说在某一时期某些国家或地区是否存在，而是采取既不肯定也不否定的态度，从经济模型上推论在什么条件下会产生库兹涅茨倒 U 曲线。在研究库兹涅茨倒 U 曲线上，另一个显著变化是新古典经济学派经济学家摒弃了一些发展经济学家将收入不平等与传统经济增长模型相联系的做法，而是吸收了 20 世纪 80 年代以来新古典主义宏观经济学和新凯恩斯主义在新增长理论方面的研究成果，将以知识为内生变量的新经济增长模型与收入不平等联系起来，建立起以知识或人力资本收益递增为基础的库兹涅茨倒 U 模型。

新古典主义宏观经济学和新凯恩斯主义关于库兹涅茨倒 U 模型的具体研究内容繁杂、观点林立。比较有代表性的研究成果主要有下列一些学者的论文：查里斯·I·琼斯（Charles. I. Jones, 1997）、艾里卡·戴特拉杰（Enrica Detragiache, 1998）、杰哈德·格罗姆（Gerhard Glomm）和 B·拉维库玛（B. Ravikumar, 1992、1998）、W·亨利·邱（W. Henry chiu, 1998）、hong Yi Li 和 HENG-fu zou，(1998) 詹姆士·W·爱拉勃莱彻（James. W. Albrecht）、和苏姗·B·弗罗曼（Suson B. Vroman, 1998）、杰里米·格林沃德（Jeremy Greenwood）和波耶·久凡诺维奇（Boyan Jovonovic, 1990）、克劳斯·戴宁格（Klaus Deiniger）和琳·斯科（Lyn Squire, 1998）、欧戴德·盖勒（Oded Galar）和约瑟夫·切拉（Joseph Zeire, 1992）、拉奎尔·弗南戴茨（Raquel Ferna'ndez）和理查德·罗格森（Richard Rogerson, 1998）等。

下面，我们利用统计资料，对世界上 86 个国家的收入分配不平等状况进行比较分析，见表 4-1（1）。这 86 个国家中，既有较

---

① 《1998~1999 年世界发展报告》，中国财政经济出版社 1999 年版。

落后的发展中国家,也有新兴的工业化的发展中国家,还包括所有发达国家。我们用基尼系数作为衡量不平等的标准,并利用 K—均值快速聚类法将 86 个国家按三个基尼系数类中心分为低、中、高三类,每一个国家都附上他们各自的以购买力平价计算的人均 GNP 以反映经济发展水平。三个基尼系数类中心分别为:40.76、55.2 和 28.8722。其中属于 40.76 类中心的一类共包括 30 个国家,除了少数几个发达国家外,大多数国家属于处于经济发展初级阶段的发展中国家。属于 55.2 为类中心的有 20 个国家,大多数拉美国家包括在内,还有一些非洲和亚洲国家。以 28.8722 为类中心的有 36 个国家,大多数发达国家属于基尼系数最低的这一类,另外有一些经济发展水平低的发展中国家。

从表 4-1（1）可以看出,发展中国家一般基尼系数属于最高和较高的两类中,而发达国家中的大多数属于基尼系数最低的一类,从而基本上支持了库兹涅茨倒 U 假说。

表 4-1（1）　86 个国家的基尼系数与人均 GNP（PPP）

Gini 类中心为 40.76 的国家	基尼系数	按购买力平价计算的人均 GNP（1997 年美元）
阿尔及利亚	35.3	4580
中国	41.5	3570
哥斯达黎加	47	6410
科特迪瓦	36.9	1640
厄瓜多尔	46.6	4820
爱沙尼亚	39.5	5010
几内亚	46.8	1850
爱尔兰	35.9	16740
以色列	35.5	16960
牙买加	41.1	3470
约旦	43.4	3430
吉尔吉斯	35.5	2040
马达加斯加	43.4	910
毛里塔尼亚	42.4	1870
摩洛哥	39.2	3130
尼泊尔	36.7	1090

续表

Gini 类中心为 40.76 的国家	基尼系数	按购买力平价计算的人均 GNP（1997 年美元）
尼日尔	36.1	920
尼日利亚	45	880
秘鲁	44.9	4390
菲律宾	42.9	3670
瑞士	36.1	26320
泰国	46.2	6590
突尼斯	40.2	4980
土库曼	35.8	1410
乌干达	40.8	1050
美国	40.1	28740
委内瑞拉	46.8	8530
越南	35.7	1670
也门	39.5	720
赞比亚	46.2	890
巴西	60.1	6240

Gini 类中心为 55.2 的国家	基尼系数	按购买力平价计算的人均 GNP（1997 年美元）
智利	56.5	12080
哥伦比亚	57.2	6720
多米尼加	50.5	4540
萨尔瓦多	49.9	2810
危地马拉	59.6	3840
几内亚比绍	56.2	1070
洪都拉斯	53.7	2200
肯尼亚	57.5	1110
莱索托	56	2480
马来西亚	48.4	10920
墨西哥	50.3	8120
尼加拉瓜	50.3	2370
巴拿马	56.8	7070
巴布亚新几内亚	50.9	2390
巴拉圭	59.1	3870
塞内加尔	54.1	1670
塞拉利昂	62.9	510
南非	58.4	7490
津巴布韦	56.8	2280

续表

Gini 类中心为 28.8722 的国家	基尼系数	按购买力平价计算的人均 GNP（1997 年美元）
澳大利亚	33.7	20170
奥地利	23.1	21980
孟加拉	28.3	1050
白俄罗斯	21.6	4840
比利时	25	22370
保加利亚	30.8	3860
加拿大	31.5	21860
捷克	26.6	11380
丹麦	24.7	22740
埃及	32	2940
芬兰	25.6	18980
法国	32.7	21860
德国	28.1	21300
加纳	33.9	1790
匈牙利	279	7000
印度	29.7	1650
印度尼西亚	34.2	3450
意大利	31.2	20060
哈萨克	32.7	3290
老挝	30.4	1290
拉脱维亚	27	3650
立陶宛	33.6	4510
荷兰	31.5	21340
挪威	25.2	23940
巴基斯坦	31.2	1590
波兰	27.2	6380
罗马尼亚	25.5	4290
俄罗斯	31	4190
卢旺达	28.9	630
斯洛伐克	19.5	7850
斯洛文尼亚	29.2	12520
西班牙	32.5	15720
斯里兰卡	30.1	2460
瑞典	25	19030
乌克兰	25.7	2170
英国	32.6	20520

资料来源：《1999 年世界发展报告》，中国财政经济出版社 1999 年版。

我们再换一个角度，以人均 GNP 为划分标准将 86 个国家分为 9 组，来考察这些国家经济发展水平与收入分配不平等（Gini）之间的关系，见表 4-1（2）。

表 4-1（2）　86 个国家按人均 GNP 分组的概况与基尼系数

国家	基尼系数	按购买力平价计算的人均 GNP（1997 年美元）
1000 美元以下：		
卢旺达	28.9	630
马达加斯加	43.4	910
尼日尔	36.1	920
尼日利亚	45	880
也门	39.5	720
赞比亚	46.2	890
塞拉利昂	62.9	510
组平均值	43.14	780
1001~2000 美元		
科特迪瓦	36.9	1640
几内亚	46.8	1850
几内亚比绍	56.2	1070
肯尼亚	57.5	1110
毛里塔尼亚	42.4	1870
尼泊尔	36.7	1090
土库曼	35.8	1410
乌干达	40.8	1050
越南	35.7	1670
塞内加尔	54.1	1670
孟加拉	28.3	1050
加纳	33.9	1790
印度	29.3	1650
老挝	30.4	1290
巴基斯坦	31.2	1590
组平均值	34.18	1453.33
2001~3000 美元		
萨尔瓦多	49.9	2810
洪都拉斯	53.7	2200
莱索托	56	2480
尼加拉瓜	50.3	2370
巴布亚新几内亚	50.9	2390

第四章　中国城镇居民收入差距的测算与定量描述Ⅱ：动态分析

续表

国家	基尼系数	按购买力平价计算的人均GNP（1997年美元）
埃及	32	2940
斯里兰卡	30.1	2460
乌克兰	25.7	2170
吉尔吉斯	35.3	2040
津巴布韦	56.8	2280
组平均值	44.07	2414
3001~4000美元		
中国	41.5	3570
牙买加	41.1	3470
约旦	43.4	3430
危地马拉	59.6	3840
巴拉圭	59.1	3870
保加利亚	30.8	3860
印度尼西亚	34.2	3450
哈萨克	32.7	3290
拉脱维亚	27	3650
摩洛哥	39.2	3130
菲律宾	42.9	3670
组平均值	41.05	3566.36
4001~5000美元		
阿尔及利亚	35.3	4580
厄瓜多尔	46.6	4820
多米尼加	50.5	4540
秘鲁	44.9	4390
突尼斯	40.2	4980
白俄罗斯	21.6	4840
立陶宛	33.6	4510
罗马尼亚	25.5	4290
俄罗斯	31	4190
组平均值	36.58	4571.11
5001~7000美元		
爱沙尼亚	39.5	5010
哥斯达黎加	47	6410
巴西	60.1	6240
哥伦比亚	57.2	6720
泰国	46.2	6590

中国城镇居民收入差距

续表

国家	基尼系数	按购买力平价计算的人均 GNP（1997 年美元）
匈牙利	27.9	7000
波兰	27.2	6380
组平均值	43.59	6335.70
7001~10000 美元		
巴拿马	56.8	7070
南非	58.4	7490
斯洛伐克	19.5	7850
墨西哥	50.3	8120
委内瑞拉	46.8	8530
组平均值	46.36	7812
10001~20000 美元		
爱尔兰	35.9	16740
以色列	35.5	16960
智利	56.5	12080
捷克	26.6	11380
芬兰	25.6	18980
斯洛文尼亚	29.2	12520
西班牙	32.5	15720
瑞典	25	19030
马来西亚	48.4	10920
组平均值	35.02	14925.56
20000 美元以上		
瑞士	36.1	26320
美国	40.1	28740
澳大利亚	33.7	20170
奥地利	23.1	21980
比利时	25	22370
加拿大	31.5	21860
丹麦	24.7	22740
法国	32.7	21860
德国	28.1	21300
意大利	31.2	20060
荷兰	31.5	21340
挪威	25.2	23940
英国	32.6	20520
组平均值	30.42	22553.85

资料来源：《1999 年世界发展报告》，中国财政经济出版社 1999 年版。

第四章 中国城镇居民收入差距的测算与定量描述 II：动态分析

观察的结果表明，在人均收入处于 1000 美元以下的最低一组中，基尼系数值较高，在 1001~2000 美元的第二组中，基尼系数值较低，随着人均 GNP 的逐步上升，虽然中间有些波动，但总体趋势在上升，在人均 GNP 水平处于 7001~10000 美元的一组国家中，基尼系数的均值最大，在高于 10000 美元的后两组中，基尼系数值显著下降。可见，人均 GNP 处于 7001~10000 美元之间的数值是库兹涅茨倒 U 曲线的拐点。从整体上看，我们的横截面资料支持库兹涅茨倒 U 假说。也应该指出的是，从整体上来看的趋势，并不否定在人均 GNP 的中等收入水平上呈现出与总趋势不同的波动，任何事物都是普遍性和特殊性的统一。

在对库兹涅茨倒 U 假说进行了全面考察之后，我们将考察的重点转向我国从 1985 年实行城市经济体制改革到进入新世纪前的一段时期内，城镇居民收入差距变化的动态轨迹。

一直到 20 世纪 80 年代中期之前，我国城镇居民分配领域的一个显著特点是平均主义盛行，最高收入户与最低收入户的收入之比小于 1.5 倍，基尼系数大约在 0.16 左右，[①] 从国际惯例来看，属于绝对平均分配。这种情况出现的原因，一方面是在一大二公的传统计划经济体制下，城镇居民除了劳动收入之外，不再有非劳动生产要素收入，从而保证了收入差距不会很大；另一方面是由中国特殊的国情形成的。我国人口众多，就业问题是历届政府首先要考虑的大事，20 世纪 60 年代下半期，为了解决城镇居民失业日益严重的状况，当时政府号召知识青年上山下乡，将就业压力推向农村，同时，在政策上，政府为了尽量保证城镇劳动力的就业，在建国后到20 世纪 80 年代中期，长期推行"高就业、低工资"的就业政策，形成了平均分配的现实。绝对平均是和绝对无效率相一致的。从理论上看，按劳分配是以承认每个人的天赋、体力和努力程度的区别

---

① 国家统计局估算的 1978 年城镇基尼系数值为 0.16。Adelman Sunding 的估计值是 0.165；世界银行估计的 1980 年城镇的基尼系数是 0.16。

为前提的，它强调有劳动能力的人多劳多得，少劳少得，不劳不得。而在传统计划经济体制下，出工不出力，干多干少一个样的分配体制已经严重违背了马克思主义的按劳分配原则。我们可以用博弈论来说明这一问题，（见表4-2）。

表4-2（1）　　　　公有制企业平均分配博弈矩阵

	P1	
P2	E　E　Y (100)(100)(10000)	E　D　Y (100)(100)(5000)
	D　E　Y (100)(100)(5000)	D　D　Y (100)(100)(1000)

表4-2（2）　　　加入激励机制的公有制企业博弈矩阵

	P1	
P2	E　E　Y (100)(100)(10000)	E　D　Y (100)(50)(5000)
	D　E　Y (50)(100)(5000)	D　D　Y (50)(50)(1000)

从表4-2中，用P1和P2分别代表公有制企业中的任意两个职工，E表示努力工作，D表示磨洋工，Y代表国民生产总值。三个字母下面的圆括号内的数值是各自的收益。

首先看表4-2（1）中平均分配时的情况，在传统计划经济体制下，不论工作多还是少，P1和P2都有100单位的收入，这时对任何一个职工来说，采取磨洋工的方式都是优超策略，所以（D，D）策略就成为稳定的纳什均衡，谁都没有动力去打破这一对已有利的均衡。在四种策略组合中，对国家影响最大。它本来希望得到（E，E）的策略组合，这时国家的收益是10000单位，但博弈的结果是得到了它最厌恶的结果（D，D）策略组合，在这一策略下，它的收益只有1000单位，损失很大。为了摆脱这一困境，必须使收入有区别,使工作努力与磨洋工的两类工人获得不同报酬。在表4-2(2)中,我们看到,如果P1和P2都采取努力工作这一选择,他们都将得到100单位的收入,但作为理性的经济人,每一个都想偷懒,假设P1采取磨洋工(D)的偷懒行为,他的收入只有50单位,而努力工作的P2得到了100单位的收入,在差别收入的激励下,P1将不会选择这一战略,反过来也一样,P1努力工作获得高收入时,P2也不会选择磨洋工战略。这样看来,对任何一个职工来说,采取努力工作(E)战略是最优策略,从而(E,E)组合就是加入激励机制后公有制企业职工博弈的纳什均衡,在这种策略组合下,政府的收益也最大,达到了预期的目的。

我国在80年代中期以后进行的一系列分配体制改革,尤其是工资制度改革,正是遵循上述博弈模型中的思路,加强了激励约束机制,才大大提高了公有制企业的效率,从而逐步拉开了收入差距,党的十四大确立社会主义市场经济体制后,政策允许人们在获得劳动收入外,还可以获得非劳动生产要素收入,这一指导思想的转变,在多种所有制形式并存的体制转轨时期,必定会加大分配的差距。我们在本章中的一个重要任务,就是根据我国城镇居民的收入分配差距在改革开放后随着经济总量和结构的变化所呈现出的上升趋势,试图模拟出城镇居民收入分配差距与经济增长之间的动态演变轨迹,检验我国城镇居民的分配状况是否呈现库兹涅茨倒U形分布,从而为我国政府决策机构的分配政策提供依据(见表4-3)。

表4-3　　中国城镇居民人均可支配收入与基尼系数

	人均可支配收入（元）	人均可支配收入增长（%）	按收入等级划分的城镇收入基尼系数	按城市规模划分的城镇收入基尼系数
1985	739.1	33.4	0.268	—
1986	899.6	22.1	0.2648	0.0212
1987	1002.2	4.4	0.2636	0.0612
1988	1181.4	-4.4	0.2752	0.05
1989	1375	1	0.3	0.2708

续表

	人均可支配收入（元）	人均可支配收入增长（%）	按收入等级划分的城镇收入基尼系数	按城市规模划分的城镇收入基尼系数
1990	1510.2	15.3	0.272	0.0644
1991	1700.6	14.3	0.2616	0.0664
1992	2026.6	20.5	0.2716	0.0592
1993	2577.4	22.2	0.2968	0.0844
1994	3496.2	21.7	0.2344	0.0888
1995	4283	13.5	0.2292	0.082
1996	4838.9	11.3	0.4488*	0.086
1997	5160.3	10.3	0.3004	0.076

注释：1. 可比价格以1978年为基础。
2. 标*者为异常值。
3. 人均可支配收入增长率为实际增长率。
资料来源：1986~1998年《中国统计年鉴》。

由表4-3可知，除1988年外，中国城镇居民的人均可支配收入始终保持上升趋势。在1987年、1988年、1989年3年中，城镇居民可支配收入的实际增长率低于GNP年增长率，其他年份中城镇居民人均可支配收入增长最快的时期有两个，一个是城市改革初期的1985年和1986年，另一个是治理整顿后的1992~1994年。基尼系数从1985年以来总体上呈上升趋势。但按城市规模计算出的基尼系数明显小于按收入等级计算出的基尼系数，这说明我国各城镇居民间收入差距很小。

我们通过对城镇居民收入的基尼系数和人均可支配收入进行一元二次回归分析（因为缺少1978~1984年间的数据，我们的数据从城市改革开始的1985年算起。），得出回归结果如下：

$$GIni = -1.642 + 0.527 \ln y - 0.036 \ln^2 y$$

(2.256) (-2.323) 回归方程的复相关系数 $R = 0.729$, $R^2 = 0.532$, $\overline{R}^2 = 0.415$, $F0.01(2, 8) = 8.65 > 4.54$,

回归模型通过F检验，一次项和二次项通过置信区间为95%的T检验（圆括号内为T检验值）。D.W = 2.36，方程通过自相关性检验。

回归方程的二次项为负,说明城镇居民收入差距与人均可支配收入两者关系形成的曲线呈开口向下的抛物线形状,从而证明库兹涅茨倒 U 假说适用于对中国城镇居民收入分配与经济增长动态轨迹的描述。我们对函数两边求导,得到:

$$\frac{dG}{dlny} = 0.527 - 0.072 lny$$

显然,dG/dlny = 0 时,Gini 取得最大值,即 lny = 7.32,y = 1510.2 元时,城镇居民收入差距最大。1978 年时的 1510.2 元按可比价计算相当于 1995 年的 6487.82 元,即 781.66 美元。

1997 年中国人均可支配收入为 621.7 美元,(按购买力平价计算为 3570 美元)。可以看出,中国城镇居民的内部收入差距正处于上升阶段,它将在中国城镇居民人均可支配收入达到 781.66 美元左右的时候到达最高点。

第五章

21世纪初期中国城镇居民收入差距分析

经过近30年的改革开放,我国已经初步建立了社会主义市场经济体制的基本框架,国民经济结构已经由国有制一统天下的格局发展为公有制为主体,多种所有制形式并存的局面。党的十五大又进一步确立了按劳分配和按生产要素分配相结合的分配原则。这一社会主义初级阶段的分配原则,既是理论上对马克思主义政治经济学的重大创新和发展,也是对体制过渡时期我国居民分配实践的经验概括,为深化我国分配制度改革和完善社会主义市场经济体制下的分配模式奠定了基础。21世纪之初,我国加入了世界贸易组织(WTO),这一重大事件标志着我国的经济建设和改革开放进入了一个新阶段。为揭示21世纪初期我国城镇居民收入差距的变动规律,我们利用泰尔熵(Theil's entropy)算法和Lerman-Yitzhaki算法对2000年以来的数据进行分析,得到了近几年来收入差距变化的准确数据。

第一节 21世纪初期中国城镇居民收入分配的总体和分层差距

改革开放以来,我国国民经济以每年9%以上的速度保持高速增长,城镇居民个人收入总量迅速增加,人均可支配收入由1985

年的739.1元提高到2003年的8472.2元，增长约11.5倍，年均增长13.7%，远高于GDP增长率。(见图5-1、图5-2)：

一、城镇居民可支配收入与增长率

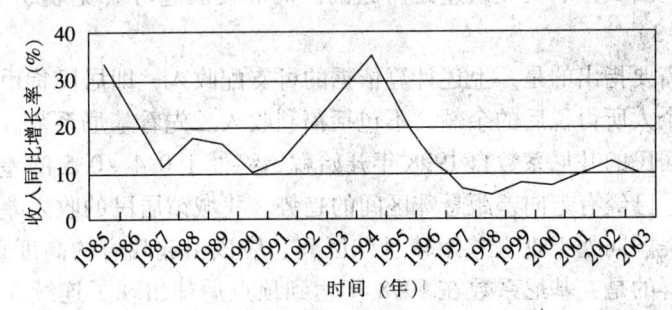

图5-1 收入同比变化率

资料来源：1986~2004年各年《统计年鉴》；可比价格以1978年为基础。

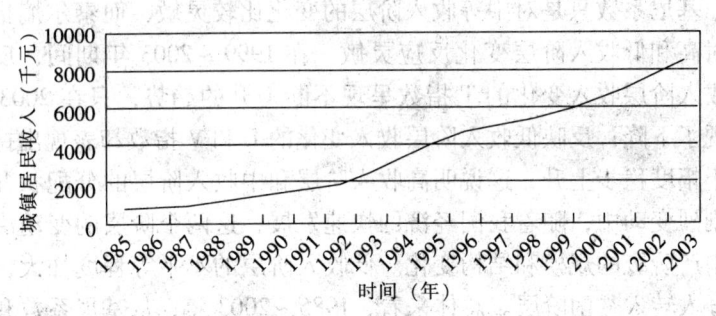

图5-2 收入趋势

资料来源：同图5-1。

自1985年城市经济改革以来，人均可支配收入增长率一直高于GDP比例增长率，说明城镇居民可支配收入总量在GDP中所占比例上升，但是各个收入阶层的收入水平并不会同比例变化，收入差距在体制转轨过程中必然产生变动。

二、城镇居民的分层收入差距

我们利用基尼系数和泰尔熵T，L和V指数对此进行综合比较，据以判断城镇居民收入差距所处的区间和发展趋势（见表5-1和图5-3）。

需要指出的是，上述计算依据的可支配收入，即居民货币收入扣除个人所得税后的余额，不包括福利收入。先看基尼系数。我国城镇居民的基尼系数自1998年开始就始终处于0.4~0.5的差距范围内，已经有走向差距悬殊区间的趋势。我城镇居民的收入差距已经和美国同处于收入差距较悬殊区间，应该引起政府的高度重视。但可喜的是：基尼系数在1998年达到顶点后却出现了连续5年缓慢下降的走势。单从这一指标看，应该是验证了邓小平的新世纪拐点预见。

基尼系数只是对中等收入阶层的变化比较灵敏，而泰尔熵指数则对高和低收入阶层变化反应灵敏。在1999~2003年期间，反映高收入阶层收入变化的T指数呈现不断上升的趋势，只在2003年出现了下降；反映低收入阶层收入变化的L和V指数却表现出持续的小幅度稳步上升，这说明高收入阶层和中收入阶层的分配状况处在剧烈变动中，随着我国经济的快速发展，这两个阶层的变动决定着中产阶级的规模和结构变化。低收入阶层的不平等程度加大，一部分人转入贫困阶层。总体来看，1985~2003年，从基尼系数和泰尔熵指数来看，大体经历了平—低—高的过程，基尼系数在1998年达到高峰值，与本期国民经济高速非均衡增长有关。泰尔熵L和V指数在同期有大幅下降，尤其是L指数，1996年以后较长时间低于0.1，这表明低收入阶层分配更加平等，即普遍贫困化了。这些数据的波动显然是和我国国民经济的波动相适应的。这也充分说明，整个体制过渡时期的城镇居民收入分配状况是波动幅度较大的，这是一种不成熟的状况。可以预见，在我国社会主义市场经济体制成熟之前，在体制过渡时期各利益集团的博弈未达到均衡之前，这种不平等指数的波动不可避免。

表5-1　城镇居民基尼系数和泰尔熵指数（1985~2003年）

指数 index 年份 year	基尼系数 Gini coefficient (G)	泰尔熵指数 Theil's entropy measure (T)	泰尔熵第二测算指数 The second Theil's entropy measure (L)	对数方差指数 Log variance index (V)
1985	0.268	0.129	0.116	0.202
1986	0.265	0.131	0.116	0.202
1987	0.264	0.131	0.118	0.204
1988	0.275	0.138	0.124	0.214
1989	0.271	0.143	0.128	0.22
1990	0.272	0.139	0.125	0.215
1991	0.262	0.132	0.119	0.206
1992	0.272	0.16	0.131	0.224
1993	0.297	0.167	0.149	0.252
1994	0.234	0.177	0.158	0.266
1995	0.229	0.17	0.152	0.256
1996	0.449	0.296	0.049	0.253
1997	0.3	0.181	0.161	0.271
1998	0.494	0.081	0.073	0.245
1999	0.487	0.086	0.076	0.246
2000	0.4784	0.091	0.08	0.253
2001	0.476	0.097	0.086	0.263
2002	0.417	0.157	0.113	0.31
2003	0.41	0.133	0.12	0.315

注释：1. G对中等收入阶层反应灵敏，L和V对低收入阶层收入变化反应灵敏；T对高收入阶层收入变化反应灵敏。
2. 测算方法：Lambert, peter J. And Richard Aronson. "Inequality Decomposition Analysis and the Gini Coefficient Revisited". Economic Journal. 103, No. 402, 1993.

资料来源：《中国统计年鉴》1986~2004年。

中国城镇居民收入差距

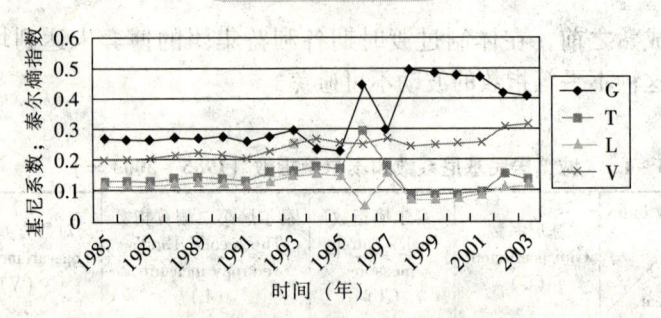

图 5-3　各阶层收入差距趋势

三、以家户为基础的分层收入差距

我们在分析了以人口为单位的差距后，再以家庭户为单位进行分析。根据《中国统计年鉴》的分组，我国城镇居民家庭按五等分法分为五个组，八个类别。我们分别采取收入不良指数（D），阿鲁瓦利亚指数（A），库兹涅茨指数（K）进行差距判定。（见表5-2和图5-4）。

表 5-2　分阶层城镇居民收入差距（1985~2003年）

年 份	1985	1986	1987	1988	1989	1990	1991	1992	1993	1994
收入不良指数（D）	2.294	2.340	2.322	2.422	2.489	2.451	2.332	2.535	2.771	2.981
阿鲁瓦利亚指数（A）	0.296	0.293	0.294	0.288	0.284	0.286	0.294	0.281	0.268	0.258
库兹涅茨指数（K）	0.411	0.416	0.416	0.423	0.428	0.424	0.418	0.430	0.451	0.457

年 份	1995	1996	1997	1998	1999	2000	2001	2002	2003
收入不良指数（D）	2.878	2.869	3.120	3.246	3.378	3.610	3.817	5.151	5.388
阿鲁瓦利亚指数（A）	0.263	0.263	0.252	0.246	0.241	0.232	0.225	0.190	0.185
库兹涅茨指数（K）	0.451	0.451	0.462	0.468	0.475	0.483	0.494	0.539	0.549

从反映最高20%收入阶层和最低20%收入阶层比例的收入不良指数（D）看，两个阶层的收入差距持续扩大，从1985年的2.3倍扩大到2003年的5.4倍，收入差距急剧上升；阿鲁瓦利亚指数

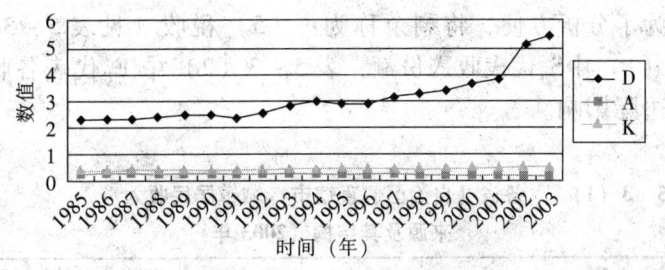

图 5-4　D、A、K 指数曲线

资料来源：《中国统计年鉴》1986~2004 年各期。

（A）反映收入最低 40% 阶层的收入份额，它从 1985 年的 0.296 一直下降到 2003 年的 0.185，近 20 年间，低收入阶层的收入份额下降了 38%；从反映最高 20% 收入阶层的库兹涅茨（K）指数看，从 1985 年占社会收入份额的 0.411 一直上升到 2003 年的 0.549，在不到 20 年的时间内高收入阶层的收入份额增加了 25%。总体看，城镇居民收入差距扩大的趋势日益明显。

第二节　中国各省、市、自治区城镇居民总收入来源结构分析

鉴于我国东部地区经济发展比较快，而中、西部经济发展相对落后的情况，中央适时提出了"西部大开发战略"、"振兴东北战略"以及"中部崛起战略"。这些长远战略的决策基础，很大程度上是由于收入分配的地区差距持续扩大引起的，所以研究当前地区收入差距的规律就成为时代课题。分析各个省级单位的收入差距总体状况是研究的起点。我国城镇居民的总收入，根据研究者的不同目的，可以分解为不同的分项收入。国家统计局（SSB）在《中国统计年鉴》（2004）中将总收入分为 4 个分项：（1）工薪收入；（2）经营净收入；（3）财产性收入；（4）转移性收入。

我们为了分析方便,将剩余称为:(5)税收(见表5-3)。表5-3(1)中S_{ij}代表收入份额,表5-3(2)中E_{ij}代表各收入来源的边际影响。

表5-3(1) 各省(自治区、直辖市)城镇居民收入来源及其结构(2003年)

S_{ij}	Y	S_{i1}	S_{i2}	S_{i3}	S_{i4}	S_{i5}
1	14959.30	0.0522	0.0265	0.0456	0.0666	0.0605
2	10971.57	0.0343	0.0396	0.0252	0.0577	0.037
3	7608.43	0.0253	0.0236	0.031	0.035	0.0207
4	7446.89	0.0284	0.0255	0.0228	0.0236	0.0248
5	7351.58	0.0269	0.0518	0.022	0.0219	0.019
6	7832.70	0.0268	0.0265	0.0165	0.0347	0.0333
7	7311.23	0.0248	0.0485	0.0263	0.0279	0.0172
8	6968.01	0.0231	0.0432	0.01	0.0297	0.0162
9	16380.24	0.0593	0.0318	0.034	0.067	0.085
10	9912.14	0.0313	0.0539	0.0395	0.0467	0.0365
11	14295.38	0.05	0.0986	0.0977	0.047	0.0627
12	7155.91	0.0251	0.0313	0.03	0.0276	0.0212
13	10816.32	0.0386	0.0462	0.0746	0.0383	0.0459
14	7153.65	0.0263	0.031	0.0167	0.0249	0.0142
15	9057.58	0.0382	0.0192	0.0287	0.02	0.037
16	7245.00	0.0245	0.0306	0.022	0.0314	0.0179
17	7745.77	0.03	0.02	0.0222	0.0243	0.0238
18	8145.07	0.031	0.03	0.0263	0.0263	0.0264
19	13451.13	0.054	0.0524	0.083	0.0325	0.0601
20	8293.90	0.0316	0.0339	0.0442	0.0242	0.0286
21	7605.69	0.0256	0.0205	0.075	0.0317	0.0178
22	8671.91	0.0323	0.01	0.0211	0.0337	0.0325
23	7488.49	0.0253	0.0296	0.0479	0.0315	0.0251
24	6746.36	0.024	0.032	0.0144	0.0253	0.01
25	8202.58	0.03	0.0242	0.0226	0.03	0.0314
26	9696.79	0.0487	0	0.0019	0.0034	0.0523

第五章 21世纪初期中国城镇居民收入差距分析

续表

S_{ij}	Y	S_{i1}	S_{i2}	S_{i3}	S_{i4}	S_{i5}
27	7314.44	0.0266	0.0118	0.0361	0.0288	0.0285
28	7132.82	0.0271	0.0227	0.0108	0.0239	0.0267
29	7155.13	0.0231	0.0233	0.0133	0.036	0.023
30	6991.26	0.024	0.037	0.0215	0.0277	0.0259
31	7866.85	0.032	0.0246	0.02	0.0197	0.0389

注释：表中数字代表的省份：1北京，2天津，3河北，4山西，5内蒙古，6辽宁，7吉林，8黑龙江，9上海，10江苏，11浙江，12安徽，13福建，14江西，15山东，16河南，17湖北，18湖南，19广东，20广西，21海南，22重庆，23四川，24贵州，25云南，26西藏，27陕西，28甘肃，29青海，30宁夏，31新疆。

表5-3（2） 各省（自治区、直辖市）城镇居民收入来源及其结构（2003年）

E_{ij}	E_{i1}	E_{i2}	E_{i3}	E_{i4}	E_{i5}	G_i	与全国G相比
1	-0.464E(-3)	-0.236E(-2)	-0.405E(-3)	-0.592E(-3)	-0.538E(-3)	0.446	-
2	-0.267E(-2)	-0.308E(-1)	-0.196E(-2)	-0.449E(-2)	-0.288E(-2)	0.415	-
3	-0.169E(-2)	-0.157E(-2)	-0.207E(-3)	-0.233E(-3)	-0.138E(-3)	0.447	-
4	-0.177E(-1)	-0.159E(-1)	-0.142E(-2)	-0.147E(-2)	-0.153E(-2)	0.422	-
5	-0.837E(-2)	-0.161E(-1)	-0.684E(-3)	-0.681E(-3)	-0.591E(-3)	0.436	-
6	0.953E(-2)	0.942E(-2)	0.587E(-3)	0.123E(-2)	0.118E(-2)	0.466	+
7	0.11E(-2)	0.56E(-2)	0.117E(-2)	0.124E(-3)	0.764E(-4)	0.452	+
8	-0.462E(-2)	-0.864E(-2)	-0.2E(-3)	-0.594E(-3)	-0.324E(-3)	0.441	-
9	0.922E(-2)	0.495E(-2)	0.529E(-3)	0.104E(-2)	0.132E(-2)	0.457	+
10	0.39E(-1)	0.671E(-1)	0.492E(-2)	0.581E(-2)	0.454E(-2)	0.506	++
11	0.756E(-1)	0.149E(-1)	0.148E(-1)	0.71E(-2)	0.947E(-2)	0.518	+++
12	0.558E(-3)	0.696E(-3)	0.667E(-4)	0.613E(-4)	0.471E(-4)	0.451	+
13	0.309E(-1)	0.37E(-2)	0.597E(-2)	0.306E(-2)	0.367E(-2)	0.486	+
14	-0.286E(-1)	-0.338E(-2)	-0.182E(-2)	-0.27E(-2)	-0.155E(-2)	0.401	-
15	-0.475E(-1)	-0.239E(-2)	-0.357E(-2)	-0.249E(-2)	-0.46E(-2)	0.394	-
16	-0.381E(-2)	-0.476E(-3)	-0.342E(-3)	-0.488E(-3)	-0.278E(-3)	0.443	-
17	-0.333E(-1)	-0.222E(-2)	-0.247E(-2)	-0.27E(-2)	-0.264E(-2)	0.4	-
18	-0.158E(-1)	-0.153E(-2)	-0.134E(-2)	-0.134E(-2)	-0.135E(-2)	0.427	-
19	0.12E(-2)	0.116E(-3)	0.178E(-2)	0.722E(-4)	0.134E(-3)	0.451	+
20	-0.843E(-2)	-0.904E(-3)	-0.118E(-2)	-0.645E(-3)	-0.763E(-3)	0.438	-
21	0.287E(-2)	0.228E(-3)	0.833E(-3)	0.352E(-3)	0.198E(-3)	0.455	+
22	-0.287E(-1)	-0.889E(-3)	-0.188E(-2)	-0.3E(-2)	-0.289E(-2)	0.41	-

161

续表

E_{ij}	E_{i1}	E_{i2}	E_{i3}	E_{i4}	E_{i5}	G_i	与全国 G 相比
23	0.152E(−1)	0.178E(−2)	0.287E(−2)	0.189E(−2)	0.151E(−2)	0.477	+
24	−0.283E(−1)	−0.377E(−2)	−0.17E(−2)	−0.298E(−2)	−0.118E(−2)	0.397	−
25	−0.8E(−2)	−0.645E(−3)	−0.603E(−3)	−0.8E(−3)	−0.837E(−3)	0.438	−
26	−0.167E(−1)	0	−0.65E(−2)	−0.116E(−2)	−0.179E(−1)	0.296	−
27	−0.59E(−2)	−0.262E(3)	−0.802E(−3)	−0.64E(−3)	−0.633E(−3)	0.44	−
28	−0.733E(−1)	−0.166E(−2)	−0.792E(−2)	−0.175E(−2)	−0.196E(−2)	0.417	−
29	0.308E(−2)	0.311E(−3)	0.177E(−2)	0.48E(−3)	0.307E(−3)	0.456	+
30	0.144E(−1)	0.222E(−2)	0.129E(−2)	0.166E(−2)	0.155E(−2)	0.477	++
31	−0.135E(−1)	−0.104E(−2)	−0.844E(−3)	−0.832E(−3)	−0.164E(−2)	0.431	−

注释：1. S_{ij}，E_{ij} 中，行坐标 i = 1, 2, …, 31；列坐标 j = 1, 2, 3, 4, 5，分别代表工薪收入，经营净收入，财产性收入，转移性收入，税收；

2. "−"表示地方 G_i < G；"+"表示地方 G_i 比全国 G 高 1% ~ 10%；"++"表示地方 G_i 比全国高 10% ~ 15%；"+++"表示地方 G_i 比全国高 15% ~ 29%；"++++"表示高 30% 以上。全国基尼系数 G 为 0.45。

从总体上看，省级单位中基尼系数（G_i）小于全国基尼系数（G）的 20 个省包括：华北地区全部 5 个省级单位；东北地区的黑龙江省；华东地区江西，山东 2 省；华中地区河南，湖北，湖南，广西 4 省、区；西南地区重庆，贵州，云南，西藏 4 省、区；西北地区陕西，甘肃，新疆 3 省、区。其中，西藏的基尼系数低于 0.3，属于平均分配区间；基尼系数位于国际公认的 0.3 ~ 0.4 合理区间的包括山东、江西、湖北、贵州、重庆 4 省区；占绝大多数的 23 个省区分布在 0.4 ~ 0.5 之间，这一区间属于向差距悬殊方向变动的一组省区。大于 0.5 的包括经济发达的江苏，浙江两省（见表 5 − 4）。

表 5 − 4　　　　　　　基尼系数分布区间

0.2 ≤ G_i ≤ 0.3，比较平均区间	0.3 < G_i ≤ 0.4，合理区间	G_i ≥ 0.5，差距悬殊区间
西藏	山东、江西、湖北、贵州、重庆	江苏、浙江

注释：数据来自表 5 − 1。

用 K − 均值快速聚类法进行分析，基尼系数的类中心在 0.45，说明收入分配自 20 世纪 90 年代中期以来，全国城镇居民的收入分配有趋于平均的倾向。从各省、自治区和直辖市的总收入看，收入在 10000 元以上的有：北京、天津、上海、浙江、福建、广东，全是经济发达的沿海地区；收入在 6500 元以下没有一个省区。而从收入结构来看，工薪收入占总收入的比例在 50% 以上，转移性收入占 20% 以上，两者相加在 80% 左右，足以控制收入分配的离散化倾向，达到了国家从宏观上调节收入分配的目的。

我们再来看反映收入来源的边际指标 E_{ij}，该项起到扩大收入差距作用的省份有 12 个，起到缩小收入差距的有 19 个省份。总体上看，进入 2000 年以后，各地区收入差距趋于降低。

我们在分析中得到了在中国经济体制过渡时期具有特色的分析结果。首先，我们的分析和赵人伟，格里芬（1997），林毅夫（1998）等人的分析结果不一样。其他学者于 20 世纪 90 年代中后期得出的结论是，来自国有企业的收入和收入中的工资部分，是减少收入不平等程度的重要因素。2003 年的情况稍有不同。城镇居民的总收入中，来自工薪收入和转移性收入的部分占有很大比重，是减少收入不平等程度的重要因素；而生产要素收入，如经营净收入和财产性收入没有像 20 世纪 90 年代一样成为扩大收入差距的主要因素，因为它们所占份额大幅下降。两者的差异在于，2000 年以后，国家加大西部地区和东北地区的经济支持力度，数次大幅度增加转移性收入，如增加最低生活保障金，城镇下岗职工再就业税收优惠等，这些政策开始初见成效。在中长期内，建立社会保障体系以及让广大公民参与分配经济增长成果是非常重要的国策。其次，我们在对 31 个省、自治区、直辖市城镇居民基尼系数进行比较后发现，沿海发达地区的基尼系数一般比较高，分配平等程度远小于中西部地区，这一结论与 20 世纪 90 年代的结论正好相反。这充分表明，我国城镇居民收入分配很可能处于倒 U 形动态分配轨迹的中后期阶段。在经济发展中消除不平等是解决我国地区收入差距的必要条件，也是建立和谐社会的基本国策。

第六章

中国城镇居民收入差距的国际比较

国际上有关不同国家收入分配状况的比较研究,在早期主要是由库兹涅茨开创的,库兹涅茨利用的主要是发达国家的资料,研究的重点是经济增长与收入分配之间的倒 U 曲线问题。当时缺乏对发展中国家收入分配状况的研究。这主要是因为这些国家统计资料不健全,可靠性低。20 世纪 70 年代以后,发展经济学家从原先只注重研究欠发达国家的经济增长转向综合研究经济发展问题。不但研究经济增长率的高低,而且还关注经济结构、社会制度和分配状况等一系列问题,因为这些因素都有助于国民收入的增长。发展经济学家关于发展中国家收入分配模式和发展战略的研究在 20 世纪 80 年代达到顶峰。随后,在进入 20 世纪 90 年代以后,研究收入分配的主体转变为新古典主义经济学家,他们一方面继续用最新资料和模型来研究库兹涅茨倒 U 假说,另一方面也加强了对世界各地区国家的横向比较研究。这些学者主要有:哈里·T·奥希曼(Harry T. Oshima, 1992)、鲁尔夫·申克(Rolf Schinke, 1998)、蒂莫斯·M·史密丁(Timothy M. Smeeding)和彼得·戈茨夏克(Peter Gottschalk)、克劳斯·戴宁格(Klaus Deininger)和琳·斯科(Lyn Squire, 1998)、A. 阿列辛娜(A. Alesina)和 D. 罗德里克(D. Rodrik, 1994)、S. 阿纳德(S. Anand)和 S. M. R. 坎布尔(S. M. R. Kanbur, 1993)等。

第一节 中国城镇居民收入差距的国际综合比较

我们在进行城镇居民收入差距的国际比较时，面临的一个较大问题就是：由于不能得到各国城镇居民的基尼系数，只能以各国全体居民收入的基尼系数和其他不平等指标来进行横向比较。对于发达国家来说，各国国内的城乡差距不大，全国居民收入的基尼系数与城镇居民收入的基尼系数相差不大，可以直接进行比较。而对于拉美和亚洲发展中国家来说，我们假设它们各国的全体居民收入差距要大于城镇内部的收入差距，和中国的情况一样，这应该是一个合理的假设。和发展中国家比较时，我们在这样的假设下进行的横向比较就基本上是可信的。

我们从《世界发展报告（1998～1999）》中得到了 90 个国家（包括中国）的基尼系数，并计算整理了阿鲁瓦利亚指数，库兹涅茨指数和不良指数，利用 4 个不平等指标来综合反映各国的收入分配状况（见表 6-1）。

表 6-1　　　　90 个国家收入的分配或消费的分布

序号	国　家	基尼系数	阿鲁瓦利亚指数	库兹涅茨指数	不良指数
1	阿尔及利亚	0.353 (1995, a, b)	0.186	0.426	2.29
2	澳大利亚	0.337 (1989, c, d)	0.192	0.409	2.13
3	奥地利	0.231 (1987, c, d)	0.252	0.333	1.321
4	孟加拉	0.283 (1992, a, b)	0.229	0.379	1.655
5	白俄罗斯	0.216 (1993, c, d)	0.264	0.329	1.246
6	比利时	0.25 (1992, c, d)	0.241	0.345	1.432
7	玻利维亚	0.42 (1990, c, d)	0.153	0.482	3.15
8	巴西	0.601 (1995, c, d)	0.082	0.642	7.829
9	保加利亚	0.308 (1992, c, d)	0.213	0.393	1.845
10	加拿大	0.315 (1994, c, d)	0.204	0.393	1.926

续表

序号	国家	基尼系数	阿鲁瓦利亚指数	库兹涅茨指数	不良指数
11	智利	0.565 (1994, c, d)	0.101	0.61	6.04
12	中国	0.415 (1995, c, d)	0.153	0.475	3.105
13	哥伦比亚	0.572 (1995, c, d)	0.099	0.615	6.212
14	哥斯达黎加	0.47 (1996, c, d)	0.128	0.518	4.047
15	科特迪瓦	0.369 (1988, a, b)	0.18	0.441	2.54
16	捷克	0.266 (1993, c, d)	0.244	0.374	1.533
17	丹麦	0.247 (1992, c, d)	0.245	0.345	1.408
18	多米尼加	0.505 (1989, c, d)	0.121	0.557	4.603
19	厄瓜多尔	0.466 (1994, a, b)	0.143	0.526	3.678
20	埃及	0.32 (1991, a, b)	0.212	0.411	1.939
21	萨尔瓦多	0.499 (1995, c, d)	0.12	0.544	4.533
22	爱沙尼亚	0.395 (1993, c, d)	0.173	0.463	2.676
23	芬兰	0.256 (1991, c, d)	0.242	0.358	1.479
24	法国	0.327 (1989, c, d)	0.199	0.401	2.015
25	德国	0.281 (1989, c, d)	0.225	0.371	1.649
26	加纳	0.339 (1989, a, b)	0.199	0.422	2.121
27	危地马拉	0.596 (1989, c, d)	0.079	0.63	7.975
28	几内亚	0.468 (1991, a, b)	0.113	0.502	4.442
29	几内亚比绍	0.562 (1991, a, b)	0.086	0.589	6.849
30	洪都拉斯	0.537 (1996, c, d)	0.105	0.58	5.524
31	匈牙利	0.279 (1993, c, d)	0.236	0.381	1.614
32	印度	0.297 (1994, a, b)	0.222	0.393	1.77
33	印度尼西亚	0.342 (1995, a, b)	0.204	0.431	2.113
34	爱尔兰	0.359 (1987, c, d)	0.183	0.429	2.344
35	以色列	0.355 (1992, c, d)	0.183	0.425	2.322
36	意大利	0.312 (1991, c, d)	0.205	0.389	1.848
37	牙买加	0.411 (1991, a, b)	0.16	0.475	2.969
38	约旦	0.434 (1991, a, b)	0.157	0.501	3.191
39	哈萨克	0.327 (1993, c, d)	0.198	0.404	2.04
40	肯尼亚	0.575 (1992, a, b)	0.101	0.621	6.149
41	吉尔吉斯	0.353 (1993, c, d)	0.182	0.423	2.324
42	老挝	0.304 (1992, a, b)	0.225	0.402	1.787
43	拉脱维亚	0.27 (1993, c, d)	0.232	0.367	1.582
44	莱索托	0.56 (1986~1987, a, b)	0.093	0.601	6.462
45	立陶宛	0.336 (1993, c, d)	0.204	0.421	2.064
46	马达加斯加	0.434 (1993, a, b)	0.157	0.5	3.185

第六章　中国城镇居民收入差距的国际比较

续表

序号	国　家	基尼系数	阿鲁瓦利亚指数	库兹涅茨指数	不良指数
47	马来西亚	0.484（1989，c，d）	0.129	0.537	4.163
48	毛里塔尼亚	0.424（1988，a，b）	0.139	0.465	3.345
49	墨西哥	0.503（1992，a，b）	0.119	0.553	4.647
50	萨尔多瓦	0.344（1992，c，d）	0.188	0.415	2.207
51	蒙古	0.332（1995，a，b）	0.195	0.409	2.097
52	摩洛哥	0.392（1990~1991，a，b）	0.171	0.463	2.097
53	尼泊尔	0.367（1995~1996，a，b）	0.191	0.448	2.346
54	荷兰	0.315（1991，c，d）	0.21	0.399	1.9
55	尼加拉瓜	0.503（1993，a，b）	0.121	0.552	4.562
56	尼日尔	0.361（1992，a，b）	0.193	0.441	2.285
57	尼日利亚	0.45（1992~1993，a，b）	0.129	0.494	3.829
58	挪威	0.252（1991，c，d）	0.243	0.353	1.453
59	巴基斯坦	0.312（1991，a，b）	0.213	0.397	1.864
60	巴拿马	0.568（1995，a，b）	0.083	0.601	7.241
61	巴布亚新几内亚	0.509（1996，a，b）	0.124	0.565	4.556
62	巴拉圭	0.591（1995，c，d）	0.082	0.624	7.61
63	秘鲁	0.449（1994，a，b）	0.141	0.504	3.574
64	菲律宾	0.429（1994，a，b）	0.155	0.496	3.2
65	波兰	0.272（1992，a，b）	0.231	0.366	1.584
66	罗马尼亚	0.255（1992，c，d）	0.236	0.348	1.475
67	俄罗斯	0.31（1993，c，d）	0.2	0.382	1.91
68	卢旺达	0.289（1983~1985，a，b）	0.229	0.391	1.707
69	塞内加尔	0.541（1991，a，b）	0.105	0.586	5.581
70	塞拉利昂	0.629（1989，a，b）	0.031	0.634	20.452
71	斯洛伐克	0.195（1992，c，d）	0.277	0.314	1.134
72	斯洛文尼亚	0.292（1993，c，d）	0.226	0.386	1.708
73	南非	0.584（1993，a，b）	0.091	0.633	6.956
74	西班牙	0.325（1990，c，d）	0.201	0.403	2.005
75	斯里兰卡	0.301（1990，a，b）	0.22	0.393	1.786
76	瑞典	0.25（1992，c，d）	0.241	0.345	1.432
77	瑞士	0.361（1982，c，d）	0.19	0.435	2.289
78	坦桑尼亚	0.381（1993，a，b）	0.178	0.454	2.551
79	泰国	0.462（1992，a，b）	0.143	0.527	3.685
80	突尼斯	0.402（1990，a，b）	0.163	0.463	2.84
81	土库曼	0.358（1993，c，d）	0.181	0.428	2.365
82	乌干达	0.408（1992，a，b）	0.171	0.481	2.813

续表

序号	国　家	基尼系数	阿鲁瓦利亚指数	库兹涅茨指数	不良指数
83	乌克兰	0.257（1992, c, d）	0.236	0.354	15
84	英国	0.326（1986, c, d）	0.199	0.398	2
85	美国	0.401（1994, c, d）	0.153	0.452	2.954
86	委内瑞拉	0.468（1995, c, d）	0.131	0.518	3.954
87	越南	0.357（1993, a, b）	0.192	0.44	2.292
88	也门	0.395（1992, a, b）	0.17	0.461	2.712
89	赞比亚	0.462（1993, a, b）	0.119	0.504	4.235
90	津巴布韦	0.568（1990, a, b）	0.103	0.623	6.049

注释：a 指按百等分法划分的人口的支出份额；
　　　b 指按人均支出划分组别；
　　　c 指按百等分法划分的人口的收入份额；
　　　d 指按人均收入划分的组别。
资料来源：根据《世界发展报告（1999）》数据计算。

我们利用 K—均值快速聚类法对 90 个国家的收入分配状况进行了分类，除去非洲的塞拉利昂这个世界人均 GNP 最低，基尼系数最高（0.629）的异常值为一类外，可将其他 89 个国家分为三类（见表 6-2）。

表 6-2　　　　　　　K-均值快速聚类：最后类中心

类中心	国家个数	基尼系数	阿鲁瓦利亚指数	库兹涅茨指数	不良指数
1	22	0.475	0.1367	0.5112	3.8005
2	13	0.5708	0.0931	0.6119	6.652
3	54	0.3155	0.2096	0.4005	1.9618
4	1	0.629	0.031	0.634	20.4516

注释：四种指数的均值分别为：基尼系数（G），0.391；阿鲁瓦利亚指数（A），0.173；库兹涅茨指数（K），0.461；不良指数（D），3.294。

归为第一类的国家有：中国、美国、玻利维亚、哥斯达黎加、多米尼加、厄瓜多尔、萨尔瓦多、几内亚、马达加斯加、马来西亚、毛里塔尼亚、墨西哥、尼加拉瓜、尼日利亚、巴布亚新几内亚、秘鲁、菲律宾、泰国、委内瑞拉、赞比亚。从四种指数看，这一类国家的分配状况处于比较合理的区间。从发展程度来看，除美国之外，都是亚非拉发展程度较低的发展中国家。

属于第二类的国家有：巴西、智利、哥伦比亚、危地马拉、洪都拉斯、巴拿马、巴拉圭、几内亚比绍、肯尼亚、莱索托、塞内加尔、津巴布韦、南非。这类国家是分配高度不平等的国家，基尼系数接近0.6，阿鲁瓦利亚指数，即收入最低的40%的人口占有总收入的9%左右，库兹涅茨指数，即收入最高的20%的人口占有总收入的60%以上，不良指数在6倍以上。从四种指数的值来判断，这些国家属于两极分化的国家。从所属地区来看，一部分属经济发展水平较高的南美洲发展中国家，它们在第二次世界大战后遵循发达国家先增长后再分配的发展战略，在发展过程中强调资本积累的决定作用，通过控制劳动者的收入水平确保利润量和利润份额的不断提高，最终导致收入分配的恶化。另一类是非洲国家，除南非外（长期的种族隔离政策，使一小部分白人阶层获取了国家的大部分财富，造成两极分化），其他都是经济发展水平低下的非洲国家，贫穷落后和分配不平等并存。还有一个非洲国家，即属于第四类中的塞拉利昂，这是世界上收入水平最低，分配呈两极分化最严重的一个国家。非洲国家经济基础差，种族和部落冲突不断，再加上自然灾害，产生了最让人失望的发展和分配格局。

第三类国家包括大多数发达国家和一些分配状况良好的发展中国家。基尼系数处于比较平均区域，阿鲁瓦利亚指数为21%左右，库兹涅茨指数为40%，不良指数小于2。美国属于高度发达的国家，但其基尼系数远高于一般发展中国家。

就中国的各项指数来看，基尼系数为0.415，高于90个国家的均值0.391，接近K-均值快速聚类分析中的第二类类中心0.4575的值；阿鲁瓦利亚指数为0.153，低于90个国家的均值0.173，说明中国40%的贫困人口所得份额低于世界平均水平；库兹涅茨指数为 0.475，高于 90 个国家的均值 0.461，表明中国 20% 的富裕阶层占有的社会财富较多，高于世界平均水平，从不良指数来看，中国为 3.105，90 个国家的均值为 3.294，已经很接近。总的看来，如果我们将第二类中心的四种指数值作为两极分化的标准，中国在 20 多年来的改革开放中，城镇居民收入差距逐渐扩大但还没有接近这些指数值。不容忽视的事实是，中国城镇居民分配的不平等程度远远超过了发达国家和大多数发展中国家，应该引起高度重视。

为了检验四种指数之间的相关性和敏感程度，我们利用 90 个国家的数据进行了相关分析和多元回归分析，分析结果如下（见表 6-3）。

表 6-3　　　　　　　　　皮尔逊相关矩阵

变量	G	A	K	D
G	1			
A	-0.98	1		
K	0.99	-0.97	1	
D	0.8	-0.83	0.8	1

可以看出，基尼系数与阿鲁瓦利亚指数负相关，显然，40% 贫困人口收入的下降将使基尼系数上升；反之，则使基尼系数下降。基尼系数与库兹涅茨指数和不良指数正相关，相关度很高，说明收入最高的 20% 的人口收入份额的上升必然引起不平等程度提高（基尼系数上升）；反之，基尼系数下降。不良指数是库兹涅茨指数与阿鲁瓦利亚指数的比值，比值越大，说明收入最高 20% 人口的份额相对于收入最低的 40% 人口的份额来说上升了，收入差距扩大，基尼系数上升；反之，比值越小，基尼系数越小。

我们再来分析四种指数之间的敏感度。依据 90 个国家的数据进行回归的结果如下：

$$G = 0.175 - 0.8A + 0.77K - (4.49E - 0.4)d$$
$$(-44.748)(76.548)\quad(-3.016)$$

回归方程的负相关系数：

$$R^2 = 0.99967, \bar{R}^2 = 0.99966$$

模型通过 F 检验。D.W = 2.377，通过自相关性检验，A、K 和 D 的 VIF 值分别为 20.118、17.602 和 3.183，不存在值得特别关注的多重共线性。

如果基尼系数增加 1 个单位，将引起阿鲁瓦利亚指数反向边际变化 0.8 单位，不良指数反向边际变化 4.49E（-0.4）单位，而反映最高 20% 人口份额的库兹涅茨指数上升 0.77 个单位，与相关分析结论一致。

第二节 中国城镇居民与欧美发达国家居民收入差距的跨国比较分析

从人均收入的绝对量来看，发达国家的人均 GNP 是我国的 20 倍以上，这些国家贫困户的收入水平比我国高收入户的收入水平还要高。在本节中，我们主要是在相对的意义上，以美国为参照系，各国与美国相比，找出差距。

一、前期学者的研究成果

我们在相对意义上研究差距时，也不会覆盖所有主题，像财富的不平等、消费和支出的不平等，平等和效率的替代，社会选择理论和有关不平等标准的理论和经验分析这些问题就排除在外了。其他有关问题，如发展与分配，收入的动态特征和国际流动等也不会包括在内。最后，本节不涉及低收入和贫困的跨国比较。

国际上针对个别国家对有关收入水平和趋势问题的研究为我们进行跨国比较研究奠定了基础，这些分析的结论主要有：

1. 总体收入（earnings）。（1）在任何时间点上，各国收入水平有着广泛的差异。存在集中工资协议和机制的国家（如瑞典）的收入比基本上不存在这一机制的国家（如美国和加拿大）平等得多；（2）在整个 20 世纪 80 年代，几乎所有发达国家的男工工资都上升了，德国和意大利是例外。在上升的程度上，各国有很大差异，英国和美国的不平等上升最多，北欧国家上升最少。各国对熟练工人的不断上升的需求解释了教育和工作经历收益方面差异的大部分。在存在集中工资协议机制的国家，这一制度约束了非熟练工人失业率的上升，也在一定程度上限制了收入不平等扩大的趋势。

2. 可支配收入（disposable income）。（1）发达国家在可支配收入上的不平等程度差异很大，美国存在最大的不平等状况，北欧国家不平等程度最小。在所有的国家中，税后的货币化转移支付与可支配收入不平等之间没有显著的相关关系。即使利用购买力平价对各国实际收入差距进行调整后，美国人的生活水准仍低于其他发达国家。（2）在大多数国家，家庭户收入不平等的增加没有总收入不平等那样显著。在导致收入不平等上升的因素中，男工之间收入的不平等是最重要的因素。大多数发达国家的收入不平等在 20 世纪 80 年代和 90 年代初期上升了，不平等的上升趋势与不平等水平之间没有必然联系，一些国家不平等水平低，但不平等却有巨大增加，在大多数国家，未成年人社会福利支出的减少和收入所得税结构在 20 世纪 80 年代的变化对税后和转移收入不平等的影响微不足道。在整个 20 世纪 80 年代，大多数国家已婚妇女就业率，工作时数和工资增加了。夫妻收入之间的正相关性也适度增加，因此也会导致收入不平等的增加。

二、收入分配状况的可比性和数据质量

在进行收入和收入分配的跨国比较时，标准是个重要问题。美国收入资料的主要来源是现有人口调查（CPS）的补充资料。中国的资料来自国家统计局的《中国统计年鉴》。一些与美国情况类似的国家

有定期的或年度的有关消费者资产或收入的调查资料（加拿大和澳大利亚）。其他一些国家，如荷兰、英国、以色列，它们进行专门的收入调查或者对收入组成部分的详细支出进行全面调查。少数国家（瑞典、芬兰、挪威）可从统计机构得到收入记录和人口统计信息。因此，在国际比较中，调查目的和调查资料类型各有特色。

1. 收入的定义。标准的收入应是税后收入加上转移支付，这与黑格—西蒙（Haig-Simons）将收入界定为实际消费支出加上（或减去）财产价值的净变化相一致。收入应该包括现金和非现金两部分，应当运用适宜的方式调整为统一的度量尺寸，而且应当垫平家庭在一定时期内借贷的消费水平。对有些家庭来说，他们不受信贷的约束，这就需要在一个生命周期内调整家庭的收入规模；对另一些家庭收入标准的衡量，可能涉及期限很短，这些家庭没有足够的财产来垫平本期消费波动，也不能借用未来收入。由于各国资料在统计期限上的差异，现有的有关不同国家收入水平状况的排序不准确（Rolf Aaberge et al, 1995; Richard Burkhauser and John Poupore, 1997）。

在收入来源的调查上也有差异。例如，许多国家将失业保险或疾病补助包括在转移支付之内，少数国家（如瑞典、法国）则不包括。几乎所有国家将假期补助（第13个月的收入）和红利包括在收入内。自我劳动收入（self-employment income）各国统计资料有的包括在内，但有些不包括在内，按其经济上的重要性来说，可以包括在收入内。

家户总收入包括的内容差别较大。跨国比较时一般采用可支配收入，它的含义广泛，却排除了资本收益，转嫁税，家户自创收入和其他收入，这些都是包括在黑格—西蒙的定义中的。一般来说，没有那一种调查资料包括了闲暇，间接税或其他来自公共支出的收益，只计算了现金转移支付收入。这说明各国统计资料很不健全。

在西方国家，关于收入的定义还存在收入享用单位和收入分析单位的区别。在研究时，有时关注收入的享用单位和分析单位，有时只将家户中的个人作为分析单位，并且各国对收入享用单位的定义存在差别。①

2. 调整家户的规模和组成：同一规模。不同的家庭规模和人员构成会影响收入不平等的比较分析，因此需要将家庭换算成同一规模，人员数以成年人来表示。布里吉特·布曼等（Brigitte Buhmann et al, 1988）第一次提出了一个简洁的参数公式来进行折算。公式如下：

$$调整后收入 = 可支配收入 \div 规模（的E次方）$$

同一规模弹性 E 在 0~1 之间变动，E 越大，折算成的规模越小。这种对家庭规模的调整，使跨国比较研究中的结论和不调整时差别很大。② 但这种调整只影响不平等的水平，而不影响趋势（Lynn Karoly and Burtless, 1995）。

上述关于数据质量的和定义的分析与争议，在西欧国家出现了卢森堡收入研究数据库 LIS（The Luxemboury Income Study）后得到了统一。另外一个可利用的进行跨国比较研究的数据库是 ISSP（The International Social Survey Programme），即国际社会调查项目数据库，由于它来源于问卷调查而不是官方统计，可作为参考。

三、收入不平等的跨国比较

收入不平等的跨国比较研究只在相对的意义上关注趋势，而不

---

① 尽管大多数国家加总家庭所有成员的收入，但有少数国家使用更狭小的定义。例如，所有共同生活在一起并有相关联系的人组成的家庭（如加拿大）；或定义更狭窄，指遵守收入所得税规则并相互联系的人组成的家庭（如瑞典）。

② 见福纳·E·库特（Fiona E. Coulter）、弗兰克·考威尔（Frank Cowell）、史蒂芬·詹金斯（Stephen Jenkis, 1992）和布曼（Buhmann et al, 1988）。他们研究得出的一个重要结论是，收入不平等标准和弹性之间的关系是非单调的。许多有关跨国分配的研究没有对家户收入的差异进行调整，假定收入被家庭中每个成员平等分享。詹金斯（Stephen Jenkis, 1994）指出，利用其他三种不同的方式所估算出来的家户收入不平等数据和上述传统的平等分享方法计算出的数据截然不同，而且调整标准家庭规模的参数有两个，包括个人类型调整（如年龄）和家户规模。具体论述见詹金斯和考威尔在 1994 年的研究。

看重绝对收入水平。在发达国家中并不是不能比较绝对收入水平，主要是指数太少（Stephen Jenkis，1992）。① 下面的部分数据来自彼得·戈茨夏克（Peter Gottschalk）和蒂莫斯·M·史密丁（Timothy M. Smeeding，1997）（见表 6-4）。

这些国家全年和全时工作的收入可分成三大组。美国和加拿大无论是男工还是女工的收入分配是最不平等的，90/10 或 80/20 的比例都在 4.5～6 之间，这说明处于收入底层的人收入相当低。相对于美国和加拿大来说，瑞典、澳大利亚和英国男工的 90/10 比例为 3.0 左右，远远低于加拿大的 4.6 和美国的 5.7，男工收入最平等的国家是德国和荷兰，他们 90/10 的比例在 2.5 倍左右。全日制女工的情况与男工类似，德国是例外，其不平等水平上升到澳大利亚和英国这一组。中国的资料没有区分男工和女工，但从全体工人来看，中国也属于英国这一组。

表 6-4 20 世纪 80 年代中期和 90 年代早期 9 个发达国家收入分配：中数和十分位的百分比[a]

国家(1)	年份(2)	零收入者的百分比[b](3)	全年()、全时()工人[c]				所有工人[d]			
			P10(4)	P90(5)	P90/10(6)	P80/20(7)	P10(8)	P90(9)	P90/10(10)	P80/20(11)
男工										
澳大利亚	1989	20.8	56.8	160.6	2.8	1.9	54.0	161.6	3.0	1.9
加拿大	1987	13.2	38.0	174.9	4.6	2.3	36.3	176.0	4.7	2.6
芬兰	1987	15.1	—	—	—	—	28.1	169.7	6.0	2.1
德国	1984	16.3	63.9	162.0	2.5	1.8	58.0	163.9	2.8	1.9
以色列	1992	28.3	—	—	—	—	47.5	216.5	4.7	2.7
荷兰	1987	22.3	71.5	172.8	2.4	1.4	69.3	168.7	2.4	1.7

① 少数以前的研究利用 LIS 数据库，在某一时点上对不同国家的家户人口工资和薪水上的差别进行了调查分析（Gordon Green，John Coder and Paul Ryscavage 1992；Janet Gornick 1994；Gottschalk and Mary Joyce，1996）。弗兰辛·布劳（Francine Blau）和劳伦斯·卡恩（Lawrence Kahn，1996）利用国际社会调查项目（ISSP）的数据发现了相似的问题。

续表

国家 (1)	年份 (2)	零收入者的百分比[b] (3)	全年( )、全时( )工人[c]				所有工人[d]			
			P10 (4)	P90 (5)	P90/10 (6)	P80/20 (7)	P10 (8)	P90 (9)	P90/10 (10)	P80/20 (11)
男工										
瑞典	1992	11.1	48.2	166.4	3.5	1.8	43.4	167.0	3.9	1.8
英国	1986	29.5	61.4	188.1	3.1	2.1	60.7	186.3	3.1	2.1
美国	1991	16.7	33.6	193.1	5.7	3.0	28.1	203.7	7.2	3.5
女工										
澳大利亚	1989	35.9	49.2	156.3	3.2	1.9	23.2	183.0	5.7	3.4
加拿大	1987	30.6	34.7	179.1	5.2	2.6	27.9	181.8	6.5	3.2
芬兰	1987	16.8	—	—	—	—	32.8	152.2	4.6	2.3
德国	1984	47.9	45.9	156.0	3.4	2.0	23.1	180.6	7.8	3.4
以色列	1992	47.4	—	—	—	—	35.3	228.3	6.5	3.0
荷兰	1987	62.0	72.6	173.5	2.4	1.7	29.9	185.1	6.2	3.1
瑞典	1992	12.3	37.7	153.2	4.0	2.2	30.7	156.6	5.1	2.4
英国	1986	50.1	64.9	181.0	2.8	2.0	34.6	223.0	6.4	3.5
美国	1991	25.7	40.0	190.0	4.8	2.5	17.7	206.0	11.6	4.0
中国	1988	23.5	57.3	175.6	3.1	2.4	57.3	175.6	3.1	2.4

资料来源：LIS 数据库；《中国统计年鉴（1989）》。

注释：a 指 25~54 周岁人员，没有自创收入，工资是雇主交付薪金税的净总收入；
　　　b 指 25~54 周岁没有收入的人员比例；
　　　c 指全年：每年工作 50 周以上，全时：一周工作 35 小时以上；芬兰、以色列、中国，没有统计资料；
　　　d 指非零收入和工资的全体工人。

表 6–5 显示了 10 分位法的个人收入，其他国家的中位数收入均低于美国，但在其他方面并非如此。低收入组（P10）按美元衡量，美国是最低的，加拿大与美国相似。这表明美国位于收入最底层的 10% 的人口所得收入不仅相对于美国的中位数来说是很低的，与他国相比更低。例如德国处于收入最底层的 10% 人口得到了相对于美国中数 51% 的收入，比美国穷人高 17%。在收入最高的一组（P90）中，美国这一组得到了比中数高 193% 的收入，是所有国家中最高的，美国最高收入组与最低收入组的比例为 5.7，这都说明

美国贫富差距悬殊。

表6-5　全年全时男工实际收入分配的比较（所有数据依据1991年美元计算）[a]

国家	年份	低收入组（P10）	高收入组（P90）	高收入组/低收入组	相当于美国中数的比例
荷兰	1987	51	124	2.43	72
德国	1984	51	128	2.51	79
澳大利亚	1989/1990	51	144	2.82	90
英国	1986	42	130	3.1	69
瑞典	1992	41	140	3.41	84
加拿大	1987	35	161	4.6	92
美国	1991	34	193	5.7	100
均值	[b]	44	146	3.52	84
中国	1988	50	170	3.4	88

资料来源：LIS数据库；《中国统计年鉴（1989）》。
注释：a指实际收入相当于美国中数的百分比；
　　　b指7国简单平均。

我们再来看收入不平等的趋势。美国的收入分配状况在发达国家中是差距最大的，这就引起了许多经济学家对美国收入分配的趋势和原因的探讨。弗兰克·列维（Frank Levy）和理查德·莫奈因（Richard Murnane，1992）对所有的工资收入分配状况进行了研究，[①] 而摩西·布庆斯基（Moshe Buchinsky，1988）则对美国女工工资分配的动态变化进行了详细的研究。[②] 几乎所有研究美国工人周工资或年工资分配的学者都使用了现有人口调查数据库（Current Population Survey，CPS）的资料，这些研究都发现，工资的分配和

---

① Levy, Frank and Murnane, Richard J. (1992). "U. S. Earnings Level and Earnings Inequality: A. Review of Recent Trends and Proposed Explannations," J. Ecom. Lit. Sept. 30. (3), pp. 1333–1381.
② Moshe Buchinsky (1998). "The Dynamics of changes in the female wage dlistribution in the USA. a quantile regression approach", Journal of Applied Economics. Vol. 13, 1~30.

增长在高、中、低收入组间差异很大。例如，在 1975~1992 年间，美国男工中最低 25% 组和 10% 组的时工资分别降低了 5.1% 和 3.1%，最高 25% 组和 10% 组的收入分别增长了 10% 和 14%。周工资收入和年工资收入分配的变化更大。部分观察到的工资变化反映了 20 世纪 80 年代教育收益的巨大增长。例如，1979 年，大学毕业生的时工资比高中生高 23%，到了 1989 年，这一比例上升到 43%，由于高中生的工作时数相对于大学生减少，所以大学生的年收入增长更快（从 30%~54%）。工作经历收益在 20 世纪 80 年代也增加了，但没有教育收益增长快。除了这些组间不平等增加外，技能群体内部工资增长也呈离散趋势。年轻工人和老工人，高中生和大学生各自内部十分位的最高组（P90）与最低组（P10）工资差异增加了。高收入组的人口实际工资显著增长，而低收入组增长微小或在大多数情况下实际工资降低了。组内不平等程度的增长早在 20 世纪 70 年代就已经开始了。关于美国收入不平等增加的原因，可以从以下几个方面进行解释。

（1）制度约束的变化。这表现在实际最低工资的降低和劳工联盟的减弱。在整个 20 世纪 80 年代，实际最低工资下降了 44%，这与收入最低组下降相一致。但是，实际最低工资的减少并不能解释最高收入组在分配地位上的上升和高等教育群体的组内不平等的扩大。许多研究表明，实际最低工资的下降对工资率离散度上升的贡献度为 30% 左右。工会联盟的减弱是导致收入不平等上升的另一个重要因素。它一般增加加入工会的工人和非工会组织工人工资的区别，但降低工会联盟内部工人工资的区别。据统计，工会联盟的减弱对男工收入不平等上升的贡献度是 20% 左右，对女工收入分配的影响微小（Freeman，1994，Fortin and Lemieux）。

（2）劳动力市场对受高教育者和熟练技工需求旺盛，导致收入分配发生变化。这一方面是由于产业演进的高级化对不同人才的需求发生转向；另一方面日益加剧的国际竞争会导致对熟练技工的需求不断增加。有两种贸易理论来分析国际贸易和工资分配的变化之间的联系。一派以劳动经济学为代表,他们关注国际贸易中非熟练劳动力有效供给的变化(如 Berman,Bound and Griliches,1993)。在贸易中,美国进口多为低技术密集型产品,而国内生产品多为技术密集型产品,这会引起国内外劳动力要素有效供给相对重要性的变化,从而使劳动力要素中的熟练技工与非熟练技工的收入发生变化。国际贸易中的要素禀赋理论遭到国际贸易方面许多经济学家的批判,他们认为是外生的产出价格——而不是内生的要素数量——决定相对工资的变化(Edward Leamer,1996)。这一结论是建立在斯托帕—萨缪尔森(Stolper-Samuelson)定理的基础上,该定理发展了国际市场上要素价格和产出价格之间的联系。假设两个国家有相同的技术水平,面临同一个产出价格将会导致相同的工资结构,而不论贸易量有多大。这些理论都需要实践检验,保罗·克鲁格曼(Paul Krugman,1995)发展了一个基于将供需弹性与贸易量相联系,从而推断价格变化的一般 CGE 模型。模拟结果是,如果新出现的商品贸易量占总贸易量份额很小,世界市场上供需变化不会太大。给定合理的价格弹性,为了吸收新增贸易中的过度需求,价格只需做微小调整。

(3)上面的种种解释基于国际贸易的增长,主要是研究贸易商品部门的工资价格波动,都没有涉及到非贸易部门为什么也增加了对熟练技工的需求。一种解释是,广泛的技术进步要求所有部门的技术密集度共同发展,厂商将依据熟练技工相对于非熟练技工生产率的增加来相应地增加前者的工资。

(4)最后一种解释关注持久收入不平等和暂时收入不平等的区别。几乎所有的解释认定收入不平等的上升是持久收入离散程度扩大的结果。例如教育收益的增加,不论是技术变化提高对技能的需求,还是国际贸易的增加都增加了大学生持久收入的增加。同样,实际最低工资的降低被假定为会降低非熟练技工的长期收入。跨国资料不能作出区分,但纵向资料可以区分出长期收入和暂时收入的相对重要性。20 世纪 80 年代的资料显示了持久收入离散度增加和暂时收入变化的加剧在说明不平等增加问题上同等重要。① 引起暂时收入波动的因素很多，如工会联盟的减弱，非自愿失业等（Johanne Boisjoly, Greg Duncan and Smeeding, 1996）。

四、其他工业化国家和中国收入不平等的变化

美国是发达国家中收入分配差距悬殊的国家。它的这种分配状况有其特殊原因。在做了专门分析后，我们再来看其他发达国家和我国的情况（见表6-6）。

表6-6　工业化国家男工收入在20世纪80年代的变化[a]

国家和论文作者（1）	年份（2）	全部收入不平等（3）	工作经历收益（4）	教育或职业收益（5）[b]	组内收入不平等（6）
澳大利亚					
*Borland（1992）	1981~1989	+	++	混合	++
Gottschalk and Joyce（1995）	1981~1985	++	+++	-	+++
Gregory（1993）	1976~1990	+++	na		na
加拿大					
Blacburn and Bloom（1994）	1979~1987	++	++	-	+++
Gottschalk and Joyce（1995）	1981~1987	++	++	+	++
芬兰					
*Ericksson and Jantti（1994）[c]	1980~1990	0	0	0	0
Gottschalk and Joyce（1995）	1987~1991	+	-	-	0
法国					
Katz, Loveman, Blanchflower（1995）	1976~1987	+	+	(0)	混合
Gottschalk and Joyce（1995）	1979~1987	++[a]	+++[b]	(-)	+
德国					
*Abraham and Houseman（1995）	1983~1988	0	0	0	na
以色列					
Ericksson and Ichino（1995）	1979~1986	+	+++	++[a]	0

---

① Gottschalk 和 Moffitt（1994）、Moffitt 和 Gottschalk（1995），后一篇论文把暂时收入定义为3年内消失的冲击性收入。

第六章 中国城镇居民收入差距的国际比较

续表

国家和论文作者（1）	年份（2）	全部收入不平等（3）	工作经历收益（4）	教育或职业收益（5）[b]	组内收入不平等（6）
意大利 Ericksson and Ichino（1995）	1978~1987	0[c]	0[c]	0[a]	−[c]
日本 Katz, Loveman, Blanchflower（1995）	1974~1990	+[b]	混合	+	na
荷兰 *Hartog, Costerbeek, Teulings（1992）	1979~1989	0	0	−	+
Gottschalk and Joyce（1995）	1983~1987	+[b]	+++	−	+
瑞典 Edin and Holmlund（1995）[d]	1984~1991	++	+	++	+++
Gottschalk and Joyce（1995）	1981~1987	+[b]	−	(+++)	+++
英国 Katz, Loveman, Blanchflower（1995）	1979~1990	+++	++	(++)	+++
Gottschalk and Joyce（1995）	1979~1986	+++	+++	(+++)	+++
中国**	1978~1995	++	+	++	na

注释：a 指和美国同期分类相比，+++ 表示不平等增加至少和美国一样在 80% 以上；++ 表示不平等增加和美国一样在 50%~80%；+ 表示不平等增加和美国一样在 10%~50%；0 表示不平等增加和美国一样在 −10%~10% 之间变化；− 表示减少程度在 −10% 以上。

b 指括号表示高的职业收益。只要可能，教育收益指刚进入劳动力市场者。

c 指 10 年内变化微小，在一段时期内下降，然后在 1985 年后迅速增加。

d 指 1974~1984 年间不平等不变。

资料来源：* 指国家，反映了作者的定性判断和对其他国家的分类。
** 中国的数据分别来自三篇论文。第一篇论文：诸建芳、王伯庆、恩斯特·使君多福"中国人力资本投资的个人收益率研究"，《经济研究》1995 年第 12 期；第二篇论文：林毅夫、蔡昉、李周，"中国转型时期的地区差距分析"，《经济研究》1998 年第 6 期。第三篇论文：Zhiqiang Liu（1998），"Earnings, education and economic reforms in urban China", Economic development and Cultural change. Vol. 46. July.

表 6-6 提供了 20 世纪 80 年代男工收入不平等的概况。这个表包含了 11 个发达国家和中国有关教育收益，工作经历收益不平等以及教育和工作经历组内不平等和趋势的信息。由于各国人口覆盖范围，不平等标准、覆盖期间等方面差异大，很难进行直接的跨国比较，所以下面的研究通过和美国对比的方式进行，美国是参照系。

表 6-6 中的国家可分为四组。第一组国家包括英国，它经历

181

了和美国一样的不平等上升程度。第二组国家包括加拿大、澳大利亚和以色列，它们的不平等程度大幅度上升，但没有美国和英国上升的幅度大。法国、日本、荷兰、瑞典和芬兰组成第三组国家，它们的收入不平等只有微小的上升，但在20世纪80年代中期以后上升了，总体幅度不大。① 中国的收入不平等状况与这一组类似，城镇居民的收入不平等状况和发达国家相比仍然比较平均，虽然就中国本身来说改革开放后城镇居民收入差距上升幅度较大，这只能说明起点过于平均。最后一组是意大利和德国，这两个国家的收入分配状况在整个20世纪80年代没有可以测量到的变化。

再看（4）、（5）、（6）列。除了芬兰、以色列和意大利外，其他国家组内不平等都上升了，并且大多数国家的工作经历收益不平等也上升了。美国在两方面很突出：第一，它是教育收益不平等增加最多的国家；第二，它在所有三项（教育收益、工作经历收益不平等和组内不平等）上都有大幅度上升。其他国家中只有英国也和美国一样在这三项上不平等增加了。

在所有国家中，有些因素在不同程度上影响收入不平等。一些国家劳动力市场上供需平衡工资保持不变。一些国家劳动力市场上年轻人的相对减少可能会使工作经历收益有所上升，而少数年轻人竞争正在减少的工作岗位会阻止他们工资的下降。同样，一些国家大学生数量急剧增加时，供需缺口的弥合会使教育收益有一个相对小的增加幅度。

工资制度背景的不同也会对收入不平等的增加产生不同影响。一般说来，工会联盟覆盖面大的国家或者集中制定工资政策的国家能够限制不平等的增加（Freeman and Katz, 1993）。德国、意大利和北欧国家集中制定工资并且集体议价协议覆盖大多数劳

---

① 爱里克森和让蒂（Eriksson and Jantti, 1994）的研究表明，芬兰在1985~1990年期间收入不平等上升了，但在此之前的70年代和80年代初期收入不平等显著下降同样，80年代的瑞典（Douglas Hibbs, 1990）和法国（Concildi, 1997）是个例外，收入不平等没有上升，在初期微小下降，后期则急剧下降。

动力（Lars Calmfors and John Driffill，1988；OECD，1994b）。在另一个极端，美国和英国的工人加入工会联盟的比例在降低并且英国工人的工资议价分散化了（David Blanchflower and Freeman，1992）。

相对供给的变化将影响不平等状况。我们现在转向教育收益率及工作经历收益率之间的变化。如果市场力量支配教育收益率的各种变化，那么，一个受过高等教育者快速增加的国家，它的教育收益只会小幅度增加。同样，在一个童工加入劳动力市场的国家，工作经历收益不会比平均水平增加多少。问题的关键是，这些导致供给移动的因素，是否足以解释工资集中制定国家相对要素价格的小幅度增加。如果能够解释，就说明制度约束不成为制约力量。要研究供给移动的重要性，需要估计每一个国家教育收益和工作经历收益的变化。两种资料可以得到，一个来自 LIS 数据库，它允许用相似的样本和定义的变量来估计各国的收入函数（Gottschalk and Joyce，1996）。第二种资料来源来自对特殊国家的研究，资料非常详细，但跨国可比性差。研究表明，在供给移动的程度和跨国教育收益及工作经历收益的变化之间存在一种系统性的负相关关系，这说明市场因素在制约不平等的增加上起作用。这一推论也适用于实行集中工资协议的国家。

各种规章制度的不同对收入不平等也有影响。大多数国家实行协议工资制并集中制定工资规章制度，我们可以看出，在市场力量之外，还有制度因素在影响工资结构的变化。西欧国家与美国相比，更强调用规章制度来限制市场力量的影响，关键是不平等趋势的变化受制度因素影响程度有多大。首先要有一个衡量标准去度量各国制度约束对工资的影响程度，一个常用的标准是加入工会组织的工人比例。但这个标准不准确，它会遗漏许多不属于工会会员，但却受工会工资协议影响的工人。例如在 1980 年，法国有 85% 的工人受工资协议约束，但只有 17.5% 的工人加入工会组织（OECD，1994c）。看来，用单一标准来衡量各国多样性的制度安排对工资的影响不合适,应该将共同标准和各国特殊的制度安排相结合来分析影响的力度。另外,制度结构的变化也会对工资产生影响。有些情况下制度约束的变化是对市场力量变化的反映。例如,最低工资制度可能会阻止劳动力价格达到市场出清的水平,从而导致非熟练技工失业率的上升。如果价格成刚性,除非工会或政府有关部门保证这些工人就业,否则,对非熟练劳动力需求的减少必然会出现上述结果。应该注意的是,制度约束是为了保证收入最底层人口的收入水平,如果他们被弱化,收入不平等将会上升(Borland,1992)。这些制度所不能保证的是,随着工业化和信息化程度的提高,社会对高级熟练技术工人需求的增加和这一群体收入的提高,受制度保护的非熟练工人在相对意义上收入下降了。

五、收入不平等和再分配

我们在对由市场决定的收入不平等及影响因素做了分析之后,再来考察扣除个人所得税并加上转移支付后的可支配收入在工业化国家和我国的分配状况(见表6-7)。

表6-7　收入不平等水平的比较:个人最高收入与最低收入的差距

国家	数据年份	低收入[b] (P10)	高收入[c] (P90)	高低收入之比[d] (P90/P10)	基尼系数[e]
芬兰	1991	58	158	2.74	0.227
瑞典	1992	57	159	2.78	0.229
比利时	1992	58	163	2.79	0.230
挪威	1991	56	158	2.80	0.230
丹麦	1992	54	155	2.86	0.239
奥地利	1987[f]	56	163	2.87	0.227
卢森堡	1985	59	174	2.95	0.238
德国	1984	57	171	3.01	0.249

第六章 中国城镇居民收入差距的国际比较

续表

国家	数据年份	低收入[b] (P10)	高收入[c] (P90)	高低收入之比[d] (P90/P10)	基尼系数[e]
荷兰	1991	57	173	3.05	0.268
意大利	1991	56	176	3.14	0.255
瑞士	1982	54	185	3.43	3.11
法国	1984	55	193	3.48	2.94
加拿大	1991	47	183	3.93	0.285
西班牙	1990	49	198	4.02	0.306
以色列	1992	50	205	4.12	0.305
爱尔兰	1987	50	209	4.23	0.328
澳大利亚	1989/1990	45	193	4.30	0.308
英国	1991	44	206	4.67	0.335
美国	1991	36	208	5.78	0.350
平均值[g]		53	180	3.52	0.274
中国[h]	1991	58.9	172.6	2.93	0.262

注释：a 表示以成年人计算的等规模家户收入，等规模因子 E = 0.5；
b 表示个人相对收入低于 90% 人口的低收入组，但高于 10% 的个人，数值是各国中数的百分比；
c 表示个人相对收入高于 90% 人口的高收入组，但低于 10% 的人口，数值是各国中数的百分比；
d 表示 P90/P10，或十分位比；
e 表示基尼系数按个人可支配收入计算；
f 表示奥地利的可支配收入中不包括自我劳动（self-employment）收入；
g 表示 19 国样本的平均值；
h 表示中国的数据来自《中国统计年鉴（1992）》，也不包括自我劳动收入，而且是城镇人口的数据。
资料来源：LIS 数据库。

在表 6-7 中包括 19 个工业化国家根据 LIS 得到的数据以及中国城镇居民的数据。[①] 在美国，低收入组的个人得到了相当于中数 36% 的收入，而高收入组的个人得到了相当于中数 208% 的收入，

[①] 中国的数据分别来自三篇论文。第一篇论文：诸建芳、王伯庆、恩斯特·使罗多福"中国人力资本投资的个人收益率研究"，《经济研究》1995 年第 12 期；第二篇论文：林毅夫、蔡昉、李周，"中国转型时期的地区差距分析"，《经济研究》1998 年第 6 期。第三篇论文：Zhiqiang Liu (1998), "Earnings, education and economic reforms in urban China", Economic development and Cultural change. Vol. 46. July.

两者之比为5.78，表明高收入组的个人享有比低收入组个人5.78倍高的收入。美国的这一比值是19个工业化国家里最高的。比值居第二位的是英国，其比值4.76。美国低收入组人口的可支配收入分配状况也和其他国家不同。美国低收入组的人口仅得到相当于中数36%的收入，而其他国家（不包括中国）的均值为53%，可见美国低收入组的收入最低。但在高收入组中，爱尔兰以相当于中数209%的数值而位居第一，美国的这一数值为208%，居第二位。这两个国家的高收入组的收入大大高于180%的均值水平。高收入组中数值较小的国家是奥地利、比利时、北欧国家和中国。

高低收入组收入水平的比较只注意两个极端的情况，不能反映分配的整体情况，而基尼系数正好可以达到这一目的，因为它对中等收入阶层的变化很敏感。基尼系数反映的不平等状况和十分位法稍有不同，可以清楚地看出各国的区别。斯堪的纳维亚各国、奥地利、比利时、荷兰、卢森堡（BENELUX）三国和中国不平等程度最低，接下来是中欧国家，以色列和南欧国家，美国、英国和爱尔兰收入不平等程度最高。

我们再来看各国在过去的10~25年内收入不平等的发展趋势。先分析美国的情况，然后再考察其他工业化国家和中国的情况。美国收入的不平等程度在整个20世纪80年代在稳步上升[1]（见表6-8）。

表6-8 美国收入不平等的趋势：1979~1993年
调整后的可支配收入百分比

年份	P10/P50	P20/P50	P80/P50	P90/P50	P90/P10	P80/P20	基尼系数
1979	40.4	57.3	154.6	190.2	4.71	2.70	0.313
1980	39.9	56.7	154.2	189.7	4.75	2.72	0.310
1981	39.2	55.6	155.2	192.7	4.92	2.79	0.318

[1] Jeffrey G. Williamson 和 Peter H. Lindert，(1980)；Plotnick 和 Eugene Smolensky，(1992)；Goldin 和 Robert Margo，(1991) 等都对美国的收入分配做了长期考察。

第六章　中国城镇居民收入差距的国际比较

续表

年份	P10/P50	P20/P50	P80/P50	P90/P50	P90/P10	P80/P20	基尼系数
1982	37.7	54.3	159.0	200.2	5.31	2.93	0.331
1983	36.7	53.1	161.8	203.3	5.55	3.05	0.339
1984	36.5	53.1	162.2	204.4	5.60	3.06	0.340
1985	36.5	53.3	162.9	205.0	5.61	3.05	0.342
1986	35.5	52.9	162.6	204.7	5.77	3.07	0.341
1987	34.5	52.3	161.4	201.2	5.78	3.09	0.342
1988	35.1	52.5	162.4	205.0	5.85	3.10	0.347
1989	35.5	52.6	162.1	205.9	5.75	3.08	0.351
1990	35.9	53.1	163.6	207.6	5.79	3.08	0.352
1991	35.5	52.8	162.9	207.7	5.79	3.09	0.350
1992	34.7	52.0	164.6	209.2	6.03	3.16	0.357
1993[a]	34.4	51.9	167.9	214.1	6.22	3.23	0.363
1991/1979 * 100							

注释：a 表示 1993 年的收入根据 1983～1991 年家户 29900 美元水平计算，考虑了从 1990 年以来的人口权数；
* 号表示基于作者的定性比较，对其他国家进行分类。
资料来源：美国商业部统计局（1995b）。

表6-8中的基尼系数是根据1967～1993年间加上转移支付的税前收入计算的。和其他不平等标准一样，按基尼系数衡量的不平等从1967年到20世纪70年代中期保持相对稳定，然后开始上升。如果对美国的收入项目进行家户规模、人口加权等调整，使之与其他国家的收入定义一致后，不平等的增加更大。从十分位比较来看，最低收入组（P10）的相对收入一直在下降，而最高收入组（P90）的收入一直在升高，结果，从1979年到1993年，两者的比值上升了30%，基尼系数在同一年间的两次衰退加速了不平等的发展趋势（Burkhauser et al, 1996）。

由于各工业化国家统计口径不一致，绝对水平上的跨国比较不可能。表6-9是按照各工业化国家收入不平等的增加程度从大到小排列的。中国城镇居民不平等增加最大，放在最后一位。

在工业化国家中,收入不平等状况发生巨大变化的是美国和英国,它们两国收入差距的扩大有一个清晰的趋势。单亲家庭、单人家庭是自 20 世纪 70 年代中期以来致使美国收入不平等上升的主要因素。在英国,失业的增加和大量单亲家庭的出现是收入底层分配恶化的重要原因。受过良好教育的高收入者,他们资本收入的增加和大量自主劳动收入都是收入顶端阶层收入份额上升的主要原因(美国的资料见 Karoly 1995; Danziger and Gottschalk 1995; Duncan, Smeeding Willard Rodgers, 1994; 英国的资料见 Jenkins, 1995a, 1996)。虽然英、美两国在收入分配和收入不平等的趋势上是相似的,而家庭收入分配的变化程度却有显著的不同。在美国,收入不平等的大幅度上升集中在 20 世纪 80 年代早期并延续到 90 年代早期。英国的收入不平等在 20 世纪 70 年代中期下降了,但基尼系数在 1978～1991 年间上升了 30% 多,这几乎是同期美国上升幅度的两倍,并且是英国 1949～1976 年间不平等下降幅度的两倍多(Koroly, 1995; Atkinson, 1996a)。

表 6-9　　市场收入和可支配收入不平等的变化[a]

国家	资料来源	期间	市场收入不平等[b]	可支配收入不平等
英国	Goodman and Webb (1994) Atkinson (1993)	1981～1991	+++	++++
美国	U. S. Bureau of the Census (1995a)	1980～1993	+++	+++
瑞典	Gustafsson and Palmer (1993) Statistics Sweden (1995)	1980～1993	+++	+++
澳大利亚	Saunders (1994)	1980～1981 1989～1990	+	+
丹麦	Aaberge et al (1995)	1981～1990	+	+
新西兰	Saunders (1994)	1981～1989	+	+
日本	Tachabanaki and Yagi (1995) Bauer and Mason (1992)	1981～1990	+	+
荷兰	Atkinson, Rainwater and Smeeding (1995) Muffels and Nelisen (1996)	1981～1989	+	+

第六章 中国城镇居民收入差距的国际比较

续表

国家	资料来源	期间	市场收入不平等[b]	可支配收入不平等
挪威	Epland (1992)	1982~1989	+	+
比利时	Cantillon et al (1994)	1985~1992	+	+
加拿大	Beach and Slotsve (1994) Statistics Canada (1994)	1980~1992	+	0
以色列	LIS (1995)	1979~1992	+	0
芬兰	Uusitalo (1995)	1981~1992	+++	0
法国	Concialdi (1996)	1979~1989	0	0
葡萄牙	Rodrigues (1993)	1980~1990	0	0
西班牙	LIS (1995)	1980~1990	na	0
爱尔兰	Callan and Nolan (1993)	1980~1987	+	0
联邦德国	Burk Hauser and Poupore (1997) Hauser and Becker (1993)	1983~1990	+	0
意大利	Bran Docini and Sestito (1993) Eriksson and Ichino (1995)	1977~1991	-	-
中国	Niu Fei Liang (1999)	1978~1995	++++	++++

注释：a

符号	含义	基尼系数变化范围
-	微弱下降	-5%或更多
0	0	-4%~4%
+	微小上升	5%~10%
++	中等程度上升	10%~15%
+++	大幅度上升	16%~29%
++++	急剧上升	30%以上

b 大多数研究显示了市场收入不平等的变化，没有显示的用"na"表示。市场收入指人们从各种来源获得的收入包括工资收入、利息收入、红利、租金等。

　　瑞典收入不平等的起点很低，它经历了和英国一样的变化模式，到1981年为止，收入不平等一直在下降，整个20世纪80年代呈上升趋势，在20世纪90年代早期急剧上升。瑞典的基尼系数在1981~1993年间增加了20%，尽管如此，瑞典的收入分配和英、美比较起来，还是相当平等。澳大利亚、丹麦和日本收入不平等的上升幅度比美国和瑞典稍小一些。新西兰的情况也是如此，但不平等的增长是在20世纪80年代晚期（Saunders，1994）。中国收入不平等的上升幅度在所有国家中是最大的,从 1978 年改革开放到 1995 年为止,上升了 30% 以上。这一方面是因为中国原来的分配极其平均;另一方面是因为市场化改革的深入使收入来源日趋多样化,再加上经济体制转轨时期收入分配秩序的混乱,使城镇居民收入差距逐步拉大,但在世界范围内看,分配仍然比较平均。可见,上升幅度大不等于收入不平等程度最大;上升幅度小不等于不平等程度低。阿特金森(Atkinson,1996a)做了很中肯的概括,他指出,在除英国外的工业化国家中,认为 20 世纪 80 年代世界范围内收入不平等呈上升趋势是明显错误的。上升趋势在不同国家千变万化,有些国家根本没有这种趋势。同时,那些想为除英、美之外的其他工业化国家寻找一个公共模式的人们可能会这样说,世界上多数工业化国家朝着减少不平等的方向前进是个例外,而不是一个规律。进而认为,这些在收入不平等上升幅度上低于英国和美国的国家,在整个 20 世纪 90 年代收入不平等呈上升趋势倒是一个普遍结论。很显然,表 6-9 的数据支持阿特金森的断言。在 19 个工业化国家中,3 个国家(荷兰、挪威、比利时)的收入不平等有微小上升,有 8 个国家的收入分配状况在 20 世纪 80 年代没有变化。只有意大利的不平等在 1977~1991 年间明显下降。

另一个值得注意的现象是,初始不平等和 20 世纪 80 年代不平等的发展之间没有明显的关系,美国和瑞典的不平等都上升了,美国不平等的初始值大,而瑞典的起点非常低。意大利的不平等下降,英国不平等则上升了。而两国在 20 世纪 80 年代中期都处于收入不平等序列的中间位置(Atkinson,Rainwater and Smeeding,1995a)。也没有一个分配状况保持不变的国家集团。在斯堪的纳维亚国家中,瑞典在 20 世纪 90 年代早期收入不平等快速上升,而芬兰则没有,在欧洲大陆国家中,英国的收入不平等大幅上升,比利时和荷兰有微小的上升,德国、葡萄牙、爱尔兰和法国保持不变,意大利则下降了。在北美国家中,加拿大的家户收入不平等小幅上升,而美国则有巨大增加,尽管两国收入不平等的变化模式相似(Card and Freeman,

1993)。

家户收入分配的变化是许多因素造成的：劳动力市场的变化影响家庭成员的收入；而资本市场的变化将影响人们的资本收益，尤其是在20世纪80年代的英国，澳大利亚、新西兰和日本市场的变化将影响人们的资本收益；[①] 政府公共转移支付和税收政策的变化将直接影响人们的可支配收入。此外，像妇女运动、人口总量和结构的变化以及社会制度的变迁都在20世纪70年代对收入不平等的上升起了一定的作用。大多数学者发现人口因素没有经济因素的作用大（Jenkins：1995a；Jantti and Danziger：1994；Fritzell：1993；Danziger and Gottschalk：1995）。伯特勒斯（Burtless：1995）和卡罗利（Karoly：1995）以及勒曼（Lerman：1996）都对人口和社会因素作了大量研究。人口的年龄政策鼓励提前退休，在许多发达国家减少了收入不平等。20世纪80年代人口的一个变化是单亲家庭急剧上升，德国、英国、荷兰在这一方面的变化特别大。由于单亲家庭平均收入低从而增加了不平等。

总的看来，劳动力要素收入占市场收入的70%以上，其分配的不平等程度是影响欧美发达国家收入不平等的主要原因。这和我国城镇居民的情况相似。在1995年，我国城镇居民的工资收入占总收入的61.3%，对收入不平等的贡献度为45.6%，可见，劳动力要素收入也是影响收入分配不平等的主要因素。在欧美国家，劳动力要素收入和人口因素并不是形成收入不平等的所有因素，25%以上的家庭主要受社会保障支出的影响，在英国、荷兰、瑞典这一比例达到30%以上（Atkinson，Rainwater and Smeeding：1995b）。社会保障支出主要是用于对低收入阶层的帮助，因此是降低收入不平等的重要因素，这也是这些国家成为福利国家的主要原因。

---

① 关于澳大利亚和新西兰的资料，见 Saunders（1994）；英国的资料见 Atkinson（1996a）和 Jenkins（1995a）；日本的资料见 John Bauer 和 Andrew Mason（1992），美国的资料见 Cowell Bauer 和 Jenkins（1993）、Duncan、Smeeding 和 Rogers（1994）；关于年收入不平等标准不能对资本收益的变化起多大解释作用的部分原因，是因为它只包括了实际得到的利息、租金和红利。

第三节 中国城镇居民与拉美国家、亚洲国家居民收入差距的跨国比较分析

拉美国家和东亚国家在第二次世界大战后都是曾创造增长奇迹的两个地区,也是新兴工业化的发展中国家,在伴随发展而进行的利益分配上,两者的分配模式截然相反。拉美国家在第二次世界大战后采取了先增长后分配的发展模式,这一模式也是西方发达国家在工业化过程中所走过的老路(类似于工业发展中先污染后治理的策略)。这一模式依据哈罗德—多马模型,要求国内有一个高储蓄率,以便为资本积累创造条件,私有制基础上的资本的积聚和集中,必然会产生贫富两极分化(马克思,1867)。这一发展和分配模式在动态上完全支持库兹涅茨倒 U 假说。与之相反,在亚洲新兴工业化国家和地区中,韩国和我国台湾地区最具有代表性,它们在第二次世界大战后采取了经济增长与分配相对平衡的发展模式,在取得了经济高速增长奇迹的同时,也取得了分配相对平等的奇迹。从收入分配的动态变化上看,这些国家的资料否定了库兹涅茨倒 U 假说。显然,我国在 1978 年改革开放后,GDP 年均增长率以接近两位数的速度增长,创造了世界经济发展史上的"中国奇迹",但同时我国城镇居民的收入差距一直在稳步上升。在本节中,我们一方面要对拉美国家和东亚国家的收入分配状况进行比较,找出差别,另一方面也要对造成差距的原因作出初步的判断。

一、中国城镇居民与拉美国家居民收入差距的跨国比较分析

我们利用世界银行的调查资料(Deininger-Squire,1996),对拉美国家和其他国家和地区,包括中国城镇居民的收入分配状况进

行较为详细的分析(见表6-10)。

从整个期间和各个10年期来看,在所有地区中,拉美地区基尼系数平均值最高,20世纪60年代基尼系数有小幅度下降,70年代基本保持不变。值得注意的是,在20世纪60年代和70年代,东亚和太平洋地区的基尼系数上升了(见表6-11)。

表6-10 世界各地区基尼系数的四个10年期平均值

地 区	各年平均值	1960年	1970年	1980年	1990年
拉美和加勒比海地区	49.78	53.24	49.06	49.75	49.31
撒哈拉以南非洲	49.05	49.90	48.19	43.46	46.95
中东和北非	40.49	41.39	41.93	40.45	38.03
东亚和太平洋地区	38.75	37.43	39.88	38.7	38.09
中国	21.9	16	16	0.269	0.289
南亚	35.08	36.23	33.95	35.01	31.88
工业化和高收入发展中国家	34.31	35.03	34.76	33.23	33.75
东欧	25.57	25.09	24.63	25.01	28.94

资料来源:K. Deininger-L. Squire(1996),P.584;《中国统计年鉴》。

表6-11 五等分法最低收入组和最高收入组的收入份额

五等分和地区	期间平均值	1960年	1970年	1980年	1990年
20%最低收入组					
撒哈拉南部非洲	5.26	2.76	5.10	5.70	5.15
东亚和太平洋地区	6.34	6.44	6.00	6.27	6.84
中国	12.16	—	—	12.58	11.74
南亚	7.74	7.39	7.84	7.91	8.76
东欧	9.34	9.67	9.76	9.81	8.83
中东和北非	6.66	5.70	—	6.64	6.90
拉美和加勒比地区	3.86	3.42	3.69	3.67	4.52
工业化和高收入发展中国家	6.42	6.42	6.31	6.68	6.26
20%最高收入组					
撒哈拉南部非洲	51.79	61.97	55.82	48.86	52.37
东亚和太平洋地区	45.73	45.90	46.50	45.51	44.33
中国	30.7	—	—	29.9	31.5
南亚	43.01	44.05	42.19	42.57	39.91

续表

五等分和地区	期间平均值	1960年	1970年	1980年	1990年
20%最高收入组					
东欧	36.11	36.30	34.51	34.64	37.80
中东和北非	46.32	49.00	—	46.72	45.35
拉美和加勒比地区	55.12	61.62	54.18	54.86	52.94
工业化和高收入发展中国家	40.42	41.22	41.11	38.89	39.79

资料来源：K. Deininger-L. Squire (1996), P.584；《中国统计年鉴》。

除了20世纪60年代撒哈拉南部非洲国家最低20%人口所占份额最少以外，其他期间拉丁美洲国家收入底层的20%人口所占收入在世界各地区中是最低的（见表6-11）。从20世纪60~90年代的平均值看，拉美国家20%最低收入人口所占收入比例不到4%，是全世界最低的（不到东欧国家的一半）；而从20%最高收入人口所占份额从20世纪60年代的62%持续下降到90年代的53%，下降幅度很大，接近撒哈拉南部非洲国家52.37%的水平。而中国城镇居民中，收入最低20%人口所占比例为12.16%，是世界上最高的；收入最高20%所占比例是30.7%，在世界上是最低的，可见，我国城镇居民的贫富收入差距在世界各地区中是最低的。在世界各地区中贫富差距很小的是东欧国家，这些国家在实行社会主义制度时期，即从20世纪60~80年代，贫富差距在世界上是相当低的。而且一直到20世纪80年代，他们的收入差距在持续缩小，但在转向资本主义市场经济以后的20世纪90年代，贫富收入差距突然扩大。

拉美国家收入分配高度不平等并不是由于每个国家的基尼系数特别高，而是相比之下基尼系数相对高。在拉美国家内部，各国的收入分配也有显著差别（见表6-12）。表中第一列按照从低到高排序。基尼系数最小值与最大值相差15个百分点，收入最不平等的国家是玻利维亚，其基尼系数平均值为42.04。中国城镇居民的基尼系数平均值为21.9，可见中国城镇居民的分配状况是很平均的。从戴宁格（Deininger）和斯科（Squire, 1996）提供的数据看，除去撒哈拉南部非洲国家外,其他地区只有五个国家的收入分配状况比拉美地区更不平等,包括中东和北非地区的伊朗和突尼斯,工业化和高收入的发展中国家中有巴拿马、法国和土耳其。亚洲和东欧国家中没有一个国家的基尼系数比玻利维亚高。

表6-12中的第三列和第五列显示了每个拉美和加勒比海地区国家基尼系数的最大值和最小值,大多数国家基尼系数值波动很大。收入分配最平等的国家是牙买加,基尼系数是38,最不平等的国家是巴西,基尼系数为62,巴西基尼系数最小值是53,仍然明显地高于拉美国家平均值50,通过跨国比较分析,我们的结论是,中国城镇居民的收入分配最平等,巴西的收入分配最不平等。

表6-12 拉美和加勒比海地区与中国城镇居民的收入分配

地区/国家	基尼系数平均值	升序	基尼系数最小值	升序	基尼系数最大值	升序
拉美和加勒比海地区	50.15		37.92		61.88	
玻利维亚	42.04	1	42.04	6	42.04	1
牙买加	42.90	2	37.92	1	54.31	11
厄瓜多尔	43.00	3	43.00	8	43.00	2
委内瑞拉	44.42	4	39.42	2	53.84	10
哥斯达黎加	46.00	5	42.00	5	50.00	5
特立尼达	46.21	6	41.72	4	51.00	8
多巴哥	46.94	7	43.29	9	50.46	7
巴巴多斯	47.18	8	45.49	11	48.86	4
秘鲁	47.99	9	42.76	7	55.00	13
圭亚那	48.19	10	40.22	2	56.16	14
萨尔瓦多	48.40	11	48.40	14	48.40	3
尼加拉瓜	50.32	12	50.32	18	50.32	6
波多黎各	51.11	13	50.15	17	52.32	9
哥伦比亚	51.51	14	46.00	12	54.50	12
智利	51.84	15	45.46	10	57.88	16
巴拿马	52.43	16	47.47	13	57.00	15
墨西哥	53.85	17	50.00	16	57.90	17
洪都拉斯	54.49	18	50.00	16	61.88	20
危地马拉	55.68	19	49.72	15	59.06	18

中国城镇居民收入差距

续表

地区/国家	基尼系数平均值	升序	基尼系数最小值	升序	基尼系数最大值	升序
巴西	57.32	20	53.00	19	61.76	19
中国	21.9	—	22.9	—	44.9	—

地区/国家	标准差	升序	最高收入组/最低收入组	升序
拉美和加勒比海地区	6.05		16.02	
玻利维亚			8.58	1
牙买加	4.81	11	8.75	2
厄瓜多尔			9.28	5
委内瑞拉	4.27	10	10.9	7
哥斯达黎加	2.97	5	13.13	10
特立尼达	3.97	9	18.31	15
多巴哥	3.35	7	11.06	8
巴巴多斯	2.83	2	17.51	4
秘鲁	5.42	14	9.21	4
圭亚那	11.27	16	9.15	3
萨尔瓦多			10.64	6
尼加拉瓜			13.12	12
波多黎各	1.11	1	22.20	17
哥伦比亚	2.68	3	13.94	11
智利	5.76	15	14.48	12
巴拿马	5.01	12	22.64	18
墨西哥	3.09	6	17.12	13
洪都拉斯	3.36	8	27.74	20
危地马拉	5.18	13	20.82	16
巴西	2.72	4	23.07	19
中国	—	—	2.25	—

资料来源：K. Deininger-L. Squire (1996) P.574；《中国统计年鉴》。

  国际上对拉美国家收入分配高度不平等原因的研究很多且学派、观点林立。在这些观点中，有的在某一时期有解释作用，另一些在另一时期有解释作用；有些解释得到计量经济学的支持，有些则没有。这些不同的观点，概括起来主要有以下四种：

  第一种观点认为拉美国家的收入不平等是由于土地所有权的集

中所导致的（Nelson et al, 1969; Cline, 1975; Di Fillipo, 1977; Cardoso and Fishlow, 1989）。现在，土地所有权分配不平等已经不像早期那样具有解释力了。这一方面是因为在拉美国家工业化过程中，工业资本的份额上升，土地所有权资本下降。在这一时期内，农业份额占国内生产总值（GDP）的比例在过去的30年中显著下降。在14个拉美国家中，没有加权的农业在GDP中所占比例从1965年的22.6%，下降到1993年的13.4%，最大的六个拉美国家（阿根廷、巴西、哥伦比亚、墨西哥、秘鲁和委内瑞拉）农业份额从17%下降到10%以下（世界银行1995，P.166；1985，P.178）。

第二种观点是由以钱纳里和塞尔奎因等为代表的结构主义学派提出的。他们认为收入分配受价格水平和价格结构的影响。在通货贬值后，国内贸易商品和非贸易商品价格最终都会上涨，受契约约束的收入如工资会受到通货膨胀影响而贬值，从而收入分配状况恶化。这种观点如果在过去还具有一些解释力的话，20世纪80年代拉美国家的对外开放增强了企业间的竞争，导致传统价格决定机制失败。结构主义者的观点也许能对基尼系数的短期波动有解释力，但不能解释长期趋势（Londono, 1996）。

第三种观点认为是由于拉美国家人力资本形成不足造成的。伦德诺（Londono, 1996）建立了一个跨部门回归模型，对单位资本收入和从1994年人力资本发展报告中得到的教育指数做了回归分析，得出了上述结论。有人对伦德诺的观点进行了批判，指出他的回归模型认为教育决定于单位资本收入，如果一个国家的教育指数低于标准单位资本收入，其人力资本形成不足。为了证明这一观点，教育必须由单位资本收入水平决定；因果关系从收入转向教育。伦德诺的这一假说与最近的发展理论背道而驰，发展理论的研究表明人力资本是解释经济发展的重要变量（Barro, 1991; Markiw, Romer and Weil, 1992; Barro and Sala-I-Martin, 1995）。从这一角度看，伦德诺的因果关系完全颠倒了。很可能教育和收入两个变量是由其他外生变量决定的。所以，这一看法有待进一步研究。

第四种观点认为,20世纪80年代的拉美债务危机导致了经济改革和各种标准或指标的调整,这要付出社会成本(Sautter and Schinke,1994),经常影响低收入人口而不是高收入人口的收入水平(Bulmer and Thomas,1996)。显然,为了偿还国家债务并消除财政赤字,公共部门的就业人员会减少,对实际工资也会产生向下的压力。低收入人口所受影响最大,尽管他们将从通货膨胀的降低中获得一些好处。然而这种收益要看他们是否处在通货膨胀的拉弗曲线的右边而定(Agenor and Montiel,1996)。结果,国内资本市场的改革促使实际利率上升和收入份额变动,主要使高收入阶层受益。大多数拉美国家的基尼系数在20世纪80年代末、90年代初上升了。

二、中国城镇居民与亚洲国家居民收入差距的跨国比较分析

我们在前面的相关研究中已指出,奥希曼(Harry T. Oshima,1992)的研究揭示出亚洲国家的收入分配与经济增长从总体趋势来看呈倒U形分布,具体到每个国家来看,收入分配状况千差万别(如表6-13所示)。

表6-13 亚洲国家基尼系数

东亚		东南亚		南亚		中亚	
年份	基尼系数	年份	基尼系数	年份	基尼系数	年份	基尼系数
日本		新加坡		*孟加拉		哈萨克	
1962	0.37	1966	0.50	1963~1964	0.41	1993	0.327
1965	0.34	1972	0.44	1967~1968	0.38		
1970	0.41	1974	0.43	1968~1969	0.37		
1975	0.36	1979	0.42	1973~1974	0.39		
1980	0.33	1984	0.47	1985~1986	0.31		
1985	0.35						

第六章　中国城镇居民收入差距的国际比较

续表

东　亚		东南亚		南　亚		中　亚	
年份	基尼系数	年份	基尼系数	年份	基尼系数	年份	基尼系数
韩国		泰国		斯里兰卡			
1966	0.34	1962~1963	0.41	1953	0.46		
1971	0.36	1968~1969	0.43	1963	0.45		
1976	0.37	1975~1976	0.43	1973	0.35		
1980	0.39	1980~1981	0.45	1990	0.30		
1982	0.36	1985~1986	0.50				
1985	0.41	1988	0.43				
1987	0.47	1992	0.462				
中国台湾地区		马来西亚		*印度			
1953	0.56	1957~1958	0.45	1960~1961	0.35		
1959~1960	0.44	1967~1968	0.48	1963~1964	0.36		
1964	0.36	1970	0.51	1967~1968	0.345		
1970	0.32	1973	0.52	1968~1969	0.35		
1975	0.31	1979	0.49				
1980	0.30	1984	0.48				
1985	0.32	1989	0.484				
1987	0.33						
中国香港地区		*菲律宾		*巴基斯坦			
1957	0.48	1965	0.51	1963~1964	0.4		
1963~1964	0.50	1971	0.45	1969~1970	0.374		
1966	0.49	1985	0.44				
1971	0.44	1991	0.47				
1973~1974	0.42						
1976	0.44						
1979~1980	0.40						
1981	0.46						
*中国内地		印度尼西亚		尼泊尔			
1978	0.16	1970	0.45	1976~1977	0.50		
1985	0.268	1976	0.49	1995~1996	0.367		
1997	0.30	1978	0.51				
		1982	0.45				

续表

东　亚		东南亚		南　亚		中　亚	
年份	基尼系数	年份	基尼系数	年份	基尼系数	年份	基尼系数
*中国内地		印度尼西亚		尼泊尔			
		1987	0.37				
		1997	0.31				

注释：*号表示为该国城镇居民基尼系数值，不带*号为全国居民基尼系数。
资料来源：《世界发展报告》；《中国统计年鉴》。

从表6-13中可以看出，基尼系数在总体上呈下降趋势的国家和地区有：中国台湾地区、印度尼西亚、孟加拉、斯里兰卡、巴基斯坦、尼泊尔、菲律宾。其他国家和地区的基尼系数或者持续上升，如中国内地、韩国、泰国、马来西亚；或者在较长时期内有波动，如日本、中国香港地区、新加坡。而从基尼系数的高低来看，20世纪80年代以来基尼系数在0.4以下的国家和地区有中国内地、中国台湾地区、日本、印度尼西亚、孟加拉、斯里兰卡、印度、巴基斯坦、尼泊尔和哈萨克。这些国家和地区尽管经济发展水平差异很大，但收入分配比较平等。就中国内地和其他国家比较来看，在亚洲国家中和斯里兰卡一样，收入分配是最平等的，中国台湾地区的收入不平等在国际上中等收入国家中和亚洲国家中分配都是很平等的，显然，它们收入平等的原因截然不同。中国内地分配平等的原因主要是占收入比例最大的工资基本上平均发放，而且各种补贴和转移支付也在一定程度上弥补了高低收入人口之间的差距。中国台湾地区是东亚模式的一个经验典型，它在20世纪50年代以来采取了一系列有助于收入均等化的政策措施。

首先，在工业化初期，公营企业所占比重较大，私营企业比重较小，这种企业组织结构，有利于控制资本原始积累时期所导致的资本占有的两极分化，客观上控制了物质资本要素收入的过度膨胀，起到了均等分配的效果。

其次，我国台湾地区普及初等教育，大力发展中等教育和高等教育，这一方面促使了劳动密集型的经济增长，扩大了就业面，另一方面也实现了人力资本的动态再分配，有利于在较长时期内缩小收入差距。其他亚洲新兴工业化国家也具有类似的政策措施，使收入分配处于比较合理的区间。

第四节 中国城镇居民贫困程度的国际比较分析

为了考察我国城镇居民的贫困状况在国际上所处的位置，我们必须进行横向的跨国比较分析，以便为我国的城镇扶贫攻坚提供一个参照系。

一、中国城镇居民贫困状况的跨国比较：狭义分析

我们先比较和中国经济发展水平比较接近的发展中国家的贫困状况。应该说明的是，国际上计算国内贫困人口比例时采用的一般是福奇斯（Fuchs）和维克多（Victor）的标准，把收入少于平均收入一半的人口称为相对贫困人口。我国学者采用1995年的数据，把我国城镇居民的相对贫困定义为1800元/人·年，低于当年4283元可支配收入的1/2。① 其次，国际上关于每天生活不足1美元和2美元，以及每天贫困缺口为1美元和2美元的贫困标准，是世界各国，包括发展中国家和发达国家在内的按购买力平价计算的绝对标准。

表6-14是关于国际贫困状况的比较，从中可以看出，我国城镇贫困线以下的人口占城镇总人口的比例小于2%，在世界上是最低的，但从人口数量上来看，贫困人口有2500万人左右，又是世界上最多的。这一成就的取得，是在我们党和政府的领导下，广

---

① 《人民日报》1998年3月9日。

泛动员全社会的力量,按照统一的部署,筹集巨额资金,有组织、有计划、大规模地长期开展扶贫工作的结果。城镇贫困线人口比例在30%左右的国家大多数为亚非拉一些经济发展水平或者收入分配高度不平等的拉美国家。亚洲国家城镇贫困线以下人口在30%左右的有:印度、吉尔吉斯、蒙古、巴基斯坦、菲律宾、斯里兰卡、越南;拉美国家有:厄瓜多尔、萨尔瓦多、洪都拉斯、尼加拉瓜、秘鲁;非洲国家有:喀麦隆、加纳、莱索托、尼日利亚、塞拉利昂、赞比亚、肯尼亚。世界上城镇贫困线以下人口所占比例最高的国家是塞拉利昂,高达53%,有一半以上的城镇人口生活在贫困状态,它也是世界上收入不平等程度最大,贫富两极分化最严重的国家。

表6-14 国际贫困状况比较 单位:%

国家	城市贫困线以下人口	每天生活费不足1美元人口	每天贫困缺口为1美元	每天生活费不足2美元人口	每天贫困缺口为2美元	数据年份
中国	<2	22.2	6.9	57.8	24.1	1974
印度	33.7	52.5	15.6	88.8	45.8	1992
印度尼西亚	20.1	11.8	1.8	58.7	19.3	1987
老挝	24	—	—	—	—	1993
孟加拉	23.3					1991~1992
吉尔吉斯	28.7	18.9	5	55.3	21.4	1993
蒙古	38.5	—	—	—	—	1995
尼泊尔	23	50.3	16.2	86.7	44.6	1995~1996
巴基斯坦	28	11.6	2.6	57	18.6	1991
菲律宾	42	28.6	7.7	64.5	28.2	1985
斯里兰卡	26.8	4	0.7	41.2	11	1985~1986
突尼斯	12	3.9	0.9	22.7	6.8	1985
越南	25.9	—	—	—	—	1993
阿尔及利亚	7.3	<2		17.6	4.4	1988
喀麦隆	44.4	—	—	—	—	1984
加纳	26.7					1992

续表

国 家	城市贫困线以下人口	每天生活费不足1美元人口	每天贫困缺口为1美元	每天生活费不足2美元人口	每天贫困缺口为2美元	数据年份
几内亚比绍	24.1	88.2	59.5	96.7	76.6	1991
莱索托	27.8	48.8	23.8	74.1	43.5	1993
摩洛哥	17.3	<2	—	19.6	4.6	1984~1985
尼日利亚	31.7	31.1	12.9	59.9	29.8	1985
塞拉利昂	53	—				1989
赞比亚	46	84.6	53.8	98.1	73.4	1991
也门	18.6	—				1992
巴西	13.1	23.6	10.7	43.5	22.4	1990
哥伦比亚	7.8	7.4	2.3	21.7	8.4	1991
多米尼加	23.3	19.9	6	47.7	20.2	1989
厄瓜多尔	25	30.4	9.1	65.8	29.6	1994
萨尔瓦多	43.1	—				1992
洪都拉斯	56	46.9	20.4	75.7	41.9	1992
尼加拉瓜	31.9	43.8	18	74.5	39.7	1993
巴拉圭	19.7	—				1991
秘鲁	45	—				1986
肯尼亚	29.3	50.2	22.2	78.1	44.4	1992
爱沙尼亚	6.8	6	1.6	32.5	10	1994
罗马尼亚	20.4	17.7	4.2	70.9	24.7	1994

资料来源：《世界发展报告（1998~1999）》，中国财政经济出版社1999年版。

中国城镇居民中每天生活在不足1美元状况中的人口比例为22.2%，占全部城镇人口的1/5还多；每天贫困缺口为1美元的城镇人口比例为6.9%。这说明中国城镇居民中不能维持基本生存的约有2000万人左右，可见城镇扶贫任务像农村扶贫任务一样是很严峻的。江泽民同志在中央扶贫开发会议上的讲话中指出："这项工作必须同我们对下个世纪整个经济发展战略的考虑结合起来，同加快中西部地区建设、缩小东西部地区发展差距，实现共同富裕的目标结合起来。这是一个大战略，要早作准备。"[①] 中国城镇居民中每天生活在不足 2 美元状态下的人口占城镇总人口的比例为 57.8%，约 1.6 亿人；每天贫困缺口为 2 美元的人口比例为 24.1%，说明中国城镇居民的生活水平在世界范围内是很低的，大部分处于维持基本生存的状态。

我们再与 11 个工业化国家 20 世纪 80 年代中期的贫困状况进行比较（见表 6 – 15）。工业化国家的数据是根据戴维·库特勒（David Cutler）和劳伦斯·卡茨（Lawrence Katz, 1992）的标准家户收入方法计算出来的。[②] 从绝对贫困家户来看，意大利和荷兰贫困户比例最高，在 40% 以上，是贫困家户比例最低的加拿大和卢森堡比例的 3~4 倍。除了卢森堡之外，其他 9 个国家有 25% 以上人口的收入水平低于美国中数收入的一半（美国 1985 年的中数收入的一半为 7392 美元）。从相对贫困户来看，澳大利亚和美国的比例最高，是相对比例较低的卢森堡和荷兰的 3 倍左右。中国城镇居民的贫困户比例，不论从绝对比例看，还是从相对比例看，都是相当低的。这一方面与我国长期不懈地开展扶贫工作有关，另一方面，也是主要的原因，是因为我国的数据是根据我国全体家庭户中数收入的一半计算的，而不是采用美国的中数收入的一半 7329 美元来计算。如果按美国的标准计算，我国城镇家户中将有 95% 以上属于绝对和相对贫困范围。

表 6 – 15　　　　　　11 个工业化国家绝对和相对贫困率比较

国　家	年　份	贫困户百分比（%）	
		绝对贫困	相对贫困
澳大利亚	1987	29.9	15.2
奥地利	1987	26.3	8.4

---

① 江泽民：《全党全社会进一步动员起来，夺取八七扶贫攻坚决战阶段的胜利》，载《人民日报》1999 年 7 月 21 日。
② Mckinley L Blackburn, (1994). "International comparisons of poverty", American Economic Review Vol. 84, No, May.

第六章　中国城镇居民收入差距的国际比较

续表

国　家	年　份	贫困户百分比（%）	
		绝对贫困	相对贫困
加拿大	1987	11.3	11.5
法国	1984	29.8	7.6
德国	1984	30.6	6.6
意大利	1986	42.8	10.4
卢森堡	1985	13.7	5.6
荷兰	1987	42.4	5.0
瑞典	1987	34.4	9.1
英国	1986	35.9	9.2
美国	1986	17.7	17.7
中国	1995	4.61	4.51

资料来源：LIS 数据库；中国国内的贫困线标准比本表标准低 20%，我们做了调整；发达国家的数据和比例是指全国的家户。

接下来，利用阿特金森（A. B. Atkinson，1987）、詹姆斯·福斯特（James Foster）和安东尼·夏洛克（Anthony Shorrocks，1988）开创的一阶随机占优方法来分析工业化国家之间的相对差异（见表 6-16 和表 6-17）。

表 6-16　　　　　　绝对贫困一阶随机占优比较

国　家	国家贫困比较	
	高于本国的国家	低于本国的国家
澳大利亚（AL）	UK	CN, LX, US
奥地利（AU）	FR, GE, IT, NE, SW, UK	CN, LX
加拿大（CN）	AL, AU, FR, GE, IT, NE, SW, UK, US	—
法国（FR）	NE, SW, UK	AU, CN, GE, LX, US
德国（GE）	FR, IT, NE, SW, UK	AU, CN, LX
意大利（IT）	—	AU, CN, GE, LX
卢森堡（LX）	AL, AU, FR, GE, IT, NE, SW, UK	
荷兰（NE）	—	AU, CN, FR, GE, LX, US
瑞典（SW）	—	AU, CN, FR, GE, LX, US

续表

国　家	国家贫困比较	
	高于本国的国家	低于本国的国家
英国（UK）	—	AL, AU, CN, FR, GE, LX, US
美国（US）	AL, FR, NE, SW, UK	CN

表 6-17　　　　相对贫困一阶随机占优比较

国　家	国家贫困比较	
	高于本国的国家	低于本国的国家
澳大利亚（AL）	—	AU, CN, FR, GE, IT, LX, NE, SW, UK
奥地利（AU）	AL, CN, FR, IT, SW, UK, US	LX
加拿大（CN）	AL, US	AU, GE, LX
法国（FR）	AL, SW, UK, US	AU, GE, LX
德国（GE）	AL, CN, FR, IT, SW, UK, US	
意大利（IT）	AL, UK, US	AU, GE, LX
卢森堡（LX）	AL, AU, CN, FR, IT, NE, SW, UK, US	—
荷兰（NE）	AL, UK, US	LX
瑞典（SW）	AL, UK, US	AU, FR, GE, LX
英国（UK）	AL	AU, FR, GE, IT, LX, NE, SW
美国（US）	—	AU, CN, FR, GE, IT, LX, NE, SW

表 6-16 显示了任一国家与其他国家相比较时贫困程度的等级。加拿大和卢森堡是贫困程度最低的两个国家，而荷兰、瑞典和英国是贫困程度最高的国家。尽管意大利在表 6-15 中绝对贫困率最高，在表 6-16 中仍有六个国家的贫困程度高于它。

二、中国城镇居民贫困状况的跨国比较：广义分析

在跨国比较中，除了要进行维持生存的经济意义上的比较外，为了从宏观上全面把握贫困状况，还需进一步从社会、文化、环境

等方面进行广义贫困比较。广义贫困的指数一般包括教育、医疗卫生、消费、就业等，如表6-18所示。

表6-18 中国城镇居民和世界各地区广义贫困比较

国家和地区	1997年人均GNP（美元）	人均GNP增长率	人均私人消费1980~1999年均增长率	城市人口占总人口比重（1997年）	城市地区获得环卫设施服务人口占城市人口比重（1995年）
全世界	6330	1.8	2	46	—
低收入国家	1400	2.8	1	28	65
中等收入国家	4550	3.8	2.8	49	67
下中等收入国家	3760	—	3.4	42	62
上中等收入国家	7700	3.2	0.1	74	—
中、低收入国家	3230	3.3	2.1	40	—
东亚和太平洋	3560	5.6	4	33	62
中国	3570	7.8	4.5	32	58
欧洲和中亚	4390			68	
拉美和加勒比地区	6660	2.7	0	74	
中东和北非	4580	—		58	
南亚	1580	2.9	1.5	27	68
撒哈拉以南非洲	1470	1.2	—	32	
高收入国家	22770	2.2		78	

国家和地区	人口平均增长率（1990~1997年）	劳动力年均增长率（1995~1997年）	成年人文盲率占15岁以上人口比例（1995年）	公共教育支出占GNP比例（1995年）	医疗卫生支出占GNP比例（1990~1995年）	补贴及其他经常性转移支付比例（1996年）
全世界	1.5	1.6	21	5.2	3.2	—
低收入国家	2.1	2.3	35	5.5	0.9	—
中等收入国家	1.3	1.4	12	4.5	3	28
下中等收入国家	1.2	1.3	12	4.4	2.5	23
上中等收入国家	15	1.9	12	4.6	3.3	42
中、低收入国家	1.6	1.8	21	4.5	2.7	

续表

国家和地区	人口平均增长率（1990~1997年）	劳动力年均增长率（1995~1997年）	成年人文盲率占15岁以上人口比例（1995年）	公共教育支出占GNP比例（1995年）	医疗卫生支出占GNP比例（1990~1995年）	补贴及其他经常性转移支付比例（1996年）
东亚和太平洋	1.3	1.4	9	2.6	1.7	18
中国	1.1	1.1	10	2.3	2.1	—
欧洲和中亚	0.1	0.5		5.6	4.4	
拉美加勒比地区	1.7	2.3	12	3.9	2.9	26
中东和北非	2.5	3.2	28	5.6	2.4	13
南亚	1.9	2.2	38	3	1.2	26
撒哈拉以南非洲	2.7	2.6	34	5.3	1.6	—
高收入国家	0.7	0.9	5%以下	5.5	6.9	59

注释：（1）人均 GNP 按购买力平价（PPP）计算的美元值；
（2）数据来自《世界发展报告（1998~1999）》。

中国人均 GNP 在世界上属于下中等国家，而人均私人消费和人均 GNP 增长率是世界最高水平，说明我国是一个经济高速增长而经济水平起点低的发展中国家。人均私人消费支出的快速增长有助于扩大内需，增加就业机会。我国城市人口占总人口的比重为32%，属于低收入国家的城市化范围，在世界各地区中，只比南亚地区稍高一点；再从城市地区获得环卫设施服务人口占城市人口的比重来看，不但低于世界各地区的比重，而且也低于低收入国家的平均水平。可见，我国不但城市化程度低，城市环卫设施严重不足，不能为城市居民提供一个较好的生活环境。我国医疗卫生支出占 GNP 的比例为 2.1%，高于亚洲和太平洋地区的平均比例，介于低收入国家和下中等收入国家之间，但低于 3.2% 的世界平均水平。我国全国成年文盲率占 15 岁以上人口的比重为 10%，仅次于高收入国家，说明我国成年扫盲运动颇有成效。遗憾的是，我国全国公共教育支出占 GNP 的比例仅为 2.3%，是世界各地区最低的，仅为低收入国家和世界 5.2% 的平均水平的 44%，说明我国教育经费开支严重不足。21 世纪是信息经济和知识经济时代，一个国家的综合国力高低主要看一个国家人力资本的储蓄和知识创新能力。忽视教育投入的后果在短时期内尚不能表现出来，但经过一个较长时期后，一个国家的贫穷和落后与教育落后有着必然的因果关系，这是世界历史一再证明的真理。我们在前面的分析中已经指出，拉美国家的实证分析（George Psacharopoulos, Samuel Morley, Ariel Fiszbein, Haeduck Lee and Willam C. Wood, 1995）证明，多受一年教育，将减少 3%~4% 进入最贫困的 20% 人口的可能性。平均来说，受教育多少对收入不平等的贡献度为 25%。大力增加教育投入，一方面可以为我国培养出一大批知识创新人才；另一方面，教育投资会使国民经济具有内生的增长源泉，随着教育所创造并推动的国民经济的增长，我们可以有更多的转移支付和社会保障基金来减少城镇贫困人口，解决造成贫困的长期性的根本诱因。

第七章

中国城镇居民收入差距的原因分析：一个理论框架

在上面几章中，我们已经对转轨时期我国城镇居民收入分配的总体差距、结构差距、地区差距以及行业差距和不同所有制企业差距进行了静态和动态的实证分析。我们从中得出的结论是：自从20世纪80年代中期我国进行城市经济体制改革以来，我国城镇居民收入差距在不断扩大，收入不平等的发展趋势从中长期来看，仍然处于上升阶段；与此相适应，我国城镇出现了一个相对贫困且有愈益增加趋势的贫困阶层，他们与高收入阶层的差距在不断扩大，但还没有达到两极分化的程度。我们还将我国城镇居民的分配状况与其他发展中国家和发达国家进行了横向跨国比较分析，得出的结论是：我国城镇居民的分配差距比较大，虽然处于比较平均的区间，但高于大多数发达国家居民的分配不平等程度。这一状况要求我们研究造成城镇居民收入差距扩大的原因，作出系统而全面的解释，以便为政府的分配调控政策提供理论依据。

第一节 中国城镇居民收入不平等的成因：抽象模型分析方法

马克思、恩格斯等经典作家认为，一定的生产方式决定一定的分配方式，"分配的结构完全决定于生产的结构，分配本身就是生产的产物，不仅就对象来说是如此，而且就形式说也是如此。就对象说能分配的只是生产的成果，就形式说，参与生产的一定形式决定分配的特定形式，决定参与分配的形式。……在分配是产品分配之前，它是：（1）生产工具的分配。（2）社会成员在各类生产之间的分配（个人从属于一定的生产关系）——这是上述同一关系的进一步规定。这种分配包含在生产过程本身中，并且决定生产的结构，产品的分配虽然只是这种分配的结果。如果在考察生产时把包含在其中的这种分配撇开，生产显然是一个空洞的抽象；反过来说，有了这种本来构成生产的一个要素的分配，产品的分配自然也就确定了。"① 所以，马克思认为生产资料所有制（其法律用语为财产所有权）是造成贫富差距和社会不平等的根本原因。这一科学论断早已被实践所证实。如世界首富美国微软公司总裁比尔·盖茨拥有该公司 19.84% 的股权，市值 1122.93 亿元，和芬兰的 GDP 近 1200 亿美元差不多，比新加坡的 GDP 963 亿美元还要大；世界次富"股神"巴菲特拥有伯克希尔·哈撒韦公司 39.9% 的股权，市值 425 亿美元。② 财产所有权在决定收入不平等上固然重要，但并不是惟一的因素。马克思认为，消灭了资本主义生产资料私有制，就消灭了形成不平等的根源。它在《哥达纲领批判》中指出，建立在生产资料公有制基础上的共产主义第一阶段实行按劳动量分配，劳动要成为尺度就必须按照它的时间或强度来确定；一个人的天赋、工作能力高，他在同一时间内的劳动成果就大，因而可以分到更多的消费品；一个人未结婚或子女少，在劳动成果相同的情况下就会比另一个已结婚，子女多的人富些。其中天赋和工作能力高的劳动是一种复杂劳动，"比较复杂的劳动只是自乘的或不如说多倍的简单劳动，因此，少量的复杂劳动等于多量的简单劳动。"③ 在

---

① 《马克思恩格斯选集》第 2 卷上册，人民出版社 1972 年版，第 98～99 页。
② 林行止："出身大富之家，盖茨富可敌国"，《参考消息》1999 年 7 月 23 日。
③ 《马克思恩格斯全集》第 23 卷，人民出版社 1972 年版，第 58 页。

马克思看来，这些除财产所有权之外的因素都会影响一个人或一个家庭的收入水平和分配状况。

在本节中，我们将根据马克思和恩格斯的科学论述建立一个抽象的理论模型来考察在更一般的意义上哪些因素会影响收入分配状况。

一、理论模型

首先，我们假设：（1）有一些寿命足够长的成年人，尚未结婚，无子女，在体力和精力上保持不变；（2）不存在政府部门的干涉。在这一阶段，我们考察这些人在工作、储蓄并积累财产过程中对财产分配和收入不平等的影响。①

我们假设两个人或两个收入组别分别有一份大小不同的财产，较小的一份为 C_1，较大的一份为 C_2。如果 C_1/C_2 的比率愈来愈接近于1，在这种情况下，不平等将会逐步消除（当然绝对不平等仍然可能不断扩大）。因此，在第一阶段，主要是分析决定不同财产的比例增长率的各种因素。

假设总收入由三部分组成：劳动收入 L；资本财产 C 及其利润 P；人力资本（包括复杂劳动收入、企业家才能收入等知识和技能储备）H 及其收益率 R。同时，我们还假定 S 表示总收入用于储蓄的比例，即新增加的财产积累率；T 表示政府的税收等政策因素。那么，上述两份财产的比例增长率（记作 C_1 和 C_2）可用下列公式表示：

$$C_1 = \frac{S_1(L_1 + P_1C_1 + H_1R_1)T_1}{C_1} \quad (1)$$

$$C_2 = \frac{S_2(L_2 + P_2C_2 + H_2R_2)T_2}{C_2} \quad (2)$$

式中 P_1C_1、P_2C_2 分别代表两个人人力资本的资本收入。在第一阶段，由于不存在人力资本因素，所以 HR 不计算在本阶段总收入

---

① 本模型参考了帕西内蒂和詹姆斯·E·米德的有关研究成果。

第七章 中国城镇居民收入差距的原因分析：一个理论框架

内；同时假设不存在政府各种调控政策，即 T 因素不存在。这时第一阶段的总收入可用（L + PC）表示，S(L + PC) 则表示双方总收入的绝对增加额。这样，第一阶段的比例增长率可表示为：

$$C_{11} = \frac{S_1(L_1 + P_1C_1)}{C_1} \tag{3}$$

$$C_{12} = \frac{S_2(L_2 + P_2C_2)}{C_2} \tag{4}$$

有许多因素影响 C_{11} 和 C_{12} 的值，其中有些因素倾向于使 $C_{11} > C_{12}$，促使财产收入趋向均等化；另一些因素则倾向于使 $C_{12} > C_{11}$，促使收入不平等进一步扩大。我们只分析 L、P、S 等几种因素对财产增长率 C 产生的影响。

第一，假设低收入者或低收入组的资本收入 C_1 为零，这时劳动收入 L 就是一个促使平等化的因素。这时低收入者只有劳动收入 L_1，其储蓄额是 S_1L_1，积累财富的比例增长率是 $S_1L/0 = \infty$，再来看另一个极端情况，一个亿万富翁和一个收入很低的穷人。穷人积累了一点财产，它获得收入的能力 L_1 逐渐提高，但绝不是无限制的。对于富翁来讲，L_1 与 C_2 相比可以忽略不记，并假定 $L_2/C_2 = 0$，[①] 则有 $C_{12} = S_2P_2C_2/C_2 = S_2P_2$。在这两个极端范围内，运用同样的推理方法，我们可以得出结论：$C_{11} > C_{12}$，财产积累趋于平等化，在财产规模的中间范围内，如果其他条件保持不变，比率 L/C 越高，财产增长率 C 就越迅速。获得收入的能力如果能在亿万富翁和穷人之间平等分配，即 $L_1 = L_2$，则这个因素在任何两份大小不同的财产 C_1 和 C_2 之间都是一种平等化的因素。[②]

第二，利润率 P 是一种不平等的因素，小额财产的利润率比大额财产低得多。即使不考虑资本增值收益也是同一结论。事实上，

[①] 当 $\lim\limits_{c_2 \to +\infty}(L_2/L_2) = 0$

[②] 可证明如下：设 $C_1 < C_2$，根据公式（3）和（4），可以得到：
$C_1 = S_1 \times L_1/C_1 + S_1P_1$，$C_2 = S_2 \times L_2/C_2 + S_2P_2$，如果 $S_1 = S_2$、$L_1 = L_2$、$P_1 = P_2$，显然有 $C_1 > C_2$。

资本增值收益一般包括在资本收入中，通过资本积聚的方式攫取更多的剩余价值。因为在资本主义市场经济条件下，大资本吃掉小资本，小资本吞掉更小的资本是发展的必然规律。他占有的资本越多，就越是能够积累。亿万富翁投资的收益包括在 P_1 和 P_2 中后，P_2 将大大超过 P_1，结果是增大了 C_{11} 和 C_{12} 之间的差距，扩大了收入不平等。

第三，储蓄比例 S 对不同规模财富 C 的比例增长率 c 的影响，由多方面因素决定。我们可以进行两类分析，以便得出一些推论。一种情况是，假定两个人获得的收入相同，财产有较大差距。财产较少的那个人如果具有较高获得收入的能力，他的总收入和财产会增长得更快些，储蓄得较多，因为他需要积累财富去作更多的事情。这就是凯恩斯所说的边际消费倾向递减规律。而富人拥有的比例低。另一种情况是，如果两个人拥有的财富相同，但能力不同，那么，具有较高获得收入能力的人，他的财产和总收入增长得更快，有更大的储蓄能力，而积累财富的愿望与另一个人相同，这样，他的储蓄会更多，而这两个人现在拥有同样多的财产 C。可以推论，有一种社会的和经济的力量在发挥作用，通过市场的竞争机制和淘汰机制将高额财产与更高的收入能力紧密地联系在一起，使社会出现结构分层，出现高收入群体，前者越来越富，后者越来越穷。对不同收入群体是这样，对不同的地区也是一样，这就是缪尔达尔教授总结出来的"循环因果积累原理"（to-him-that-hath-shall-be-given）。

缪尔达尔在 20 世纪 50 年代中期出版的《经济理论与不发达地区》一书中集中探讨了地区之间，包括国内发达地区与不发达地区之间及国际上的发达国家与不发达国家之间收入不平等形成和不断扩大的原因。后来的《亚洲的戏剧：一些国家的贫困状态的研究》（1968 年）和《世界贫困的挑战：世界反贫困大纲》（1970 年）运用同样的研究方法，在国内不平等问题研究方面作了进一步深化。他提出的一个初始的变化会导致体系向一个方向变动，而后来的变化不会抵消这一变化，反而会使体系朝着初始方向继续运动。由于这种循环因果关系，一个社会过程趋于变成累积性的。这一理论观点解释了发展中国家中存在一种恶性循环现象。

二、人力资本差异影响

在分析的第二阶段，我们加入由于教育导致的人力资本差异，考察这一因素对于财产 C 和获得工资收入 L 的影响。这时两个人或两个不同收入组别的财产的比例增长率可用下列公式表示：

$$C_{21} = \frac{S_1(L_1 + P_1C_1 + H_1R_1)}{C_1} \tag{5}$$

$$C_{22} = \frac{S_2(L_2 + P_2C_2 + H_2R_2)}{C_2} \tag{6}$$

教育对增加人们获取收入能力 L 提高的重大作用是公认的。萨卡洛布洛斯（G. P. Sacharopoulos，1985）、保罗·舒尔茨（T. Paul Schultz，1988）、拜伦（Raymond Byron）和曼那罗特（Evelyn Manaloto）等人的研究揭示出，欠发达国家的人力资本回报率是14%左右，中等发达国家的人力资本的回报率为9.7%左右，发达国家为7.7%。Zhiqiang Liu（1998）通过对中国城镇居民教育收益的计量经济分析得出了以下结论（见表7-1）。从整体上看，受到过大学教育者，教育收益率为13.26%，受过中学和小学教育的，从教育方面得到的收益率仅为1.77%。教育收益率最高的是中等教育，可见普及九年制义务教育的重要性。

表7-1　中国城镇居民教育收益主要变量的均值和标准差（括号内）

变　　量	全体	男	女
年龄	37.21	38.83	35.41
	(10.28)	(10.93)	(9.17)
性别（男=1，女=0）	0.53	—	—
受教育年限	9.23	9.53	8.90
	(2.62)	(2.72)	(2.45)

续表

变　　量	全体	男	女
工作经历年限	21.98	23.30	20.51
	(10.76)	(11.34)	(9.85)
受教育水平（%）			
大学	13.26	17.52	8.49
中学	74.96	72.14	78.10
小学	10.02	8.94	11.22
没有接受教育	1.77	1.40	2.19
个人月收入			
收入1	121.42	131.25	110.45
	(70.90)	(71.78)	(68.25)
收入2	146.90	158.09	134.39
	(78.29)	(77.44)	(77.35)
经济部门（%）			
国有	79.74	85.64	73.15
集体	19.80	13.88	26.41
外资	0.28	0.29	0.27
其他	0.18	0.19	0.17

注释：收入1指每月现金劳动收入；收入2等于收入1加上每月的各种津贴。
资料来源：Zhiqiang Liu (1998), "Earnings, Education and Economic Reforms in Urban China", Economic Development and Cultural Change, Vol.46, no.4, July.

我们从公式（5）、（6）中可以看出，假定人们获得的劳动收入 L 相同，财产收入 C 相同，储蓄率 S 也一样，这时，人力资本及其回报率将成为决定总收入增长率比例 C_{21}/C_{22} 大小的决定因素。如果穷人的人力资本储备大于富人，即 $H_1 > H_2$，并假定回报率 R 相等，结果 C_{21}/C_{22} 愈来愈趋向于 1，从而收入均等化了；反之，C_{21}/C_{22} 趋向于零，则收入不平等程度扩大。

实际上，当我们考察高等教育的未来发展时，受多种因素影响，结论不能确定。一般来说，受过较高级训练的人员得到的工资收入肯定要高于没有受过训练的人员和非熟练工人。通过实施高等教育扩展计划，使相对缺乏训练的人变成受过较好训练的人员，在

第七章 中国城镇居民收入差距的原因分析：一个理论框架

劳动力市场上适合较少训练人员干的工作所需求的非熟练工人会相对增加，从而使非熟练工人的工资会有所提高。但是，在另一方面，还有两个原因使高等教育在未来的扩展中所带来的平等化影响，还没有基础教育普及和发展的作用大。这已经在 Zhiqiang Liu（1998）的研究中得到证实。

高等教育与基础教育或初等教育有一个显著差别，两种教育的成本承担截然不同。基础教育在中国指初中和小学的九年制义务教育，教育成本基本由政府承担（部分希望小学由社会赞助负担），而且对受教育者的家庭和学生来说，不存在机会成本损失。相反，在高等教育体系内，虽然政府提供了教育服务的一大部分成本，但是，学生及他们的家庭还是有很大的机会成本损失。高收入家庭很轻松地就承担了这部分费用，而低收入家庭不愿意，也没有经济基础为子女接受高等教育而投资。基础教育和高等教育的第二个差别是，即使接受高等教育的人数大幅度增加（如中国从1999年开始大学扩招，使大学生数量迅速增加。1998年我国全日制大学生的招生数是108万人，2006年全日制大学招生达到540万人，是当年的5倍）。在日益增加的受教育者中，就业竞争和社会选择也会相应提高。社会越来越倾向于选择有能力的学生，而不是家庭出身的贵与贱。这样会使大家在竞争中机会均等，然而，机会均等不等于结果平等，从长期来看，高等教育体制可能会造成更大的财产不平等。因为并非人人都具有同等竞争能力，并且高等教育选择学生的标准一是有能力，二是有经济实力接受教育。如果每个人都同样容易地进入高等学府深造，天赋高，有能力的学生将获得更高的收入，积累更多的财富，进入高收入阶层。知识精英阶层的崛起，将会促使天赋高，获得收入的能力强与财产等级顶端三者之间有必然联系，而天赋低，获得收入的能力低与财产等级末端三者之间也相互紧密相关，最后，财产所有权的不平等加剧了。

作为政府来讲，它在做出教育支出决策时，一般坚持效率优先原则，其次才会兼顾公平。马克思认为，在未来的共产主义社会，应该让每个人自由而全面地发展，让每个人的天赋、能力等得到充分的展现；同时，他还认为未来社会是最人道的社会，不能放任自由的残酷竞争，社会也应该设立社会保障基金来帮助无劳动能力者。可见，马克思已经认识到了即使消灭了生产资料私有制和财产所有权，其他因素仍会造成人们收入上的差距，当然包括财产上的差距。

20世纪60年代以后，新古典主义经济学家在对经济增长原因的研究过程中，开始认识到了人力资本和知识资本的重要性。自从索洛用总生产函数的方法分析经济增长问题之后，这一方法被应用于许多领域的研究。在应用总量生产函数对美国等国家的经济增长进行实证分析时，阿布拉莫维茨（M. A. Abramovitz）、奥克拉斯特（O. Aukrust）、尼特莫（O. Nittamo）、雷特韦和史密斯（W. B. Reddaway and A. D. Smith）等人相继发现，各国的经济增长中有一部分不能被劳动和资本的增长来解释。同样，里昂惕夫在研究美国对外贸易产品构成时，发现美国这样一个高度发达的国家竟然出口劳动密集型产品，进口资本密集型产品，违反了赫克歇尔—俄林的资源禀赋学说。围绕这些不解之谜，经济学家们做了多种研究，试图对此给予理论解释。在索洛的研究中，这部分不能解释的因素被称为技术变化（tachnical change）。而阿布拉莫维茨则认为，这部分增长可能包括技术进步、规模经济、市场扩大等许多因素的作用，而经济学家们对这些要素的作用大小几乎一无所知，因而是"对我们无知的测度"。[①] 1961年肯德里克（J. Kendrick）在《美国生产率的发展趋势》一书中，把未知因素称为"综合要素生产率"（total faetors productivity）。但是，肯德里克还没有解决"综合要素生产率"中包含哪些因素的作用及各因素的贡献度。多马在"技术变化

---

① M. A. Abramovitz (1956), "Resource and Output Trends in the United States Since 1970", American Economic Review, May.

测度"一文中将其称之为"残差"(residue)①，后为经济学界普遍接受。1967年，乔根森和格里列希斯（D. W. Jorgenson and Z. Griliches）在"生产率变化的解释"一文中试图使"残差"缩小以便精确测度它。它首先对投入量增长对产出增长的贡献进行调整，分解出资本的价格指数、校正投入存量的利润率，考虑资本和劳务的流量价格，通过这些调整，"残差"缩小为3.3%。② 舒尔茨认为"残差"的出现归因于教育的作用，由于教育培育出了异质的劳动力，即马克思在《资本论》中所区分的简单劳动和复杂劳动，形成人力资本，它推动了经济的持续增长。据他测算，美国在1929～1957年间的经济增长中，有33%是教育的贡献。③ 丹尼森（E. F. Denison）对经济增长要素作了更为细致的分类，以测定各自的贡献率。他将"残差"分解为资源配置的改善、规模的节约和知识的进展等。根据他的计算，教育对美国1929～1957年间经济增长的贡献为23%。突出的一点是，丹尼森第一次将"知识的进展"列为经济增长的因素之一，并且试图解释它对经济增长的贡献，虽然他所说的知识是指科学知识的增长和技术的进步，而不包括体现于人身上的知识变化和教育存量的变化。可以看出新古典主义经济学家并没有对"残差"做出满意解释，因为在他们看来，产生于大工业时代的生产四要素说成为不可动摇的理论前提，而正是这一点，使他们没有认识到随着20世纪50年代微电子技术的突破，一个全新的以知识为基础的生产方式正在出现。知识的积累和创新成为决定人们收入分配差距的重要因素。这一研究上的停滞一直到20世纪80年代中期才被打破。1986年，美国加州大学的罗默（P. Romer）发

---

① E. V. Domar (1961), "On the Measurement of Technological Change", Economic Journal, December.
② D. W. Jorgenson and Z. Griliches, (1967). "The Explanation of Productivity Change". Review of Economic Studies, June.
③ T. W. Schultz, (1961). "Education and Economic Growth". Social Force Influencing American Education, Edited by H. G. Richey, Chicago.

表了一篇名叫"报酬递增和长期增长"① 的论文，试图重新考虑经济增长的理论框架。在他看来，原先的经济增长模型只能考虑两个内生变量，即劳动和资本，而其他许多因素作为外生变量处理，很难解释现实中科技和知识所起的巨大作用，因而有必要将知识因素作为经济增长的内生变量加以考虑。他认为经济增长模型中应当包括四个生产要素：（1）资本；（2）非技术劳动；（3）人力资本；（4）新思想。其中前两个要素是传统的经济增长模型已经考虑的因素，人力资本要素是人力资本理论提出的，而"新思想"要素，他认为是知识要素。这一新经济增长理论有两个特征：一是将新增要素作为内生变量处理；二是特别强调知识的重要性及其意义。就新增要素而言，这一理论并没有对原先的研究有多大的扩充，只是将以前提出的诸要素，如技术进步，组织管理资源配置、规模经济、知识进展的分类等综合化为"新思想"一个要素。新经济增长理论的出现，是对以知识为基础的新生产方式的理论概括，它要说明的一个问题是，依照按要素贡献分配的原则，知识要素的所有者应该占有相应份额的报酬；而整个知识产业（Fritz Machlup，1962）作为一个不断创新的产业，其利润率要高于其他夕阳产业。因此，在知识经济时代，导致收入分配差距的重要因素是知识的存量和增量。从人类社会整个生产方式的变迁来看，形成居民收入分配差距的原因围绕着生产资料所有制（财产）、占支配地位的要素及其所有者、经济发展战略、政府政策而形成，并随各国特殊国情而有所变动。

三、政策资源影响

在分析的第三阶段，我们在模型中加入政府的各种政策，考察它对财产所有权和总收入不平等的影响。首先，来看税收政策，加

---

① P. M. Romer (1986). "Increasing Returns and Long-run Growth", Journal of Political Economy. Vol. 94.

第七章 中国城镇居民收入差距的原因分析：一个理论框架

入这一因素后，我们可以得到第一阶段的总公式（1）和（2）。可以看出，即使假设储蓄率、劳动收入、资本财货收入、人力资本收益相等，单是政府的税率 t 发生变化，首先影响财产积累率，进而影响不同规模财产的比例增长率（k_1/k_2），最终影响到不平等的发展趋势。

英国经济学家詹姆斯·E·米德、詹姆斯·莫里斯等人深刻详尽地研究了税收对财产收入的影响和最优税制设计问题。米德以累进所得税为例，认为这种税收像一种分配所有权的平衡器，一方面会削弱高收入者对努力工作、事业心和储蓄的刺激；另一方面通过对高收入计征高额累进所得税，将使高收入者的储蓄能力比低收入者的储蓄能力下降得多。这将促使低收入者以高于高收入者的速度迅速积累财富，缩小了收入差距。只要累进所得税歧视不劳而获的收入，并对劳动收入给予优惠，上述倾向就会更加显著。詹姆斯·莫里斯的最大贡献就是建立了激励约束相容的最优模型，为政府设立税制的量化标准提供了理论依据。

米德认为，针对财产的不平等分配，还有第二类财政救济手段，即开征遗产税。但是，必须找到一种最优的税收原则，它只在微弱的程度上降低高收入者一生积累财富的能力，削弱对他努力工作及开拓进取的刺激，同时又能给予他强烈刺激，促使他在死亡之际把自己的财产广泛分给低收入者或者赠给政府。要严格运用遗产税，真正把它作为财产分配平等化的一种有效手段，还应该向活着的人们之间的馈赠计征税收。下面考察四个可能的原则。

（1）累进税率随遗产总额的增大而逐渐升高。这是英国征收遗产税时运用的一个基本原则，即遗产税的累进税率是随着遗产总额的增大而不断升高的。只要对活着的人们之间的馈赠计征类似的税收，它必然会使财产的分配产生一种强烈的平等化趋势。它的缺点是，不能引导富人在死亡时将自己的财产更广泛地分配给大量贫困户。

（2）第二个原则是，根据受益人得到的每份遗产或馈赠的数量，计征税收。这个原则肯定会对拥有大量财产的高收入者产生刺激，迫使他们在临终前分散自己的遗产，但却不能鼓励高收入者在选择受益人时偏向贫困户。如果一伙富翁串通起来把巨额财产分散给富翁的众多子女们，那么，与每个富翁单独把自己的大量财产全部留给自己的子女相比，财产的分配状况并没有什么改善。

（3）第三个原则是，不仅根据每个受益人得到的遗产或馈赠额，并且依据受益人现有财产的数量计征税收。这样，某个受益人在现有财产的基础上又得到了一份遗产或馈赠，根据拥有的财产总额，他必须按更高的税率纳税。这个原则强烈地刺激高收入者，使他们不仅要在众多受益人中间分散自己的财产，而且还要把财产遗留或赠送给那些目前拥有财产很少的人，才可能免去沉重的税务重担。和第二个原则相比，第三个原则还有一个优点，它避免了第二个原则的一个漏洞，即人们可能连续分批地把财产赠给同一个人，来逃避税收。

（4）第四个原则规定，任何一个人收到的每一份馈赠或遗产，都要在税务机关登记，便于征税时查用。税务机关根据他一生中总共收到的受赠财产总量来征收累进税。在这种规定下，富有的高收入者得到一个信号，他被迫把他的巨额财产分成许多小份额，送给那些接受馈赠很少的人。这种制度有利于分散财产所有权，同时在最低程度上削弱对努力工作获得更多收入，以及对事业心、储蓄和积累财产的刺激。第三个原则规定当事人要交很高的税，会抑制未来的财产继承人依靠自身的努力而积累财富，第四个原则不会产生这种负面效应，因为任何一个人在一生中接受任何馈赠或遗产，都不会因为他靠自己的努力而获得大量财富而要求他支付更多的税款。相反，他如果不靠自己努力而是依靠接受他人赠与的财产成为高收入者，就必须按更高的税率纳税。因此，从削弱对努力工作、承担风险和积累财富的刺激这方面来看，这个原则更好一些。

累进税和遗产税只是许多能够显著地影响财产所有权分配现状的财政手段中的一些，其他许多措施包括：社会保障税、利息税等税收手段；通过各类基金组织把众多的小额储蓄集中起来，投资于

第七章 中国城镇居民收入差距的原因分析：一个理论框架

高收入、高风险的股票；在股份制企业中，积极推进职工分享计划，将一定的津贴转变成股票，让众多的工人成为资本收入享受者；把市政部门建设的住房，按照分期付款的办法出售给住房者。

在政府政策变量 t 中，除了上述微观政策外，还有许多对内对外的宏观政策。它们或者是涉及到分配状况的经济发展战略和发展模式，或者是在世界经济格局中，由于经济发展程度低而处于被支配地位，从而对一国国内的分配状况产生了深远影响。这种开创性的研究是由发展经济学家在 20 世纪 60 年代末和 70 年代初开创的。从研究的阶段看属于发展经济学关于规模收入分配研究的第二阶段，从此开始，发展经济学的研究重心转变为重收入分配、轻经济发展，从发展战略的高度提出应该把平等的收入分配作为经济发展的重要目标。世界银行资助和组织了规模巨大的关于发展中国家收入分配与经济增长问题的研究。在研究内容上，这一时期重点讨论把经济发展与收入分配有机结合的发展战略与政策。具有明显的对策性研究的特征。在研究方法上，从多国的横截面研究，转向分国别与类型的具体分析。对于这些变化，发展经济学家阿德尔曼（I. Adlman）说："在 50 年代，发展经济学家和其他专家强调的是欠发达国家如何加快经济增长的问题。60 年代事实上也是如此，许多发展经济学家满足于这样一种答案：他们认为如果政策行为能够加速经济增长，那么，政治过程中人民参与的增加和更多均等的收入分配最终会到来。也就是说，他们假定构成经济发展的那些因素如工业化、农业劳动生产率、物质分摊资本、投资和人均 GNP 增长速度的提高，与政治和经济参与范围的扩大是密切相连的。然而，大约从 1965 年以来，发展经济学家开始认识到经济发展没有按预期的方式而进行……经济增长不仅本身趋于以政治参与的实际下降相伴随，而且它也是收入不均等的基本因素之一。"[1] 另一位

---

[1] Adelman. I. and Morris, C. T. (1973). Economic Growth and Social Equity in Developing Countries, Stanford University Press, Stanford.

发展经济学家迈耶（G. M. Meier）说："发展经济学家不再朝拜于GNP的圣坛，而是直接地全神贯注于发展过程的质量。"[①] 发展经济学家认为，从理论上讲，收入分配状况与经济发展战略有三种组合方式：先增长后分配战略、先再分配后增长战略和同时战略。其中，先增长后再分配战略在20世纪50~60年代的发展中国家实行过，但并不像早期西方国家那样成功。究其原因，当一个国家致力于经济增长时，必须有较高的积累率，而这要靠高收入阶层的高储蓄率作保证，事实并非如此，富裕阶层由于攀比心理，储蓄多用于生产性投资；其次，高资本密集型投资一方面不能解决大量过剩人口就业问题，不利于分配的均等化，另一方面由于管理水平低，投资收益不高，"蛋糕"没有做大，不能用于提高全民福利；二元经济结构下的收入分配差距过大，一方面会形成社会不稳定因素，另一方面，使大多数国民不能进行人力资本投资，最终反而造成比以前更大的收入差距。鉴于采用先增长后再分配战略的巴西等国的经验教训，20世纪70年代初，先再分配后经济增长战略备受发展经济学家推崇。这一战略的推行是有国际背景的。第二次世界大战后独立的一批社会主义国家，在新中国成立后实行生产资料的公有制和全民教育普及政策，杜绝任何阶层凭借生产资料获取收入的来源，同时实行近乎平均分配的工资政策，从而使标志收入不平等的基尼系数降到0.2以下。当然，发展经济学家不仅从这里得到了启发，更重要的是他们从以韩国为代表的东亚一些国家那里看到，这些国家在20世纪60~80年代期间在经济上取得巨大成就，这与他们在国内推行土地再分配，企业国有化和普及教育等人力资本再分配是分不开的。美国发展经济学家爱尔玛·阿德尔曼（I. Adelman）与罗宾逊（S. Robinson）在20世纪70年代末建立了一个分配与增长的模型，对先再分配后增长战略进行了理论与实证分析。他们的

[①] Meier, G. M. (1984). Leading Issues in Economic Development, Oxford University Press, Oxford.

第七章 中国城镇居民收入差距的原因分析：一个理论框架

模拟分析得出了如下一些重要的理论结论。

首先，规模收入分配取决于资源的分配，经济结构和发展战略。这与马克思的分析结果是一致的，即生产资料的所有制很重要。同时研究表明，一旦规模分配的格局形成以后，收入再分配政策将很难改变它。这一结论与缪尔达尔的循环因果积累原理一致，即初始的规模分配状况在以后的经济发展中会朝初始方向回归，形成恶性循环。"因此，经济政策对改组贫困和富裕在职业和社会经济群体之间发生的范围是一个非常有力的工具，但却不能为增加收入均等化作出更多贡献。这就好像经济的基本发展道路把一个馅饼分成了大小不同的若干块，而附加在这一发展道路上的政策只能影响谁得到其中的哪一块。"①

其次，在阿德尔曼和罗宾逊的模型中，数量比较稳定，经济体系对政策干预的反映和调整主要是通过工资和价格的变动来实现的，在价格机制中，对模式收入分配影响最大的是农业的贸易条件，贸易条件对供给和需求的变化相当敏感，而农村和城乡群体的相对收入对农业贸易条件的变化相当敏感。农业贸易条件的变化会同时影响城乡大多数人口的收入，随着经济增长，农业的贸易条件有一种自然恶化的趋势，因此，粮食价格下降和对城市工业产品需求的增加导致利益向城镇居民倾斜。首先受益的是城镇低收入阶层，因为维持生存的粮食消费占有很大比例，恩格尔系数很高，但这样可能会使农村贫困化程度提高。可以看出，阿德尔曼始终把经济制度、结构和发展战略看做是决定规模收入分配问题的前提，同时必须由一个适应本国资源禀赋的发展战略。她们利用的是新古典主义的分析方法，得出的结论却是结构主义的，在收入分配平等问题上的政策主张有些类似于马克思的观点，属于发展经济学中的激进主义。

---

① Adelman, I. and Robinson, S.: (1978), Incom Distribion Policy in Developing Countries, Oxford University Press, Oxford.

在20世纪70年代世界银行组织了一次有关经济发展与收入分配课题的研究,可能是受到罗森斯坦—罗丹(P. W. Rosenstein-Rodan)"大推进"理论和拉格纳·诺克斯(Ragnar Nurkse)"平衡增长"理论的启发,钱纳里和阿鲁瓦利亚提出了一种能反映发展中国家经济特征的理论模式,对不同群体的收入与经济增长的决定提供一体化的论述,可将这种战略称为同步发展战略,这一模式以福利经济学为理论依据,认为对规模收入分配的关注重点应放在低收入群体的收入水平和增长上。收入分配的目标不是独立于增长目标,在这一模式中,根据不同社会经济群体满意的收入增长率对他们进行动态描述。

首先,可以根据人们的资产、收入水平和经济职能将社会成员分成若干个社会经济群体,每个群体收入增长率被用来衡量该群体在某一特定时期社会福利的增长,整个社会福利的增长率可定义为所有群体收入增长的总和。如果政府的目标是增加贫困阶层的收入,可以使用贫困指数,对贫困阶层的收入增长规定较高的权数。这种社会福利指标和加权方法可以根据收入增长的分配情况,而不仅仅是根据GNP的增长来确定发展的目标,观察发展的绩效。我们可以根据经济增长的加权指数偏离GNP的增长率的方向和程度,衡量收入分配的偏斜方向和程度。如果加权增长率超过GNP的增长率,则收入分配的平等增加,反之,如果加权增长率低于GNP的增长率,则收入分配的不平等程度增加。钱纳里和阿鲁瓦利亚的福利指数和加权方法在确定一国发展战略时是一个有用的分析工具。印度经济学家阿马蒂亚·K·森(Amatiya·K·Sen)曾运用这一方法对印度20世纪50年代的GNP增长与福利增长作了比较,得出了印度收入不平等程度在扩大的事实。

其次,钱纳里—阿鲁瓦利亚模式反映了在发展中国家影响分配的一些重要因素,包括:(1)采用刘易斯二元经济特征假说;(2)认为资本所有权的集中比收入的集中程度更高;(3)以物质和人力资本所有权为标准划分出分属不同社会群体的成员,他们在就业机会和城镇现代化部门获得工资收入上存在差别。这一假说反映了社会地位、地理障碍、受教育程度等方面的差异对劳动力的流动性产生的限制；（4）不同社会经济群体在储蓄倾向上存在差别，在一定时期内，它会强化资产的集中；（5）假设不同社会群体人口增长率不同，它会影响各阶层的收入水平。

最后，社会群体之间在收入上存在联系。该模式研究的是一个分离的经济体，但并非完全隔离。高收入群体所占有的物质资本的产出，将有一部分以工资的形式流入其他收入群体，这就是收入关联性，说明贫困群体的收入也部分取决于经济中其他群体的收入增长。同时，低收入群体收入的增加，可以通过提高劳动生产率，使资本所有者收入提高。这种相互依赖性是这一模式的核心，它修正了古典政治经济学和刘易斯模型中低收入群体只获得生存工资的假设，使经济体中一个群体和另一个群体的收入增长之间具有一种内在的动态关系。这一模式对同步发展战略的模拟得出了一些重要结论：政府可以通过对市场失灵或低收入群体的资本积累，提高他们的生产力，改变经济中资本高度集中的状况，从而提高低收入群体的收入水平，缩小收入分配的差别。由于物质资本、人力资本和基础设施的缺乏是限制贫困群体收入增长的主要因素，那么，公共资源和公共产品的再分配便提供了一种改变这种限制的强有力的机制。调节收入分配的各种战略和政策并不是相互排斥的，而是可以相互配合的。

四、国际依附模型理论

作为一个反新古典主义分析范式的制度学派的理论家，阿根廷经济学家普雷维什深受马克思主义的影响，它以拉丁美洲国家的经济发展为基础，提出了国际依附模型理论。这一理论把第三世界看成是由国内、国际的制度、政治和僵化性所困扰的外围国家，它们是陷入对富裕国家的依附和被支配的国家；相对的是一个居于支配地位的发达的资本主义中心国家集团。他把第三世界不发达状况的存在和继续以及社会财富的两极分化主要归咎于高度不平等的国际资本主义的富国——穷国关系体系的历史演变。无论是富裕国家有意还是无意疏忽，由中心和外围国家之间的不平等关系所组成的国际体系中的富国和穷国的共存使得贫穷国家谋求自力更生的努力变得十分困难，有时甚至是不可能的。发展中国家的某些既得利益集团（如地主阶级、企业家阶层、商人、党政军官员以及工会领导等）享受收入水平高、社会地位高、政治权力大的生活，他们构成了一小撮统治阶级。他们的主要利益就是巩固使他们获利的国际资本主义不平等关系，他们直接或间接地为特殊利益的国际权利集团服务并且从这些集团中获得利益。这些国际权利集团包括跨国公司，国家双边援助机构以及像国际开发银行或国际货币基金组织之类的多边援助机构。这类组织由发达资本主义国家所操纵并为这些资本主义国家提供资金。既得利益集团决定改革的标准是改革后预期收益必须大于改革前的收益加上本集团将承担的改革成本，否则，即使改革会使广大人民群众生活水平提高，他们也会以种种借口维持现有利益格局。总之，这一理论把第三世界国家内部持续和不断恶化的贫困的大部分原因归咎于北半球工业资本主义国家的存在及其政策，归因于不发达国家数量较少的但有权势的高阶层或买办集团的扩张。因此，进行革命斗争或至少对世界资本主义体系进行重要的重组是必要的，这样可以使依附性较强的第三世界国家摆脱发达国家和国内统治阶级的直接或间接的经济控制。

还有一种较少激进的国家依附研究，被称为"错误示范"模型。该模型把第三世界国家的落后和不平等归咎于发达国家援助机构和多国捐赠组织的那些本意良好但却不懂他国国情的"专家"顾问提供的错误的或不适合的建议。这些专家提出了有关发展的高深的概念，精细的理论结构和复杂的经济计量模型往往会导致不合适的或不正确的政策制定。由于诸如高度不平等的财产权利、国内高层集团对国内和国际金融资产的不适当的控制以及获得信用的极不平等的条件这类制度因素及这些特殊国情，因而基于哈罗德—多马线性模型、刘易斯的剩余劳动力模型和钱纳里的结构变化模型等为依据而制定的以增长促进收入平等化的政策，在许多情况下正好为国内国际现存的权力集团的利益服务，强化了这些集团的利益，对贫困阶层造成了新一轮的利益损失。此外，按照这个论点，大学里的知识阶层、未来高级经济学家和一些公务员都在发达国家中进行训练，在这种国家制度下，他们不知不觉地接受了那种对本国经济有害的概念和精明的但不适用的理论模型。由于没有多少或没有真正有用的知识使他们有效地解决现实的发展问题和不平等问题。因此他们常常无意识地成为现存特权阶层的政策和制度结构的辩护人。

无论新殖民依附模型和错误示范模型的倡导者们有什么思想差异，他们都一致反对把收入平等化的希望寄托在传统的西方经济模型上，而是着重强调国际权力不平衡，因此必须对国内和世界范围基本的经济、政治制度进行改革。在极端情况下，他们要求彻底地没收私人占有的财产，以期实现公共占有和管理财产，从而更有效地根除绝对贫困，提供扩大的就业机会，减少收入不平等，提高广大人民的整个生活水平。在处理发展中国家多样化的问题时，国际和国内的一些不合理制度需要改革，但更重要的是要有一个强有力的政府和一个稳定的国内环境，同时必须有一个适合国情的发展战略和竞争性的市场经济体制。

政府政策对收入分配状况的影响在计量经济检验中也得到了证明（见表7-2）。

这一研究考察了贸易自由化和政府的税收替代政策对居民收入分配的影响。CGE模型的模拟结果表明，贸易自由化能够提高中国的经济效率和居民的收入不平等。然而，贸易自由化带来的效益程度取决于政府选择用来平衡其赤字的税收工具。实行家户收入累进税在保持大部分效率收益时，降低了基尼系数。因此，对中国政府来说，这是补偿贸易自由化所丧失的关税收益的一项适宜的税收政策之一。可见，政府的某种政策对收入分配的影响极大。

表7-2　贸易自由化、税收政策和家户福利变化（1996年）

收入等级	1996年关税减让					
	增值税	销售税	公司税	累进税	总转移支付	非替代
城镇	0.86	1.57	1.29	0.91	1.38	1.45
低收入户	1.06	1.87	1.62	2.05	-3.24	1.91
中下收入户	1.03	1.82	1.53	1.65	2.03	1.82
中等收入户	0.92	1.70	1.38	1.13	1.91	1.62
中上收入户	0.87	1.61	1.31	0.68	1.90	1.49
高收入户	0.73	1.33	1.11	0.46	1.72	1.15
总和	1.22	1.80	1.70	1.33	1.44	1.95

收入等级	附加50%关税减让					
	增值税	销售税	公司税	累进税	总转移支付	非替代
城镇	0.52	1.51	1.25	0.58	1.39	1.51
低收入户	0.73	1.88	1.67	2.37	-6.30	2.15
中下收入户	0.68	1.82	1.52	1.76	2.33	2.01
中等收入户	0.58	1.68	1.35	1.03	2.22	1.75
中上收入户	0.53	1.60	1.27	0.38	2.22	1.56
高收入户	0.39	1.26	1.02	-0.26	2.03	1.09
总和	1.04	1.82	1.84	1.23	1.41	2.25

收入等级	同一关税					
	增值税	销售税	公司税	累进税	总转移支付	非替代
城镇	0.38	1.39	1.11	0.45	1.26	1.38
低收入户	0.59	1.73	1.53	2.24	-6.45	2.01
中下收入户	0.54	1.67	1.38	1.62	2.20	1.87
中等收入户	0.44	1.53	1.21	0.89	2.09	1.61
中上收入户	0.39	1.45	1.13	0.24	2.09	1.42
高收入户	0.26	1.13	0.89	-0.39	1.90	0.96
总和	0.96	1.74	1.76	1.15	1.33	2.17

资料来源：Zhi Wang and Fan, Zhai (1998)."Tariff Reduction, Tax Replacement, and Implications for Income Distribution in China", Journal of Comparative Economics. 26., 358-387.

五、统计学和社会习俗因素

最后,我们来看一下人口统计学的因素和社会习俗等因素对于财产和总收入的影响。在第一阶段分析了在没有结婚、生育和死亡的条件下资本积累过程的结果,现在我们分析引入这些因素后,他们对财产所有权集中的影响程度。我们可以从两个方面观察:一是社会的婚姻关系在多大程度上要求门当户对;二是不同的生育率(James E. Mede,1964)。

在一个社会里,假设任何一个男人愿意和任何一位女士结婚,任意一个女人也同样愿意和任何一个男人结婚,每个人都不要求门当户对地选择配偶,很可能出现这种结果:一个人继承了巨额财产,他将同一个继承财产较少的人结婚。这样,经过出生、婚配、死亡的循环,便向社会注入了一个重要的平等化因素。但事实上,婚姻当然是强烈要求门当户对的。富人就是在与富人同一的社会背景下成长和婚配,而穷人则在穷人的贫困环境里生活,当然不排除少数富人和穷人结婚,从整体上看,财产所有权再分配不会出现平等化趋势。

不同的生育状况,显然会对财产的分配产生重要的影响,富有夫妻生育的孩子比穷人少,巨大的财富就会越来越集中到越来越少的人手中。现在世界上大多数发达国家的人口呈现零增长,而大多数发展中国家的人口则在爆炸性地增加,就是一个很好的例证。富人的孩子如果比穷人多,富人的巨额财富就会越来越广泛地分散开来。相对而言,大额财产会变成更小的份额,穷人的小额财产会越来越集中到更少的子女手中,并逐渐增大。不论在长期还是短期,只要富人和穷人的生育率按上面论述的方面发展,都会导致财产所有权的平等化。不同的生育状况还有另一种可能的类型。假设:(Ⅰ)每对夫妇至少有一个孩子;(Ⅱ)有些遗传因素在起作用,使有些夫妇生育的子女比别人多;(Ⅲ)这类遗传因素与其他遗传特征没有相关关系。① 先从财产规模和总收入属于最低收入组的夫妇开始，假设他们生育的子女很少，其短期影响将会使财产所有权均等化。但是，随着时间的逐渐推移，总有一天继承的财产越来越集中，使财产规模到达最高收入组，所以，最后的推论必然是，富有的家户都由生育子女少的夫妇组成的，贫穷家户的夫妇生育的子女都很多。可见，这种类型的生育率对于财产所有权在生命周期的长期迭代过程中将加剧不平等状况。

父母给予子女的不仅包括继承的财产，还有一生中获得收入的能力。西方学者们发现任何一个时间内我们都会看到，在智力与社会阶层之间存在着一种正相关关系，智商高的人有更大的机会出现在社会阶层的上端。

表7-3　　父母与子女的平均智商（按父母的社会阶层分类）

类　别	父母智商	子女智商
高级专业技术人员	139.7	120.8
低级专业技术人员	130.6	114.7
职员	115.9	107.8
熟练工人	108.2	104.6
半熟练工人	97.8	98.9
不熟练工人	84.9	92.6
平均	100	100

资料来源：转引自詹姆斯·E·米德的《效率、公平与产权》，最初是由西里尔·伯特发表在《英国统计心理学杂志》第14卷"智力与社会流动性"一文中。

从表7-3中可以看出，父母的智商和子女的智商之间存在相关关系，但不是完全相关。智商越高，相应地在社会阶层中所处的地位也越高。子女智商表明了智商向着平均水平回归的趋势。② 智力水平特别高（或特别低）的父母，其子女的智商水平也将高

---

① [英]詹姆斯·E·米德：《效率、公平与产权》，北京经济学院出版社1992年版。
② 何晓群：《回归分析与经济数据建模》，中国人民大学出版社1997年版。

第七章　中国城镇居民收入差距的原因分析：一个理论框架

（或低）于平均水平，只是高于（或低于）平均水平的幅度，不像他们的父母那么大。遗传上向平均水平的回归，有助于使不同社会阶层人们之间的智商分配更加平等。但是，考虑到社会的流动性，在社会阶层的阶梯上，有些子女会向上移动，因为在遗传方面他们很幸运，接受的遗传智商相对地高于父母所处的阶层；有些子女则要向下运动，因为他们在遗传方面不那么幸运，从父母那里接受的遗传智商相对地低于其父母所在的社会地位。结果，又恢复了父母一代在社会阶层与智商之间的关系。

一个人获得收入的能力，除天赋遗传因素外，在很大程度上依赖于环境因素。正如我们在前面指出的，投资于教育对提高人力资本收益和财产收益具有重大作用。在市场经济条件下，如果包括教育在内的一切事情交由私人市场力量去处理，没有政府的宏观调控和社会力量的矫正，那么富有的父母就比穷人更容易让他们的子女接受更好的教育。因此，子女们不仅可以继承父母拥有的巨额财产，而且良好的教育和社会环境同样也可以继承，这会促使社会各阶层的收入差距扩大。

我们在上面考察了一些生物学因素和社会环境因素，他们耦合为一种制度，系统性地发挥作用，使财产所有权和收入的分配更平等或者更不平等。对于一个人来说，还有另一种极端重要的因素，即完全由于不可预测的环境所决定的运气。一个人所处的时代环境（如中国"文革"后恢复高考），所在的学校（名牌还是普通院校）、所学专业（如是热门专业还是一般专业）、投入经营的产业（如比尔·盖茨选择软件产业投资）等，加上适当的时间、适当的地点、适当的合伙人以及在不可测环境所做最好的投资决策等幸运地结合在一起时，他或她的收入将会以几何级数增长。从社会现实和财产所有权集中的角度看，我们必须承认，社会是受一系列随机出现的事件所影响的，由此也不断地推翻现有财产所有权状况并建立起另一种不同的财产拥有状况。同时，也存在着系统的不断积累的经济力量以及系统的遗传学方面的生物学和人口统计学因素共同发生作用,影响着收入分配的状况。从我们前几章的实证分析看,世界各国的收入差距在扩大,中国城镇居民的收入差距也在扩大,都是社会上这些系统力量发挥作用的结果。

第二节 中国城镇居民收入差距扩大的特殊成因分析

中国城镇居民收入差距在改革开放以后一直在持续扩大,这是所有学者在实证分析后得出的共同结论。我们在上面的模型中分析了可能会造成居民收入差距扩大的一般原因,它对所有已发生和即将发生的收入差距具有解释力。但是,任何事物都是普遍性和特殊性的统一,体制转轨时期中国城镇居民收入分配差距扩大的原因中,必然包含有这一阶段的特殊成因和主要因素。

一、国内外学者对中国城镇居民收入差距扩大原因的分析

国内外学者对城镇居民内部收入分配差距扩大的原因进行系统解释的很少。中国社会科学院课题组在这一方面针对全体居民做了总体性的概括分析。[①] 他们把收入差距扩大的原因归结为发展因素、改革因素和政策因素的影响,同时把收入分配的变化分为有序的变化和无序的变化。认为这几方面的因素对收入差距的效应,都有扩大的一面,又有缩小的一面。在过去10多年中,扩大的效应起了主导作用,所以,收入分配的差距总体上是扩大的,而且,这几类因素之间是相互联系的。在经济增长或发展方面,他们认为,同国有经济相比,非国有经济的较快发展是引起收入差距的强有力因素,不论是在城市改革初期的1988年(国有部门和非国有部门工

---

① 赵人伟、李实:《中国居民收入差距的扩大及其原因》,《经济研究》1997年第9期。

资收入的基尼系数分别为 0.222 和 0.286)，还是在确立市场经济体制后的 1995 年（国有部门和非国有部门工资收入基尼系数分别为 0.283 和 0.347），城市非国有部门的基尼系数明显地高于国有部门。在经济改革或体制变迁方面，他们认为，由于中国采取了渐进改革的方式，在体制转型中出现了双重体制并存的局面，再加上一些非经济因素的影响，使得经济改革或体制变迁中发生了许多无序的问题。因此，把制度变迁的因素划分为有序变化和无序变化两种类型是可行的。

20 世纪 80 年代后期以来城市住房制度的改革是一项非常重要的改革举措。有的学者认为，其意义相当于农村当年推行家庭联产承包责任制。虽然这次改革还在进行之中，不过它对收入分配的初步效应已经相当明显。如上所述，自由住房租金估价的集中率不但高于城镇的基尼系数，而且还要高于住房补贴的集中率，所以住房制度的改革已经扩大了收入分配的差距。由于这一改革没有对原有公房分配中形成的不平等因素加以认真的考虑，例如对有公房者和无公房者、有好房者和有次房者、有大房者和有小房者的差别没有按照市场经济的原则进行认真的算账。其结果不但扩大了城镇居民收入分配的差距，而且扩大了城乡居民收入分配的差距。应该指出，住房制度的改革从根本上来说是将原有体制中的隐性收入不平等显性化的过程。但是当自有住房租金估价的不平等超过了住房补贴的不平等时，就应该看到，这是显性化过程中追加的不平等，是改革过程中一个值得引起注意的问题。

至于体制变迁中的无序因素对收入分配的效应，是最不容易调查清楚的问题，也是引起社会上强烈反响的问题。在无序因素中，特别引人注目的是寻租活动。租金的分布是极不平衡的。因此寻租活动扩大了收入的差距，是形成高收入阶层的重要因素。内部人控制（青木昌彦、钱颖一，1995）也是制度变迁中一个重要的无序因素。在体制转轨的过程中，对公有资产的集中控制逐步放松，各部门、各地区和各企业都有了对公有资产的控制权。对公有资产占有量的差别所造成的利益往往通过内部人控制而转化为本部门、本地区和本单位乃至有关个人的利益。这部分利益的分配很不透明，也很不均等。国有资产的大量流失都同内部人控制有关。

体制转轨过程中的各种垄断行为，包括部门垄断、行业垄断等，也是造成收入分配不平等增加的原因。通过垄断行为获取暴利被有的经济学家称之为寻租活动。至于团体腐败所造成的分配不均，更是人们所深恶痛绝但又是很难调查清楚的因素。

可以说，并不是制度变迁的所有因素都扩大了收入分配的差距。相反，上述有序变化中的若干因素还缩小了收入分配的差距。因此，把收入差距的扩大归罪于经济体制改革本身是不正确的。当然，我们也应该看到，所有无序变化的因素都倾向于扩大收入的差距。这种无序变化在某种意义上可以说是改革所付出的代价或成本。

在国内学者中，胡鞍钢博士对地区之间居民收入差距的原因进行了比较全面系统的分析，他认为，发展不平衡是各国经济发展的普遍现象，只要存在自然的、经济的社会的差异性，特别是生产要素的增长率差异性以及要素配置方式的差异性就会出现发展的不平衡性，这也是改革开放以来中国地区收入差距扩大的原因之一。

从理论上解释和阐述产生地区差距原因大致有三种观点：一是地域差异说，就是用地域特征解释地区差距。一个地区的发展被认为与当地的各种特殊的条件有直接的联系。二是空间组织说，它是把人类的空间活动看作一个由点、线、面组成的系统。点是指围绕中心的各居住区（城市、集镇），线是指连接各点的运输与通讯管道，面是指人类活动及成就的空间分布。有人认为中心地区发展不仅不会帮助边远地区发展，反而倾向于剥夺边远地区发展的机会。三是政治经济学思路，它更强调反映经济活动中的社会关系和政治关系对地区差距的影响。生活在不同地区的利益集团、经济资源和政治资源分布极不平衡，他们力图通过掌握现有的资源扩大他们的利益。

第七章 中国城镇居民收入差距的原因分析：一个理论框架

在解释中国地区差距原因时也有四种观点：一是地域差异说，认为中国的自然地理环境决定了中国地区经济发展水平、经济结构、工业方向的差异性。二是倒 U 理论假说，有的人借用威廉姆森提出的经济增长与区域平衡之间呈倒 U 形曲线来解释经济发展不平衡性的合理性。三是政策倾斜论，这是指国家的地区政策向东部倾斜导致地区差距过大。四是体制因素说，认为由于外部宏观经济体制和宏观政策环境的作用导致地区差距拉大。

以上各种观点在解释中国地区差距方面，由于从不同角度分析因而得出不同的结论，但在分析中国地区差距成因方面具有互补性。地区差距受多种因素影响，包括环境因素、政策因素和体制因素。当我们考察人均 GDP 指标时，还要考虑到人口增长率的因素，既包括人口自然增长率，也包括人口机械增长率（指人口流入与流出）。人口自然增长率差异性对人均 GDP 增长率的差异性影响较小。这是因为各地区 GDP 增长率不同程度地超过各地区人口自然增长率。由于 GDP 增长率的差异性，导致了人均 GDP 增长率的差异性以及人均 GDP 水平的差异性。

地区差距扩大有其深刻的历史原因和发展原因。经济发展初期的起点及其特征，直接影响目前的经济发展水平和社会发展水平。发展起点越是低下，对后来的发展制约作用越强，而且对一定发展过程中绝对差距拉大具有重要作用。尽管不同地区的相对收入差距在缩小，或者本地区经济发展速度相当快，但还会出现收入水平绝对差距扩大的现象，在中国也存在东西差距扩大的现象。这是发展过程中难以避免的"扩大中的缺口"现象。欠发达地区人均 GDP 水平起点低，在 1978 年仅相当于高收入地区人均水平的 1/5，有的地区甚至仅相当于高收入地区的 1/10。例如 1978 年上海与贵州人均 GDP 之比为 14.3 倍。即使贵州经济增长率超过上海经济增长率，仍需要花费几十年才能消除他们之间过大的差距。欠发达地区不仅人均收入水平低下，而且经济结构变动起点也相当低下，包括生产结构、就业结构、城乡结构等指标都远远不及发达地区，甚至还低于世界上低收入国家的平均水平，这在很大程度上制约了欠发达地区的发展。欠发达地区不仅经济发展起点低下，而且社会发展水平起点低下。发展初期，许多内地少数民族地区社会进步程度远远低于沿海地区，落后几十年，甚至上百年。因此反映人文发展指标或者社会发展指标的地区差距短期内还无法根本消除。地区差距的形成是一个历史过程，缩小地区差距也是一个历史过程，而且是一个比较长的历史发展过程。我们不应当期望在短期内消除这一差距，但应努力控制和缩小地区间相对差距。

市场失效自发促进地区差距扩大。中国处于向市场经济转型过程中，市场经济并不是万能的，它本身也会引起收入分配不公平，自发促进各地区经济差距扩大。这是市场失效的重要方面之一，也是政府干预市场经济，在全社会范围内实现社会公平，缩小地区差距的依据之一。各种生产要素在各地方的分配是极不均衡的，各种生产要素的配置在各地方的机制也是极不相同的。

从资本要素看，明显向发达地区倾斜。高收入组总人口占全国总人口数的11.9%，但是各项存款和各项贷款比重大大高于人口比重，分别为28.4%和26.3%；低收入组总人口比重为45.4%，但是各项存款和各项贷款比重大大低于人口比重，分别为26.5%和28.6%。

从外资投入要素看，主要向沿海地区倾斜。例如1992年高收入组国外直接投资实际利用额占全国总数的47.0%，仅广东一省就占全国总数的33.6%；上中等收入组占38.2%，下中等收入组占8.2%；低收入组占6.6%。沿海发达省份同时享有两大优势，即地理优势和政策优势，在吸引外资方面是内陆欠发达地区无法比拟的。

政策失效加剧地区间经济差距扩大。地区间经济差距是否能够扩大与缩小，不仅取决于各地区经济发展水平，而且还取决于中央政府的地区收入分配政策和相关政策。"政策失效"是指政府的过度干预或者对某些地方实施优惠或歧视政策，不能在全社会范围内实现社会公平目标,其结果促进了各地区经济的不平衡发展,不平等市场竞争,不公平资源分配,加速地区间的经济差距扩大。目前,中国地区经济资源和政治资源不平衡格局十分突出。主要表现在:低收入组各类经济资源(指1992年GNP、国民收入、总投资、国有投资、工业总产值、财政收入、财政支出)占全国比重(分别为29.6%、30.5%、23.9%、23.9%、22.8%、18.1%、20.4%)大大低于总人口占全国总数比重(45.4%),而高收入组各类经济资源比重(分别为21.1%、23.1%、27.3%、24.7%、27.1%、16.9%、13.2%)又大大高于总人口比重。投入资源的地区倾斜,导致产出资源的地区倾斜,后者倾斜又加剧了向前者的进一步倾斜。令人注意的是,目前政治资源的分配,如同经济资源的分配一样出现不平衡的格局,明显地向发达地区倾斜,政治资源的这种倾斜又加剧了地区经济资源不平衡格局。这也是近年来中央与地方、发达地区和欠发达地区矛盾加大的根源。

中央财力下降不利于控制地区差距。中央财力是中央政府实现宏观调控的经济基础。中央财力下降就意味着中央调控能力下降。自20世纪80年代直到90年代末,中央财力不断下降,当时中国属于世界上中央财政收入占GDP比重最低的国家之一。中央财力下降直接降低了中央援助欠发达地区、调整各地区收入分配的能力,与此同时出现了地区经济差距扩大的趋势。"八五"期间,中央财力下降更为明显,导致这一时期出现人均GDP相对差距和绝对差距同时扩大的情形。在1994年实行分税制以前曾出现欠发达地区税负高,征税努力程度高,由于他们的税基小,财政收不抵支,因此征税十分卖力;而上中等或高收入地区税负低,千方百计"藏富于地方",征税努力程度低。随着发达地区财政收入占GDP比重不断下降,以及中央财力不断下降,连世界银行专家都认为,中国在20世纪90年代财政转移基本处于停滞状态,对抑制地区差距的扩大相当有限,在这一方面,我们应该借鉴德国通过立法手段,强制富裕州府向贫困州府的转移支付措施。

不同发展模式的影响。任何一个地区的经济发展水平和发展速度除了来自外部条件的影响外，从根本上来说还是来自内部条件的变化，这取决于地方领导人对发展模式的偏好与选择。不同发展模式对各地区经济发展产生不同影响，如工业作为经济增长的主导产业部门，贡献作用最大。工业总产值增长率越高，GDP 增长率越高；反之，GDP 增长率则低。

贸易模式的影响。国际贸易成为经济增长的新的发动机，对 GDP 的贡献作用越来越大。出口额增长率越高的地区，或者出口额占 GDP 比重变化增量越大的地区，GDP 增长率越高，反之则低。

所有制模式的影响。非国有经济活力强，增长快，对新增 GDP 部分具有明显作用。非国有化程度越高的地区，GDP 增长率越高。浙江快速的经济发展就是最好的验证。

有的学者认为，上述国家政策是造成区域城镇居民收入差距的外部因素，不起决定作用，而区域文化差异是东西部经济地带收入差距扩大的内因之一。[①] 国内不少研究说明，东部地区之所以能较西部更快地发展，主要是沿海优越的区位、便利的交通和优惠的政策。然而东部不仅占上述优势，同时拥有良好的区域文化禀赋条件。正是东部地区这种特殊的区域文化优势，成为东部地区经济发展强大的推动力量。和沿海相比，我国内陆地区在建国前几千年的历史变化中，一直是以自给自足的自然经济或半自然经济为主要生活内容的。这种深厚的中国传统文化的沉淀，对今天的经济变革，即对现代市场经济的发展影响表现在：

第一，蔑视市场经济观念的影响。儒教文化的经济观表现为"农本主义"和蔑视工商活动。自给自足的自然经济条件下剩余产品少，能用于交换的产品就更少；自然经济活动极易受自然灾害、人为灾害的打击，所以，经济主体囤积实物的习惯由来已久。改革

---

① 钟昌标：《文化禀赋：造成东西部差距的另一大因素》，《经济学消息报》1999 年 5 月 27 日。

开放后,面对汹涌的市场经济大潮,内陆区域的经济主体显得不知所措,对市场、价格、利润等概念十分陌生,轻商轻利,重人情而轻合同等,失去了许多发展的机会。相比而言,我国沿海地区,历史上本非儒家传统文化的发源地,一直是中国主体文化的边缘控制区和弱辐射区,再加上近代早期就开始受到西方文化的冲击,以及1978年改革开放以后,深受邻近港、澳、台地区等"儒家资本主义"文化的影响,所以作为一个经济与社会的开放系统,在与系统以外的环境进行经济、文化的交流中,文化属性及文化环境的性质便自然地发生了变化,沿海形成了双重文化特点,更容易适应市场经济,能够更好地抓住市场发展的机遇。东南沿海经济文化活跃渗透到社会生活的各个领域。

第二,保守经济思想的影响。这种思想的特点是,从事经济活动主要是满足直接消费,而不以交换和取得盈利为目的。所以,当产品基本满足了经济主体自身的消费需求,达到温饱以后,也就失去了进一步增加生产的动力。生产的目标不大,产品和收入主要用于消费,而不是投资。人们在思想深处不是想办法去发展市场经济,改善自己的生活环境,提高生活水平,而是等救济,等待国家或其他区域"输血"和支持,其注意力放在攀比国家救济粮、救济款的谁多谁少上。

第三,平均主义价值取向的影响。在一些经济欠发达地区,一方面存在着自然条件比较差,经常性的天灾人祸影响,使其产品远远不能满足人们的温饱需求,另一方面,由于传统的文化思想影响,在邻里之间,家族内部以相互帮助,济贫救助为尚,这种观念的长期演变,逐渐发展为均贫富,等贵贱的平均主义大锅饭价值取向,这种文化观念可以说极大地扼杀了发展经济的积极性。

第四,封闭的经济活动评价标准的影响。人们都希望得到别人的尊重和称赞,自给自足的文化观念,"男耕女织"的自然分工,在大家的观念中,那些什么都有,样样齐全的人是最体面的。轻视专业化和分工的结果,必然是效率的低下。

总之，区域文化差异是东西部经济拉开的内在原因之一，国家的宏观政策是外因，不是决定性因素，它只起到加速作用。要缩小地区差别，虽然需要克服政府政策过度倾斜的失误，但不能忽视经济主体文化观念的差距。

国外的学者主要从总体角度考察中国城镇居民收入分配问题。他们大致可以分为两类：一类是和国内外有关科研机构合作研究的学者，如和中国社会科学院赵人伟课题组合作的卡恩（Azizur Rahman Khan）、格里芬（Keith Griffin）、里什金（Carl Riskin）等美国学者；另一类是海外和香港的华裔学者，如 Xiao-Ping Zheng, Long Gen Ying, K. chen, T. Jian, W. Li, S. G. Wang, 以及香港中文大学的 Kai-Yen Tsui 等。他们在对城镇居民区域收入差距原因的分析上以实证分析为主，配以简要的原因揭示。他们从两方面分析；在分析造成地区差距的原因时，认为主要是由于中国经济发展战略造成的。在改革开放前，中国实行区域平衡发展战略，投资重心向经济和技术基础薄弱的中西部地区倾斜，这种战略也是出于加强战备的考虑；改革开放后，中国决策者认识到东、中、西三大经济地带发展程度上的梯度差异，实行非平衡发展战略，投资重心和政策导向沿海的东部地带，从而使地区间居民收入差距扩大。另一方面，他们在分析中国城镇居民内部收入差距时，具体分析了城镇居民各项收入来源中，哪些是造成收入差距扩大的原因，哪些是缩小收入差距的原因。他们认为，在收入来源中，改革开放后出现的非劳动要素收入的逐渐上升是导致城镇居民收入差距的主要原因。此外，政府的住房津贴虽然不是非劳动要素收入，但它的不平等分配也是造成收入差距的原因。

以上国内外学者对中国城镇居民收入差距形成原因的分析，就总体而言，仍沿用了前面所概括的一般理论模型的分析框架，即把收入差距的形成原因归为财产等生产要素的分配状况、人力资本、政府政策、文化习俗等，这意味着中国城镇居民收入差距的形成具有与其他共同的一般成因。但学者们更重要的是揭示出了中国特殊的成因，这就是中国正在进行中的制度变迁。

二、中国城镇居民收入分配差距的特殊成因

造成收入差距的一般因素虽然能够对中国城镇居民收入差距的成因做出部分解释，但从根本上说，制度变迁才是中国城镇居民收入差距扩大的主因，甚至可以说，一般因素都能归结为制度变迁因素的派生物，如财产占有的不同恰恰是改革传统"一大二公"所有制的结果；政府政策的差异往往是渐进式改革方式的必然结果；文化习俗的转变也与市场化进程密切相关，等等。我们在第二章中已经提出了居民收入差距的"中国假说"，即与库兹涅茨倒 U 假说也可以称为经济增长型倒 U 假说相对应的制度变迁型倒 U 假说，证明了制度变迁对中国居民收入差距的决定性影响。但是，在第二章中，我们尚没有对居民收入差距的"中国假说"做出成因分析，这正是本节的任务。

我们认为，中国制度变迁对居民收入差距扩大的影响主要来自于以下四个方面的因素：

第一，引入市场机制调节的结果。中国制度变迁的最终目标是从传统计划经济体制转向社会主义市场经济新体制，制度变迁的进程就是在经济调节机制中不断加大市场调节机制的作用，并使其最终在资源配置中发挥基础性调节作用。引入市场机制的调节作用，必然会导致居民收入差距的扩大。这是因为，市场是按照投入生产的要素的贡献来分配的，也就是说，在市场分配收入制度下，人们的相对收入水平取决于人们对生产诸要素的占有水平。不同的要素所有者，由于他们拥有要素的数量和质量不同，他们的竞争机会也就不均等，从而他们的收入也就不平等。要素的差别，主要体现在拥有财产的差别和人力资本的差别。由要素差别而产生的机会不均等和收入不平等，也并非都是出自个人原因。从财产差别来看，一个重要因素是他的家庭地位是否优越。各种家庭的社会地位与经济

地位不同，每个人所能继承的财产也就不同。从个人能力来看，这方面的差别似乎完全取决于个人，其实不然，家庭社会地位与经济地位不同，对个人受教育程度和发挥才能的机会也就不同。甚至由于各个家庭经济状况不同，子女所能得到的营养和关怀不同，会影响到个人的天赋。这样有的人会处于较有利的竞争地位，可能获得更高的收入。因此，完全依靠市场机制调节收入分配，就会使居民收入差距不断扩大，甚至导致两极分化。由此，我们就可以得出如下结论：中国居民收入差距在一定程度上的扩大，是中国市场化改革的应有之意，也是改革所希望得到的结果，因为这样可以提高经济效率，快速发展生产力。进而我们又可以得出如下判断：由发挥市场机制调节作用而引发的一定程度上的居民收入差距扩大，是合理的，是符合市场经济本质要求的。不允许一定程度上的居民收入差距扩大，实际上就是不要改革。

第二，市场失灵的结果。社会主义市场经济新体制，虽然要求市场在资源配置中发挥基础性调节作用，但资源配置不可能完全由市场调节，因为市场机制存在各种形式的失灵。依据市场机制发挥作用的约束条件的具备程度，可以大致把市场失灵分为三种基本类型：（1）理想条件下的市场失灵。所谓理想条件，就是满足完全竞争的市场条件。即使在这种条件下，市场调节仍然不是万能的，它的失灵表现在：一是不能解决全部经济问题，对一些问题市场是完全无能为力的；二是市场调节还会发生一些副作用，导致收入分配不公平就是这种副作用的一种表现。（2）正常偏离理想条件下的市场失灵。所谓偏离理想条件，是指市场条件达不到完全竞争的程度，因而市场机制会由于其内部机制的不健全和外部条件的限制而不能完全发挥调节作用。所谓正常偏离是指这种偏离属于现实中的市场条件的正常状态，这主要是由于完全竞争市场条件是一种理论抽象，现实的市场条件不可能达到那样的程度。这就必然使市场机制在一定程度上和一定范围内发生失灵，如垄断对市场竞争的破坏；信息不对称导致的竞争不充分等。（3）非正常偏离理想

第七章 中国城镇居民收入差距的原因分析:一个理论框架

条件下的市场失灵。所谓非正常偏离,是指由于市场自身的不完善造成的市场条件对理想状态的严重偏离。这主要是由市场自身不发育造成的,其主要表现在发展中国家和向市场经济转轨的国家。我国制度变迁进程中所出现的收入差距扩大,与这种市场失灵存在着直接的关系。因此,建立市场经济新体制,并不能对市场盲目崇拜。

第三,政府失灵的结果。市场失灵的存在,就需要政府调节来克服。因此,我国制度变迁的进程,从市场方面看,是不断加大市场调节作用的过程;从政府方面看,政府与市场并不是简单的此消彼长的替代过程,而是解决政府的"越位"与"缺位"的过程。就"越位"而言,政府要让位于市场;就"缺位"而言,却是要加强政府的作用。我国居民收入差距的严重扩大,就是在制度变迁进程中,在发生市场失灵的同时也出现了严重的政府失灵。例如,制定制度与规则,为市场主体创造公平的市场竞争条件,是市场本身无能为力的,但在"摸着石头过河"的渐进式改革中,政府对制度和规则的制定往往都是事后的,这就形成了一批钻制度漏洞的"暴富群体",扩大了不合理的收入差距,这是社会极其不满意的收入差距;又如,市场机制不可能解决公共物品的最优提供,需要政府在这一领域发挥重要的作用,但我国政府在教育、公共卫生、社会保障等方面,没有承担起相应的责任,而且将这些公共资源在城乡之间、不同地区之间实行歧视性配置,助推了居民收入差距的扩大。据国家统计局提供的数据,2004年,在教育卫生方面,城镇高中、中专、大专、本科、研究生学历人口的比例分别是乡村的3.4倍、6.1倍、13.3倍、43.8倍、68.1倍;全国农村合作医疗的覆盖率只有10%左右,90%以上的农民属于自费医疗群体,而城市合作医疗的覆盖率则为42%。在政府公共投入方面,国家财政用于农业的支出占财政支出的比重不断下降。由1978年的13.43%,下降到2003年的7.12%。2003年主要针对城市居民日常生活的粮、棉、油、肉等各项财政性补贴支出,就超过了国家财政用于农业基本建设支出，2003年其占财政支出的比重达到2.50%。[①]

第四，非营利社会组织缺失的结果。在资源配置的调节主体中，还存在着既非政府也非市场的其他非市场调节主体，这些主体通常是市场经济新体制不可或缺的各种基金会等非营利社会组织，它们在调节居民收入差距上在某些方面会比市场和政府更有效率。例如，美国"新联邦主义"就认为，"作为政府的替代，非盈利性的基金会可以承担人力的再培训或在私人帮助下提供各种形式的社会福利服务。"[②] 但我国在制度变迁进程中，这些社会组织由于受到不合理制度的限制至今没有成长起来，使我国失去了一个有力的居民收入差距调节器。例如，中国的企业慈善捐款，由于受到税收制度、慈善机构管理制度等因素的制约，一直没有很好地发挥作用，据对2004年慈善榜的统计，2004年胡润百富榜上的富豪，只有24位进入这次的慈善榜。中国销售额最大的10家公司甚至直接与慈善榜无缘。进入慈善榜的50位企业家共捐赠了13.5亿元人民币，仅占他们拥有财富的3%，而对比美国的前50名慈善家，他们5年内共捐赠了650亿美元，占他们财富的45%。

[①] 《中国青年报》2005年9月7日。
[②] 查尔斯·沃尔夫：《市场或政府》，中国发展出版社1994年版，第7页。

第八章

居民收入公平分配的价值判断

我们在前面几章对我国城镇的居民收入差距做出了测量，并分析了其成因，接下来需要解决的问题就是：我国目前城镇居民的收入差距合理吗？公平吗？以及引申到我国现阶段的收入分配制度公平吗？这就需要做出价值判断。居民收入分配的公平与否已经成为我国各界共同关心的焦点问题之一，实现公平分配也是我国构建和谐社会的基础或核心。因此，对公平分配的探讨就成为极为迫切和重要的任务。

第一节 居民收入分配公平的价值判断标准

关于我国目前居民收入分配是否公平，在学术界存在着相当大、甚至是针锋相对的争论。考察这些争论，可以说是公说公有理、婆说婆有理。导致出现这一局面的基本原因是对居民收入分配的研究没有在同一标准下进行，运用的标准不同，得出的结论自然不同。因此，要对居民收入分配做出大家公认的判断，就必须找到公认的判断标准。

目前对居民收入分配公平与否的判断，主要是应用基尼系数的高低来衡量，而且也有国际上公认的标准，如基尼系数在0.2以下是绝对公平，0.4以上是不公平，0.5以上是两极分化等。此外，还有用城乡差距、区域差距、行业差距、城镇居民内部差距、农村居民内部差距等指标做进一步的说明。有了国际公认的判断标准，似乎这个问题就变得极其简单了。但问题就在于这个似乎简单的问题其实并没有那么简单，这是因为，基尼系数只是一个数，它只告诉我们是什么，却没有解释为什么是这样，以及这样是否合理等价值判断问题。库兹涅茨的倒U理论在一定意义上解决了为什么是这样的问题，但这样是否合理的问题，在不同的国家，以及在同一国家不同的发展阶段应该有不同的判断，因为这个判断是一个价值判断。不同的国家，同一国家不同的发展阶段都有其特定的核心价值观。核心价值观的不同，对同一水平基尼系数合理性的判断就会不同，从而就会出现不同的标准。

因此，要对我国当前居民收入分配做出合理的判断，首先就要找到我国现阶段的核心价值观。这个核心价值观就是科学发展观。科学发展观一方面继承了邓小平的发展是硬道理、江泽民的发展是执政党的第一要务和胡锦涛的聚精会神搞建设、一心一意谋发展的一贯思想，同时又是对这一思想的深化和发展，即要求又好又快。这充分体现了我国经济发展阶段发生了新的历史性转折，即从以往的追求快速发展到又快又好，最终提升到了又好又快。好和快位置的转换，说明我国的经济发展从注重量的扩张转向了注重质的提升。但是，在落实科学发展观时，千万不能因为倡导科学发展观，而只记住了科学忘了发展；也不能因为强调统筹发展，而忘了或忽略经济发展。也就是说，我们不能像过去那样忽视好而单纯追求快，但今天也不是要求好而不要求快，应是二者的统一。这是因为，中国的现代化还远没有实现，据中科院的研究，我国的现代化水平离美国还有100年的差距，离日本也有50年的差距。迅速实现现代化仍是中华民族孜孜以求的首要目标。追求发展，效率自然也就成为首要的选择。所以，胡锦涛同志《在中央人口资源环境工作座谈会上的讲话》中曾明确指出：科学发展观是"从新世纪新阶

第八章 居民收入公平分配的价值判断

段党和国家事业发展全局出发提出的重大战略思想"。"树立和落实科学发展观,必须始终坚持以经济建设为中心,聚精会神搞建设,一心一意谋发展。科学发展观,是用来指导发展的,不能离开发展这个主题,离开了发展这个主题就没有意义了。发展首先要抓好经济发展。""必须在经济发展的基础上,推动社会全面进步和人的全面发展,促进社会主义物质文明、政治文明、精神文明协调发展。"这就意味着:对居民收入分配公平与否的判断,就必须放在科学发展观的思想框架中才能得出正确的结论。从经济学的角度去分析,就是要放在经济发展或经济增长的框架中才能得到正确的认识。这个标准实际上就是我们党和政府改革开放以来始终坚持的生产力标准。

放在经济增长的框架中认识收入分配,收入分配就是促进经济增长的重要动力和手段。在传统体制下,分配上的平均主义"大锅饭",严重抑制了人们的劳动积极性和创造性,最终导致了社会的共同贫穷。邓小平同志倡导的改革开放,特别是在分配领域中实行让一部分人、一部分地区先富起来,通过先富带动后富,最终实现共同富裕的政策,极大地调动了人们的劳动积极性,促进了生产力的快速发展。可以说,改革开放20多年来,我国国民经济实现了9%以上的年平均增长率,创造了举世闻名的"中国奇迹",在很大程度上得益于包括收入分配体制在内的一系列经济体制改革,由此也可以验证:改革开放以来我国收入分配体制改革就总体而言应该是成功的、正确的。如果否认这一点,就很难对我国的经济增长奇迹做出解释。

因此,在经济增长的框架中认识收入分配的公平与否,实际上就包含了两方面的规定性:第一,对收入分配的公平要求不能以损害经济增长、发展生产力为代价。这从我国政府连续三年要求GDP增长速度保持8%就可以验证这一点,也就是说,科学发展观的落实并不以降低经济增长速度为代价。第二,经济增长的成果要尽可能地惠及全体人们,这就是建设全面小康社会的要求、和谐发展的要求，也就是公平分配的真正内涵。在经济增长的框架中认识收入分配的公平性，并不是只要发展，不要公平，更不是不重视公平，它只是给公平分配确定一个上限，不能过了，过了就错了。这就是落实科学发展观。科学发展观不是非此即彼的思维定式，而是要在两个矛盾的事物中找到彼此能够统筹的发展道路。实际上，经济增长的成果尽可能地公平分配，只要不超过一定的点，不但不会损害经济增长，反而会有利于经济增长。经济学的基本原理告诉我们，公平有两层含义：机会公平和结果公平。机会公平是市场经济的内在要求，是与经济增长、提高效率完全一致的，这样的公平越高越好。结果公平虽然与经济增长、提高效率存在一定的矛盾，但在一定的限度内，结果公平也会有助于促进经济增长和提高效率，因为分配结果的公平，一是可以缓解不同收入阶层的社会矛盾，从而为经济增长创造和谐的社会环境；二是有助于提高中低收入阶层的劳动积极性；三是有助于提高中低收入阶层人力资本的投资能力，为未来的经济增长提供动力；四是有助于提高整个社会的消费能力，为经济增长创造市场条件；五是有助于提高整个社会的投资能力，为经济增长创造要素条件。这就是说，只要不是损害经济增长，而是有利于经济增长的公平分配，就是我们所要追求的和大力提倡的。

第二节 工业化进程中的城乡收入分配

一、工业化进程中城乡居民收入差距存在的必要性

我国当前的经济发展就其本质而言，就是实现工业化。没有工业化，就没有知识化和现代化。工业化具体来说就是实现农民市民化、农业工业化、农村城镇化。这就可以看出：工业化的过程也就

是城市化的过程,就是消灭城乡差距的过程。但这一消灭的逻辑是首先让绝大多数的农民进入城市成为市民,然后才能对农业进行规模化、机械化的工业化改造,才能形成农村的适当集中进而实现城镇化。因此,一国从农业国向工业国的转变,最突出的表现就是农村剩余劳动力向城市的转移,这也是刘易斯二元经济理论的核心内容。但农村剩余劳动力向城市转移的前提条件就是存在城乡收入差距,即在收入最大化的驱使下,农民从收入相对较低的农村转向收入较高的城市部门。这就是说,城乡居民收入差距将始终伴随着工业化的过程,而消灭于工业化的实现。这也正是工业化国家不存在城乡居民收入差距的原因。至于这个差距究竟为多大才能引起农村剩余劳动力向城市的流动,刘易斯认为不应低于30%~50%,后来托达罗又加入了农民进城的就业概率因存在城市失业而不能达到1的假定,又使这一差距的幅度进一步提高。

因此,城乡居民收入差距的存在,是一国工业化、城市化的基本前提之一,或者说是动力之一。从这个意义来说,在工业化、城市化进程中,保持促使农民流向城市的城乡居民收入差距的收入分配是合理的,相反,那种消灭差距,把大批农民继续留在土地上的分配政策,却是反工业化、城市化的,是有逆历史文明的。这就是收入分配的工业化、城市化价值取向。对此,刘易斯在他的二元经济理论中就明确指出,在工业化、城市化进程中,由于"经济发展的中心事实是迅速的资本积累",因而收入分配的价值导向就要使"收入分配变得有利于储蓄阶级"。这种"同利润相一致的不平等,而不是跟随地租的不平等,有利于资本的形成。"也就是有利于工业化、城市化,是应该允许的。[①] 他甚至认为,为了更快地推进工业化、城市化,必须使农民的收入保持在"维持生存"的水平上,为此不惜牺牲农业的发展。后来,费景汉、拉尼斯虽然修改了刘易斯牺牲农业发展的条件,但修改的原因恰恰是因为牺牲农业的发

---

① 刘易斯:《二元经济理论》,北京经济学院出版社1988年版,第15~19页。

展，会使农产品价格上涨，从而提高农民收入，推翻了刘易斯工业化所需要的工资不变假定。这从表面上来看，似乎他们很歧视农民，对农民没有感情，其实不然，因为在他们的价值观中，真正能够拯救农民的是工业化、城市化。这已经被世界工业化、城市化发展的历史所证实。

我国的工业化还远没有实现，城市化甚至更落后于工业化，城市化率远远低于同等发展水平的国家。为了推进工业化、城市化，我国仍然需要一定水平的城乡收入差距的存在。从这个意义上说，那种试图在工业化进程中就消除城乡收入差距的主张和做法是不利于工业化和城市化的。但在我国现阶段，究竟需要保持多大的城乡收入差距才能有利于工业化和城市化呢？这个问题的回答比较复杂，因为我国现阶段农村剩余劳动力的流动不像刘易斯所描述的那样是简单的两主体即农民与市民的关系，而是三主体即农民、农民工、市民的关系。根据刘易斯二元经济理论，发展中国家的工业化，将吸引农村剩余劳动力源源不断地流向城市，使农民市民化；大多数农民离开土地，就可以有效地促进农业的规模化、机械化经营，实现农业的工业化和农村的城市化，因而工业化的过程也就是城市化的过程。在这里，整个理论逻辑的关键点在于：它假定农村剩余劳动力进入城市成为产业工人，就直接转化为市民，得到城市产业工人的社会保障，从而放弃农村的土地保障。但是，劳动力流动的这一机制在中国发生了变型，即农村剩余劳动力进入城市成为产业工人后，并没有转化为市民，而是形成了一个庞大的特殊群体——"农民工"。他们没有得到城市产业工人的社会保障和地位，从而使其也不可能放弃农村的土地保障。所以，刘易斯的城市化进程在中国被切断了，刘易斯的双主体即农民与市民间的劳动力流动理论模型也就失去了解释力，取而代之的将是农民、农民工、市民三主体间的劳动力流动理论模型。在这种情况下，真正引导农村剩余劳动力向城市流动的信号不是城乡居民之间的收入差距，而是农民与农民工之间的收入差距，这正是我国在城乡收入差距扩大（已经远远超出刘易斯、托达罗的假定水平）和农村仍然存在大量剩余劳动力的情况下却出现了令人费思的严重"民工荒"的真正原因。因此，不是从调节城乡居民收入差距的角度，而是从推进工业化、城市化的角度来看，我国城乡之间收入分配调整的当务之急应该是提高农民工的收入水平，进而甚至解决农民工的市民身份和相应的社会保障、社会福利。农民工是中国渐进式改革下双轨制思维定式的产物，正如当年的价格双轨制一样，开始对改革与发展具有积极的意义，但走到今天，农民工的存在，不仅不利于工业化、城市化，而且也不利于"三农"问题的解决。如果不尽快解决农民工问题，随着一系列支持农业政策的出台，农民工就可能大批回流，这应该是逆历史进步的，因为在传统农业和农村的框架中根本解决农民问题是不可能的，否则，就不需要工业化、城市化了。

二、中国工业化进程中的现实矛盾

改革开放以来，我国国民经济实现了9%以上的年平均增长率，创造了举世闻名的"中国奇迹"，引起了世界的震惊甚至恐慌。"中国奇迹"的出现，固然与改革开放的制度变迁密切相关，但从发展的角度看，也是自觉或不自觉遵循刘易斯二元经济发展模式的结果，即通过维持工人的低工资（工资不变假定）不断推进工业化。据广东省总工会2004年的一项调查显示：12年来，珠三角地区民工月工资平均只上涨了68元。这与我国年均9%以上的经济增长速度相比，可以肯定地说是工资不变。从这个意义上说，中国的工业化迅速发展，正是得益于工资不变的大量农民工的流入即"民工潮"，如现在在广东的外来工就有1000多万人。这也验证了刘易斯二元经济发展模式在中国的有效性。

但是，进入2004年底以来，全国各主要加工制造业集中地区先后不同程度地出现了"民工荒"。据广东省统计局2004年底对珠江三角洲9个地级市的调查显示：2005年广东省民工短缺数量预计超过 100 万人，且仍有上升的趋势。调查还显示：短缺的民工主要是普通工，尤其是对年龄较轻、身体健康、反应灵活的普通工需求量最大，而对管理人员、工程技术人员、技术工人的需求则较少。①另据珠海企业调查队 2005 年 1 月公布的数据：该市企业用工缺口估计在 3.8 万人左右，而且制造业用工缺口最大，约占八成以上。②而且这种短缺也不是短暂的。国家劳动和社会保障部 2007 年 3 月公布的一项调查表明，多数企业认为今年春季招工存在一定困难。认为"会有一定困难"的企业比重依次是：闽东南地区 61.6%，长三角地区 54.3%，珠三角地区 49.1%，中西部地区 48.5%，环渤海地区 42.2%；珠三角地区和闽东南地区认为"会有较大困难"的企业比重分别达到 27.8% 和 11%。③这不仅说明"民工荒"的长期存在，而且还是全国性的。

从"民工潮"到"民工荒"，是否意味着刘易斯所揭示的工业化已将农村剩余劳动力吸干，从而需要转向开放经济通过引进外国移民来解决工业化所需要的劳动力这样一种结果在中国已经出现了呢？显然不能做出这样的结论。这是因为在中国，农村仍存在着大量的剩余劳动力。国家统计局 2004 年的人口统计表明，乡村人口仍然占全国人口的 58.2%。但是，我国第一产业在 GDP 中的比重只有 15% 左右，人口与 GDP 的贡献是极其不相称的。也就是说，中国农村仍然存在着大量的剩余劳动力。从目前各种估算结果来看，最少的也有 5000 万，最多的超过 1 个亿。

在农村仍存在大量剩余劳动力的情况下出现"民工荒"，主要是由两方面的因素造成的：第一，农民工工资偏低。珠海的调查显示：月薪在 800 元以下的企业，用工缺口占 61%，月薪在 800～1000 元的企业，用工缺口占 27%，月薪在 1000 元以上的企业，用工缺口只占 12%。在深圳，月工资是否达到 1000 元也是企业招工

---

① 《北京青年报》2005 年 2 月 26 日。
② 《深圳商报》2005 年 2 月 21 日。
③ 《深圳特区报》2007 年 3 月 10 日。

难易的一道坎。第二，中央 2004 年支农政策的大规模投入，使农民的利益比较大幅提高。2004 年农民人均纯收入实际增长 6.8%，是 1997 年以来增长最快的一年。农民收入的大幅增加，除农产品价格回升外，关键的因素就是中央政策给农民直接减负增收，如"两减免、三补贴"五项政策就使农民受惠 451 亿元。中央政策的投入使民工工资低的问题更加突出。由于中央将继续坚持和加大支农的力度，而且我国政府向世贸组织承诺将对农民的补贴提高到 GDP8.5% 的水平还远没有达到，农民的收入将因此还会持续增加。从这个意义上说，如果工业部门对农民工工资不相应做大幅度的调整，"民工荒"绝不会是一个短暂的现象。

农村剩余劳动力的大量存在与"民工荒"的并存说明：刘易斯二元经济发展模式的运行机制被中国的实践改变了，或者说"刘易斯拐点"提前出现了。按照刘易斯的观点，这是不利于工业化和城市化的。从广东省的调查来看，许多企业特别是对劳动力需求最为迫切的制衣、制鞋、玩具等劳动力密集型行业的小企业，由于利润率过低，缺乏承受提高工资待遇的能力，正面临着生死的考验。这就引发了一个问题：提高农民、农民工收入对不对？从我国实际情况来看，提高农民收入又是必需的。这是因为，一是我国城乡居民收入差距不断扩大，2003 年已达到 3.23 倍，有人预测按现在的速度到 2020 年会达到 7 倍。城乡居民收入差距如此之大，已不仅仅是一个经济问题，更会引发政治和道德问题。二是由于我国城乡分割的特殊国情，当我国的工业化进入新的发展阶段时，农村市场对工业化的实现发挥着重要的市场贡献作用，但由于农民收入低，农村市场相对萎缩，在很大程度上制约了现阶段工业化的发展。因此，我国进一步推进工业化又需要扩大农村市场。[①] 三是由于我国是一个农业人口大国，工业化的迅速发展不可能在一二十年的时间

---

① 黄泰岩、王检贵：《工业化新阶段我国农业基础地位的转变》，载《中国社会科学》2001 年第 3 期。

内将农村剩余劳动力全部吸干,因而工业化、城市化就成为一个较长期的任务,但工资不变假定不可能长期化。

工资不变假定的放弃,从而农民、农民工收入的提高,就必然与我国现在奉行的刘易斯工业化战略发生尖锐的矛盾。因为中国的工业化也不可能停止,也不能放缓,而且还要加快。这就需要我们在两难中寻求化解这一矛盾的出路。

三、工资可变假定下的中国工业化战略

在工资可变的假定条件下,就需要修正刘易斯二元经济的工业化战略,建立新的二元经济的工业化战略。这主要应该包括以下三个方面。

第一,优化产业结构,提升产品结构,增加产品的附加值,从而为工资的提高创造空间,实现工资提高与企业赢利不变甚至提高的双赢结果,使资本积累不变甚至增加,保证工业化进程得以继续甚至加速。这就需要加快技术进步,努力开发新产品,以及加强企业和产品的品牌建设。但这里需要解决的一个关键问题是企业技术进步的路径选择。对于那些应付工资增长都很困难的加工工业企业来说,让他们投入大量的资金搞技术研发和品牌建设几乎是不可能的。因此,可能的出路就是与技术先进企业进行全方位的分工合作,以及接受政府的技术支持和帮助。

但是,技术提高是双刃剑,它在提高企业赢利空间、消化工资上涨压力的同时,又会对劳动力的需求产生新的变化。这具体表现在:一是提高对就业劳动力素质的要求,以适应技术提高后的岗位变化;二是技术进步会直接减少对劳动力的需求。这就可能出现我们所不希望的严重后果:那些希望增加工资的普通劳动力却被企业的技术进步所排挤成为失业者,从而延缓城市化进程和恶化就业环境。

这就决定了我国加工工业的产业结构和产品结构升级不能是整

体性的，而只能是局部的，甚至是少部分的。特别是对我国这样一个需要转移大量农村剩余劳动力的大国来说，在今后一个相当长的时间内，发展低劳动成本的劳动密集型产业是绝不能放弃的工业化战略。

第二，促进产业的区域间转移。我国推进产业结构的优化，实质是延长制造业的产业链，而绝不是片面地推进我国的制造业向"高、精、尖"方向发展，丢掉劳动密集型的传统产业。就是说，我国不仅要发展高端产品，而且也不放弃中端和低端产品的制造。我国不仅要成为真正名副其实的"世界工厂"，而且也要当"世界加工厂"，从而形成多层次共同发展的制造业格局。这是因为，一是我国存在着巨大的就业压力，制造业作为吸纳劳动力就业的主要产业，应该在发展过程中不断创造出新的就业岗位，形成推进工业化与就业的良性循环。二是我国是发展中的大国，各地区之间的发展不平衡，这就在客观上为制造业的多层次共同发展提供了可能，如东部地区随着劳动力、土地等资源价格的上升，一些劳动密集型产业就可以向西部地区转移。这种产业结构的调整和产业技术的梯度扩散，就有助于形成推进工业化与区域协调发展的良性循环。

因此，在工资可变的假定条件下，对于那些不可能和不需要提高技术的劳动密集型产业来说，通过从发达地区向相对欠发达地区的产业转移，降低企业经营的要素成本如土地成本、环境成本、劳动力的迁移成本和生活成本等，提高企业的赢利空间，实现工资提高与企业赢利不变甚至提高的双赢结果，保证工业化进程得以继续甚至加速。

但是，产业的区域转移，对转移企业来说，需要付出巨大的迁移成本。如何有效地降低企业迁移成本，就成为我国新阶段工业化战略的一个重要环节。由于我国市场化程度的提高以及全国统一市场的逐步形成，市场对产业在一国不同区域间转移的调节作用会极其有限，这就需要政府发挥重要的作用，即针对不同地区的发展状况采取不同的土地管理政策、环境保护政策、税收政策等，形成对产业转移的利益诱导。

第三,在工业化优先兼顾农民利益的原则下统筹我国的工业化进程。实现工业化、现代化,是中国几代人的梦想和为之奋斗的目标。党的十六大报告在全面建设小康社会的目标中明确指出:要力争再用20年的时间基本实现工业化,从而确立了我国实现工业化的时间表。因此,实现工业化和现代化的发展,就是我国必须坚持的硬道理。这就决定了我国在推进工业化进程中,一切经济工作都要围绕和服务于这一最高目标。从这个意义上说,农民收入的提高,以及农民工工资的提高,必将是一个逐步的过程,城乡收入差距的消除就是一个较长期的过程。

第三节 经济增长方式转换中的收入分配

一、中国经济增长的动力源

经济增长的动力源概括起来主要包括两个方面,即需求拉动型经济增长和供给推动型经济增长。从需求拉动型经济增长来看,包括三个方面的拉动力,也就是通常所说的三驾马车,即消费、投资、出口。从供给推动型经济增长来看,也包括三个方面的推动力,即要素供给、结构供给、制度供给。要素供给是指各种生产要素的投入,包括资本、土地、劳动、管理、技术等。结构供给是指经济结构的调整,包括社会经济结构、产业结构、城乡结构、地区结构等。结构调整实质上是对要素存量的重新配置,实现结构的优化升级,推动经济的增长。制度供给包括正式制度供给和非正式制度供给,它是通过制度的演进和变迁来推动经济增长。

在不同的发展阶段,作为经济增长基本框架各个组成部分的相互地位是不同的。在短缺经济时代,需求是无限的,经济增长的重点或者中心则在于供给推动，即如何动员更多的要素供给、如何调整存量结构、如何改革经济体制来促进经济增长，这时的经济增长就可以概括为供给推动型的经济增长。在1977~1997年间，由于我国传统的计划经济体制严重束缚了生产力的发展，因而制度供给在三个推动力中就上升为主要方面，通过改革建立社会主义市场经济新体制以促进经济增长就成为这一时期经济发展的主旋律，这时的经济增长也可以称为制度供给型经济增长。有经济学家测算，这一时期的经济增长60%是源于改革创造的新制度供给。与此相适应，这一时期的中国经济学就其研究的主要内容而言，通常被称为改革经济学或者转轨经济学。改革是统揽全局的。

1998年开始，我国告别短缺经济进入相对过剩的新时期，特别是通货紧缩的出现，使我国的经济增长严重受制于需求不足。为保证经济的持续快速发展，我国及时转换了经济增长的主要动力源，即从制度供给推动转向了需求拉动。扩张需求拉动增长就成为这一时期经济发展的主旋律，这时的经济增长就可以称为需求拉动型经济增长。在需求拉动的三驾马车中，由于消费需求相对不足，投资和出口就成为拉动经济增长的主要力量。1998年，投资增长和消费增长对GDP的贡献率分别为30%和66%，2003年逆转为55%和45%。这种需求拉动型经济增长实际上是以投资为主导的需求拉动型经济增长。

近年来，特别是进入2005年，随着我国宏观调控政策的实施，对投资的过度增长采取了有保有压的适时控制，投资需求的增长趋缓，但我国的外贸出口却大幅增长，2005年中国进出口总额达到14221亿美元，是1980年的37倍，贸易总量居世界第3位。致使我国的外贸依存度大幅提升，外贸出口对经济增长的贡献不断增大。从这个意义上说，我国的经济增长是外贸出口需求拉动型的。

在需求拉动的三驾马车中，惟独只有消费对经济增长的贡献率是持续下降的。据报告，我国的国内消费需求增长"近几年年均增速为8.6%，远远低于GDP和投资的增长速度，消费贡献率已由

'九五'末期的73%下降到45%，而发达国家平均为80%。"①

从全国经济运行所表现出来的一系列矛盾来看，无论是投资为主导的需求拉动型经济增长还是外贸出口需求拉动型的经济增长，都将在今后难以成为中国经济增长的持续稳定的动力源。这是因为，投资需求是中间需求，投资所形成的生产能力及其所生产出来的最终产品必须要有相应的消费能力将其消化。在目前我国消费严重不足的情况下，投资的扩大就会导致产能过剩，从而抑制经济增长。据国家发改委的报告，近几年的过度投资，已经造成钢铁、电解铝、铁合金、焦炭、电石、汽车、铜冶炼产能过剩突出，水泥、电力、煤炭、纺织潜在着产能过剩。产能过剩实际上宣布了投资为主导的需求拉动型经济增长的终结。我国作为一个发展中的人口大国，也不可能长期依靠外贸出口拉动经济增长，更何况在世界各国对我国的反倾销案已连续9年是世界最高的情况下，希望外贸出口还能持续快速扩大是不现实的。

因此，从扩大需求拉动经济增长的角度来看，我国经济要实现持续稳定快速的增长，就必须适时地从目前的投资为主导的需求拉动型经济增长和外贸出口需求拉动型经济增长向国内居民消费为主导的需求拉动型经济增长转变。

二、经济增长转型中的居民收入分配

随着我国经济增长动力源的转型，我国收入分配的价值取向也必须随之发生相应的转型。这是因为经济增长对收入分配具有决定性的作用。在以投资为主导的需求拉动型经济增长格局下，收入分配的价值取向就是要有利于资本的形成，从而为投资提供源源不断的资本流。

我国这些年的经济增长实际上就是循着这样的逻辑向前推进

---

① 《北京现代商报》2006年3月2日。

第八章 居民收入公平分配的价值判断

的。这突出表现在：一是在国民收入的分配上，居民收入的增长速度长期低于经济的增长速度。例如，在"十五"期间，国内生产总值的增长率分别是 8.3%、9.1%、10%、10.1% 和 9.9%，同期城镇居民人均可支配收入实际增长 8.5%、13.4%、9.0%、7.7%、9.6%，农村居民人均纯收入实际增长 4.2%、4.8%、4.3%、6.8%、6.2%。[①] 农村居民人均纯收入实际增长长期严重低于 GDP 增长的直接后果就是农村居民消费在社会总消费中所占的比重持续下降，目前只有大约 30% 多，农村市场相对严重萎缩。即使在城镇，也只有 2001 年和 2002 年两年的居民收入增长超过 GDP 的增长速度，但这两年恰恰是我国反通货紧缩时期。这就是说，居民收入增长超过 GDP 的增长速度，仅仅被看做是反通货紧缩的短期政策。当我国一旦走出通货紧缩，收入分配的价值取向就迅速回归到有利于投资的逻辑轨道，即居民收入的增长立即低于 GDP 的增长速度。二是在居民收入分配的结构上，财富迅速向有利于资本形成的投资者方面集中，出现了不断扩大的收入差距。第一，在城乡收入分配上，财富迅速向有利于投资的城市集中，城乡收入差距 2005 年已达 3.22:1，在全部居民储蓄中，80% 集中在城市。农村只是城市发展的廉价要素供给者，农村市场对工业化的支撑作用被忽视了，这正是我国出现严重产能过剩的根本原因。第二，在区域收入分配上，财富向具有较高投资回报率的东部集中，如在社会消费品零售总额中，东部 11 省所占份额从 2003 年的 58.3% 提高到 58.8%，中部则从 25.3% 降为 24.1%，东北从 10.1% 降为 9.2%。只有西部在大开发战略下从 16.3% 提高为 17.0%，这显示了政府在实现公平分配方面的重要作用。第三，在城市不同阶层居民收入分配上，财富迅速向高收入阶层集中，如占城市 10% 的高收入者占有了城市全部财富的 45%，占城市 10% 的低收入者仅占有了城市全部财富的 1.4%。

---

① 《经济日报》2006 年 3 月 18 日。

居民收入，特别是农民收入的增长速度长期低于经济的增长速度，以及城乡收入差距、地区收入差距、不同阶层的收入差距的持续扩大，造成的直接后果就是消费对 GDP 增长的贡献份额连续大幅下降。目前的贡献率只有约45%左右的水平，远低于国际平均水平近20个百分点。

因此，我国经济增长的动力源要实现从以投资为主导转向以消费为主导，我国收入分配的价值取向就要从有利于资本的形成转向有利于消费需求的形成，不断提高消费对经济快速稳定增长的贡献率。

当然，从以投资为主导向以消费为主导的经济增长转型，并不是要抑制资本的形成，压低应有的投资增长率。这是因为，一是我国毕竟仍是一个发展中的大国，资本形成对我国的快速发展仍具有重要的作用；二是消费的增长依赖于收入的增长，收入的快速增长归根结底还要取决于经济的快速发展。如果没有强有力的投资增长，没有大众的创业激情和行动，我国的就业压力就会凸显，收入的快速增长就可能成为一句空话，向以消费为主导的经济增长转型也就无从实现。因此，从以投资为主导向以消费为主导经济增长转型的真正诉求是：在保护和支持必要的投资增长率的基础上，运用市场和政府这两只手使消费需求以更快的速度增长，实现在投资和消费全面增长的前提下提高消费对经济增长的贡献率。

三、经济增长转型中的居民收入分配调节

为了实现从以投资为主导向以消费为主导的经济增长转型，就需要运用市场和政府这两只手在总量和结构两个层面上对居民收入分配进行有效的调节。

首先，加快居民收入总量的增长，为经济增长转型提供坚实的收入基础。这可以采取以下三方面的调节措施：第一，在一定时期内应该允许居民收入的增长速度超过经济的增长速度。就一般原则

而言，居民收入应该随着经济的增长而增长，否则，居民收入就会成为无源之水。但在特定的时期内，居民收入的增长完全可以超过经济的增长，以达到保持经济稳定增长的目的。例如，20世纪80年代，我国城镇居民收入的增长速度就超过了经济的增长速度，由此形成的巨大城市市场引领经济首先快速增长。日本在20世纪50年代和60年代工资的增长都低于经济增长的速度，但进入70年代，工资的增长就超过了经济的增长，如1971~1976年，经济的增长速度为4.5%，但工业部门的工资增长为6.13%，农业部门为5.56%。这实际上是在一定程度上允许工资侵蚀利润，其实也是实现从以投资为主导向以消费为主导经济增长转型的应有之意。第二，为居民拓展非工资的收入渠道。居民收入总量的较快增长，不可能仅仅寄希望于工资的大幅提高。这是因为工资的提高对企业而言则意味着人工成本的上升，在中国进入全面高成本时代的约束下，中国企业一旦失去成本优势，就会在经济全球化的市场较量中失去竞争力。因此，应通过改善百姓创业环境、发展多层次资本市场、推出多样化的理财工具等为居民开辟多样化的收入渠道，使工资收入在居民家庭收入中所占的比重持续下降，这也是家庭财务状况是否良好的一个重要标志。第三，进一步完善信用消费制度。信用消费是居民消费结构向汽车、住宅等消费升级的重要杠杆，可以说，没有信用消费，居民消费结构的升级就将面临难以逾越的收入鸿沟。我国在近几年的信用消费快速发展中虽然出现了一些坏账，但我们不能因噎废食，应积极探明在家庭私有产权约束下出现坏账的机理，为信用消费的健康发展提供制度保障。

　　提高消费对经济增长的贡献率，我们的着眼点不能放在居民收入的存量上。有人认为，我国居民储蓄存款余额2006年2月末已高达15.12万亿元，只要赶出一部分储蓄，就可以迅速提高消费对经济增长的贡献率。这实际上是不现实的，因为一是在全部储蓄中，高收入者占了大部分，由于高收入者的消费倾向低，这部分储蓄是不可能被赶出来用于消费的；二是就绝大多数消费者而言，他们拥有的有限储蓄还要用于教育、购房、防病、防老等，这部分储蓄不但赶不出来，而且还要增加。最近央行公布的2006年1季度全国城镇储户问卷调查结果就证实了这一点。

其次，加快居民收入分配结构的调整，在居民收入总量增长受限的条件下快速推进经济增长的转型。居民收入分配结构的调整主要包括以下几个方面：第一，城乡居民收入分配结构。虽然城乡居民收入差距已经达到了较高的程度，但调节城乡居民收入分配结构的基本思路只能是在保持城镇居民收入较快增长的前提下千方百计增加农民收入。可是，受我国传统农业的产业性质所决定，以及60%左右的人口在有限的土地上进行农业耕作，即使有政府对"三农"的大力支持，农民收入增长的空间也是有限的。如2006年中央财政用于"三农"的支出将达到创纪录的3397亿元，但平均到即使按6亿农民算，每人也只有不到600元。因此，必须跳出"三农"才能解决农民收入，其基本途径：一是积极推进城市化，实现农民向市民的转变。当然这一转变要以农民能够在城镇获得工作和收入为前提，这对中国的城市化是一个巨大的考验。二是采取政策鼓励工业反哺农业。这一方面要求城市工业把农村工业纳入到自己的工业体系中，为农村工业的二次创业提供条件；另一方面要求城市工业对农业进行工业化改造，使农业工业化，改变传统农业的产业性质，为农民增收创造产业基础。城乡产业的一体化必将把大批的农民卷入产业工人大军，实现市民化。三是继续加大政府对"三农"的支持力度。第二，区域居民收入分配结构。调整的基本思路是加大政府对相对不发达地区的转移支付，如西部地区在"十五"期间消费份额的上升就说明了政府支持的重要性。但是政府的支持力度毕竟是有限的，相对不发达地区经济的发展以及居民收入水平的提高，还必须借助于区域经济的一体化发展。在区域经济一体化成为大趋势的今天，无论是国际还是国内的经济发展布局，都必须走用一体化对抗一体化的道路。我国已初步形成了长三角、珠三角和京津冀三大经济区经济一体化的发展格局和思路，并实施东北经

第八章 居民收入公平分配的价值判断

济振兴、中部崛起和西部大开发战略，从而呈现出六大板块或组团的发展格局。在这种发展格局下，相对不发达地区必须把自己放在所在的区域经济一体化的新格局中，借助中心城市的带动和辐射作用，发挥自己的比较优势参与到区域经济的分工协作体系中，实现经济的发展和居民收入水平的快速提高。第三，城市不同层次居民收入分配结构。调整的基本思路：一是对高收入阶层，只要其收入是合法的就应该给予保护和鼓励，我国作为一个发展中的大国，保护和鼓励人们合法创业以及增加财富应该成为基本理念，这也是与把发展作为执政党第一要务的原则完全吻合的。更何况中国的高收入者离世界富豪还有相当大的差距。但要引导他们富而思源，增强社会责任感和使命感。二是对低收入阶层和弱势群体，政府要给予应有的保障和救助，从这个意义上说财政收入的快速增长有其合理性。同时要通过修改税法等制度安排以及形成必要的社会氛围鼓励社会慈善事业的发展。三是提高中等收入阶层的比重，以及快速增加他们的收入水平，这应该是调节城市不同层次居民收入分配结构的重点。它将为经济增长的转型培育出强大而稳定的消费主力军。

最后，实现居民收入分配调节手段的优化组合。调节居民的收入分配，市场和政府两个手段不能相互替代，两者各司其职才能达到最佳的效果。改革开放以来，我国主要是通过引入市场机制，鼓励一部分人和一部分地区先富起来，打破平均主义的大锅饭。这一时期收入分配体制改革的价值取向就是追求效率。应该说，正是有了这样的分配体制改革，才有力地推动了我国经济的快速增长，创造了"这个奇迹"。但是，随着适应社会主义市场经济的收入分配体制的基本确立，特别是收入差距的不断扩大，公平问题就日益凸显出来。公平包括两层含义：一是机会公平。这就要求打破政府的行政垄断，还市场主体公平选择、自由竞争的机会。二是分配结果的公平。这就要求政府运用有效手段调节过大的收入差距，在没有政府干预的情况下，市场不可能自动实现公平的分配。可以说，目前社会对公平的呼唤，反映了我国政府调节在收入分配领域的"越位"和"缺位"。对机会公平的呼唤，实际上是要求解决政府的调节越位问题；对公平分配的呼唤，则是要求解决政府的调节缺位问题。市场经济越发展，就越需要政府在公共经济领域承担更多的职能和发挥更大的作用。我国在市场化改革进程中，建立适应社会主义市场经济新体制的公共经济管理体制和运行机制严重滞后。这表明政府职能的转换和政府管理体制的改革，将是我国在新时期进一步深化改革的关键环节，也是建立完善的适应社会主义市场经济的收入分配体制的重点。

当然，呼唤公平，并不是要用公平替代效率，也不是放弃"效率优先、兼顾公平"的收入分配原则。在我国现阶段，发展仍然是硬道理，仍然是执政党的第一要务。虽然我们需要的发展是在科学发展观指导下的发展，是又快又好的发展，但这都始终没有离开发展。中国的现代化还远没有实现，根据中科院的研究，我国的现代化水平离美国还有100年的差距，离日本也有50年的差距。迅速现代化仍是中华民族孜孜以求的首要目标。追求发展，效率自然也就成为首要的选择。因此，我国经济发展新阶段对公平的呼唤，是在效率优先前提下对公平的兼顾，是要求政府对公平分配的职能补位，绝不是把公平放在优先的位置上，更不是回到平均主义的旧体制上。从这个意义上说，公平分配的强化，并不是要损害效率，而是为了更好地增进效率，即通过对居民收入分配的调节，提高消费对经济增长的贡献率，促进国民经济实现又快又好的发展。

第九章

居民收入差距的调节政策选择

第一节 构建公平与效率关系的新结构

公平与效率的关系即是经济学的一个古老话题，国内外相关文献不计其数，但又是一个常说常新的话题，因为公平涉及到价值观的判断，效率又是在一定制度、资源等条件下的效率，随着人们价值观的更新、社会制度的变迁和资源条件的改变，公平与效率的关系也将随之而需要重新组合。

一、公平与效率关系的新组合

改革开放以来，我国在公平与效率关系的认识上大致经过了三个不同的发展阶段。在改革开放初期，邓小平同志针对计划经济时期平均主义的公平观而产生的平均分配对效率巨大损害的恶果，提出了"让一部分人先富起来"的著名论断。通过一部分人先富起来，树立榜样，然后先富带动后富，帮助后富，最终实现共同富裕。这是我国建立社会主义市场经济体制的第一个公平与效率组合。这一组合的基本特征，一是否定了平均主义的公平观，强调经济发展过程中的效率，把发展看做是"硬道理"。在公平与效率基本关系安排上从强调公平转向强调效率。二是在实现公平与效率基本关系的手段上强调打破平均主义大锅饭，以适当拉开收入差距提高效率。也就是说，这一阶段的公平与效率组合是针对平均主义分配制度盛行的特殊历史背景，突出打破平均主义，拉开收入差距，提高效率，使国民经济从崩溃的边缘迅速转到快速发展的轨道，待经济发展到一定水平时再注重公平。

让一部分人先富起来的政策，极大地激发了人们的劳动积极性、主动性和创造性，经济效率大幅度提高，使我国国民经济保持了20多年近两位数的增长，我国的综合国力大幅度提高，创造了"中国奇迹"。但是，在快速经济增长的同时，我国也付出了收入差距不断扩大的代价。据国家统计局收入分配课题组的调查研究显示：1998年我国的基尼系数为0.386，接近0.4的国际警戒线，同时也超过了高收入国家20世纪90年代0.338的平均水平。与经济发展水平相当（人均GDP1000美元左右）的世界其他国家相比，也明显偏高（东欧为0.289，南亚为0.381，东亚和太平洋为0.381，中东和北非为0.380，拉美和加勒比地区为0.493）。

针对我国居民收入差距快速扩大，并有可能对经济效率和社会稳定造成破坏这一变化了的新情况，我国及时调整了公平与效率的基本关系安排，明确提出了"效率优先，兼顾公平"的基本原则。这标志着我国公平与效率的组合进入了第二阶段。这一公平与效率组合的新进展在于：在继续强调效率的同时，提出了兼顾公平的时代要求，但在优先次序的安排上，把效率放在首位。兼顾公平之所以说是时代的新要求，是因为当我们用拉开收入差距的利剑基本摧毁平均主义分配的堡垒后，就要求代之以建立起适应市场经济体制的新的公平秩序。这个公平新秩序具体包括两个方面：一是与效率一致的"公平"。它遵循的是市场原则，即促进效率的就是公平的，如机会的公平、按要素投入获取分配的公平等。二是收入分配结果的公平，在一定程度上与效率存在着替代性。它遵循的是社会公正的原则，因为首先人类社会不同于动物界，动物可以遵循适者生存的法则，而人类则不能，人类社会对竞争的失败者必须给予人性的关怀，这就需要建立社会保障制度。其次，经济上对效率的追求，要受到人们对社会公正普遍认同的价值观的制约，超越了这一点，就会因公平的丧失而导致效率的下降。因此，在这一阶段，打破垄断实现机会均等、实行按劳分配与按要素分配相结合、建立社会保障制度等，就成为我国在继续强调效率的同时，构建公平与效率组合的一系列政策亮点。这些政策的出台，无疑对我国社会经济产生了积极的影响，突出表现在通过运用积极的财政政策，增加中低收入者的收入，加大政府转移支付等，保证了居民消费的稳定增长，从而在世界经济增长放缓的不利形势下，实现了国民经济的快速发展。

但是，"效率优先、兼顾公平"的组合还是不完善的，具体表现在：第一，主体不明确。在居民或家庭、企业和政府三个市场活动主体中，究竟谁负责追求效率，谁负责兼顾公平，没有明确的界定。在主体不清晰的情况下，就会出现责任不明确，因而"效率优先、兼顾公平"的组合在执行过程中就会出现偏差。第二，缺乏立体组合。在国民收入分配的全过程中，实际上存在着初次分配和再分配两个环节。在两个环节中，是否都要遵循"效率优先、兼顾公平"的组合，还是有所侧重，在这个组合中是不明确的，因而可以说这个组合是一个平面的组合。它的直接后果是忽视了两个分配环节的特殊性质，从而不利于"效率优先、兼顾公平"的实现。

针对"效率优先、兼顾公平"组合在理论和实践上存在的不足，党的十六大报告明确指出："坚持效率优先、兼顾公平"的分配原则，但"初次分配注重效率，发挥市场的作用"；"再分配注重公平，加强政府对收入分配的调节职能"。从而对公平与效率的关系作出了新的阐述，使公平与效率关系的理论得到了深化和发展，形成了新的公平与效率组合。

近几年中央文件中没有再提"效率优先"，而只提"更加重视公平"，因而有人就认为"效率优先、兼顾公平"的组合过时了，甚至提出要"公平优先"。我们认为，这是对公平与效率关系的误读。第一，中央虽然只提"更加重视公平"，但并没有明确说"效率优先"错了，更没有说要用公平替代效率。第二，我国现在仍然坚持市场化的改革，"效率优先"恰恰是市场经济的基本要求。第三，我国的工业化远没有实现，赶超发达国家的任务异常艰巨，这时追求效率对我国就具有更优先的价值。

二、公平与效率关系新组合的基本结构

公平与效率关系的新组合，首先并没有否定"效率优先、兼顾公平"的分配原则。"效率优先、兼顾公平"是我国实现经济快速发展的基本战略，绝不能因为短时期内出现收入差距的扩大，甚至是严重的扩大就从根本上动摇这一战略。这是因为，第一，我国是一个发展中的大国，靠发展求生存的压力异常巨大，特别是在经济全球化和知识经济兴起的双重背景下，除了快速发展就别无选择。经济全球化使资源配置超越国界在全球范围内展开，这就使我国企业必须直接面对强大的跨国公司的竞争。同样，知识经济的兴起，使我国在尚未完成工业化的情况下，就必须面对信息化的挑战，同时推进工业化和信息化。第二，我国是一个向市场经济转轨的大国，转轨中不可避免出现的一系列矛盾只有在发展中才能得到解决。例如，国有企业的改革、政府职能的转换等，都会在一定程度上排挤出劳动力，而在目前就业存在巨大压力的情况下，这些改革的顺利推进从根本上说就有赖于经济的增长而带来的就业岗位的增加。第三，我国是一个经济发展严重不平衡的大国，各地区之间的经济差距，特别是城乡明显的二元经济结构，也只有在发展中才能得到解决。例如，消除城乡二元经济结构，就是要实现农民市民

化，农村城市化，农业工业化，而三化的核心是农民市民化。近2亿农村劳动力转到非农产业，就需要经济增长创造出大量的就业机会。第四，我国是一个经济步入起飞阶段的大国，根据库兹涅茨"倒U理论"所揭示的经济增长与收入分配的相互关系，即在经济增长的早期阶段居民收入差距会趋向扩大，特别是在从前工业文明向工业文明转变的时候，这种扩大的趋势会更为迅速，随后出现一个稳定时期，在后一个阶段居民收入差距趋向缩小。这就是说，要从根本上解决收入差距问题，就需要快速的经济增长以实现工业化。以上分析表明：在经济问题上，我国压倒一切的任务仍然是发展。因此，收入分配制度必须放到经济增长的框架中加以设定，因而效率优先就具有不可替代的地位。

其次，公平与效率关系的新组合，是市场调节与政府干预组合关系在分配领域的具体体现。市场调节与政府干预的组合构成了市场经济的运行机制，这就决定了，第一，收入分配既然是市场经济的重要组成部分，那么，收入分配的调节也就必然表现为市场调节与政府干预的组合。因此，初次分配要发挥市场的调节作用，再分配要加强政府的调节作用，就使分配领域的调节机制与市场经济的运行机制一致起来，从而与市场经济新体制完全吻合起来。第二，在市场经济的运行机制中，市场调节对资源配置发挥着基础性的调节作用，因而在公平与效率关系的新组合中，市场发挥主要作用的初次分配是基础性分配，政府发挥主要作用的再分配是对初次分配关系的调整。也就是说，市场调节在分配领域中也同样发挥着基础性的调节作用。

再次，公平与效率关系的新组合，也体现了分配领域市场经济运行机制的特殊组合关系。这具体表现在：第一，无论是初次分配层面还是再分配层面，都存在着市场调节与政府干预的组合关系，如政府通过预算收入的形式参与国民收入的初次分配，只是在这里政府遵循的不只是公平原则，首先是效率原则。同样，在再分配领域中，市场竞争的充分展开、市场信息的充分披露、生产要素的充分流动，也就是增强市场调节的有效性，都有助于消除垄断对收入不合理的再分配。当然，在这里市场调节遵循的也是公平的原则，不过这里的公平是机会的公平，而不是分配结果的公平。第二，由于分配领域分为初次分配和再分配两个层次，因而市场调节与政府干预又存在着立体的组合关系，即在纵向上的组合：市场主要在初次分配发挥作用，政府主要在再分配发挥作用。因此，在公平与效率关系的新组合中，市场调节与政府干预表现出纵横交错的组合关系，显示了分配领域中调节机制的复杂性。

三、公平与效率关系新组合的实现机制

构建公平与效率关系的新组合，既是一个重要的理论问题，也更为重要的是一个实践问题。在实践中要实现公平与效率关系的新组合，就要努力解决好以下几个主要问题。

1. 构建有效的要素产权基础。构建公平与效率关系新组合的根本目的，正如党的十六大报告所说的那样，是"要形成与社会主义初级阶段基本经济制度相适应的思想观念和创业机制，营造鼓励人们干事业、支持人们干成事业的社会氛围，放手让一切劳动、知识、技术、管理和资本的活力竞相迸发，让一切创造社会财富的源泉充分涌流，以造福于人民。"也就是说，初次分配注重效率，就是要通过分配以形成一种激励机制，把一切生产要素都充分地召唤出来，并加以充分地利用。要做到这一点，首要的前提或基础就是要构建有效的要素产权基础，即明晰要素产权主体，保护要素财产权利，承认要素产权收益。构建有效的要素产权基础，从要素产权主体的角度来说，既包括构建国有资产的管理体系，也包括形成对非国有资产的有效保护，特别是要完善保护私人财产的法律制度；从要素财产权利的角度来说，既要允许劳动获取收入，也要确立劳动、资本、技术和管理等生产要素按贡献参与分配的原则；既要保护有形财产的权利，也要甚至更要保护无形资产，特别是知识产权

的权利；从要素产权收益的角度来说，既要保护一切合法的劳动收入，也要保护一切合法的非劳动收入。

2. 构建有效的要素市场体系。初次分配注重效率，发挥市场的作用，意味着要提高效率，就要实行市场分配。所谓市场分配，就是要求工资由劳动力市场形成，利率由金融市场形成，地租由房地产市场形成，等等。此外，要素分配的市场化，还有助于实现机会均等的公平，因为只有打破垄断，才能实现要素的自由流动。可见，构建有效的要素市场体系，对于通过市场分配提高效率，就具有重要的作用。从我国目前的情况来看，商品市场已得到了比较充分的发展，但要素市场的发育相对滞后。这不仅表现在要素市场的建立滞后，而且要素价格的形成还远没有市场化，如利率的市场化改革刚刚开始起步。因此，加快我国要素市场的建设，特别是积极推进要素价格的市场化，就成为我国发挥市场分配的作用，提高效率的一个关键环节。

3. 构建有效的财政调节机制。在再分配环节实现公平，是政府责无旁贷的基本职能，而财政则是政府完成这一职能的最重要的手段。从我国目前的情况来看，要发挥财政对再分配环节实现公平的作用，主要应做到：一是运用税收制度安排，一方面为政府实施再分配筹集足够的资金，另一方面通过完善个人所得税、消费税、财产税，逐步开征社会保障税、资本利得税、遗产和赠与税等，调节居民过大的收入差距。二是运用财政支出手段促进公平。这主要包括运用政府间的转移支付，促进地区间的分配公平；运用政府向个人的转移支付，促进居民间的分配公平；增加教育支出，提高落后地区和贫困人口的教育水平，促进教育机会、就业机会的公平，调节因受教育差距知识差距而导致的收入差距；合理利用财政补贴，对那些需要救助而又符合 WTO 规则的救助对象给予必要的财政帮助，如对农业基础设施、农业科技等的支持，就有助于增加农民收入，调节城乡差距。

4. 构建有效的社会保障体系。建立社会保障体系，形成社会安全网，有助于实施反贫困，促进社会公平。目前，我国政府用于社会保障方面的支出占 GDP 的比重无论从自身的需要还是与国际比较来看，都严重偏低。因此，随着我国经济的增长、财政收入的增加，应使社会保障体系不断健全和社会保障水平不断提高。当前首先要坚持社会统筹和个人账户相结合，完善城镇职工基本养老保险制度和基本医疗保险制度。健全失业保险制度和城市居民最低生活保障制度，包括三条保障线的衔接和应保尽保等。其次，要多渠道筹集和积累社会保障基金，中央和地方财政都要增加社会保障基金支出，发展城乡社会救济和社会福利事业，开展经常性社会捐助活动。最后，应逐步建立由农村集体经济组织、乡村企业和农民共同负担，国家给予补助的农村养老、医疗保险和最低生活保障制度。

第二节　调整收入差距与财富差距、生活差距的关系

收入差距、财富差距和生活（水平）差距是三个既相互联系又相互区别的重要概念，弄清楚它们之间的相互关系，对于我国合理地调节过大的居民收入差距，实现效率优先、兼顾公平的目标具有重要的政策意义。

收入差距是指在一定时期内（通常为一年）获得货币收入的差别，它的核心点是货币收入流入量的差别。财富差距是指在一定时点上占有的有形资产和无形资产量的差别，它的核心点是货币收入存量的差别。生活水平差距是指在一定时期内（通常为一年）用于物质和文化生活消费上的差别，它的核心点是货币消费支出量的差别。

收入差距、财富差距和生活水平差距的相互关系在于：（1）收入差距决定着财富差距和生活水平差距。这存在着两种情况：

一是在居民积累和消费的分配比例不变时，收入差距的扩大会导致财富差距和生活水平差距的同时扩大；二是在居民积累和消费的分配比例发生变化时会出现如下情况，当高收入者的新增收入主要或全部用于积累时，会加剧财富差距的扩大，同时会使生活水平差距略有扩大或保持不变；当高收入者的新增收入主要或全部用于消费时，会加剧生活水平差距的扩大，而使财富差距略有扩大或保持不变。(2) 财富差距和生活水平差距反过来也会影响收入差距。如财富差距扩大会使下一期的收入差距随之扩大（财产收入是导致收入差距扩大的主要原因），而高收入者减少财富积累，增加消费支出，扩大生活水平差距，则会减缓下一期收入差距的扩大。

收入差距、财富差距和生活水平差距的以上区别和联系隐含着如下政策建议：(1) 要实现公平分配，必须首先调节收入差距。收入差距的缩小，会促进财富差距和生活水平差距的缩小。(2) 在财富差距过大的情况下，公平分配的实现，仅仅依靠调节收入差距是不够的，还必须通过财富的再分配缩小财富差距。(3) 一定收入差距的存在是提高经济效率的基本前提，收入差距的缩小客观上就存在着一定的限度。因此，在存在一定收入差距的情况下，公平分配的增进，就有三种选择：一是财富差距和生活水平差距同时扩大；二是生活水平差距扩大而财富差距略有扩大或保持不变；三是财富差距扩大而生活水平差距略有扩大或保持不变。通常情况下，第三种选择有利于增进公平分配。

明确收入差距、财富差距和生活水平差距的区别和联系对我国政策的调整具有如下重要意义：(1) 必须切实加强政府的收入差距调节政策，缩小过大的收入差距，以及由过大的收入差距引发的过大的财富差距和生活水平差距。(2) 必须打破单一的调节收入差距的政策取向，在注重调节收入差距的同时，调节过大的财富差距和生活水平差距。特别是在我国目前财富差距已经过大的情况下，这种政策调整显得尤其重要。调节财富差距主要可通过征收财产税、利息税、遗产税、赠与税等手段实现。调节生活水平差距可通过征收消费税，对奢侈品实行特殊定价等手段实现。(3) 在我国收入差距已经扩大的情况下，应该选择财富差距扩大而生活水平差距略有扩大或保持不变的政策目标。这是因为，生活水平的差距比较直观，它的扩大对社会各收入阶层的承受力从而社会的稳定影响较大，而且生活水平差距的扩大，高收入者的高消费，对我国经济增长的拉动作用不明显，因为这种高消费主要是国外产品的消费，以及奢侈性消费。但是，财富差距的扩大，主要是高收入者将既有的收入用于各种形式的投资。投资的扩大，会有力地促进经济增长和增强经济的活力。对我国这样一个处在经济转轨时期的发展中大国来说，居民投资的扩大更具有重要的特殊意义，它不仅有助于缓解资本短缺，促进经济增长，而且有利于改善资本结构，增强经济的竞争力、活力和效益。投资的扩大，不仅会刺激对投资品的消费需求，而且还会通过增加就业刺激大众化的消费需求，这在买方市场条件下，对经济的拉动作用是十分明显的。财富差距扩大而生活水平差距略有扩大或保持不变的政策目标，主要是通过运用税收等一系列有效手段鼓励高收入居民将收入主要投资于产业而不是用于个人消费加以实现，如对那些用于产业投资的资金不计入居民的应税收入；对产业投资损失可由当年其他收入补偿，从而减少应付的所得税；财产税税率远低于个人所得税税率等。这就是说，要建立起鼓励高收入居民将收入主要用于投资而不是主要用于消费的激励机制。当然，财富差距扩大而生活水平差距略有扩大或保持不变的政策目标并不是最终目标，它只是在收入差距难以调节的情况下，在扩大财富差距还是扩大生活水平差距之间的理想选择。如前所述，财富差距的扩大，会进一步扩大收入差距，因此，要实现公平分配，还必须调节财富差距，但财富差距的调节主要是通过遗产税和赠与税等措施缩小下一代人之间的财富差距。所以，对创造财富的这一代人，政府政策应该是鼓励而不是限制甚至打击积累财富。

第三节 完善经济结构调节居民收入差距

一、调整经济结构是全面建设小康社会的核心要求

全面建设小康社会,是我国新世纪新阶段面临的重大战略任务。小康社会最早是由邓小平同志在 1984 年 3 月提出的。那是针对 20 世纪 80 年代我国温饱问题尚未解决的实际情况而设定的一个低标准的小康社会,即年人均国民生产总值达到 800 美元。20 世纪 90 年代中期,我国先后制定了《全国人民小康生活水平的基本标准》、《全国农村小康生活水平的基本标准》和《全国城镇小康生活水平的基本标准》三套小康标准。按《全国人民小康生活水平的基本标准》指标测算,1999 年我国总体已走完温饱阶段 94.6% 的路程,2002 年我国国内生产总值已突破 10 万亿人民币大关,从而已在总体上实现了小康社会。

但是,在新的形势下,我国提出的全面建设小康社会的标准与目前已实现的总体小康社会标准相比,将发生如下重大的变化:

第一,从总量上说,人均国内生产总值水平大幅提高。国内生产总值力争到 2020 年比 2000 年翻两番,使人均国内生产总值从 900～1000 美元提高到超过 3000 美元,从中下等收入国家的水平上升到中等收入国家的水平。根据世界银行的分类,人均国民生产总值 545 美元为低收入国家,545～2200 美元为中下等收入国家,2200～5999 美元为中上等收入国家,6000 美元以上为高收入国家。

第二,从结构上说,这是惠及十几亿人口的更高水平的小康社会。我国从总体上实现的小康社会是相当不平衡的小康社会,在城乡之间、东西部之间、不同所有制之间还存在着比较大甚至是相当大的差距,如到 2000 年,我国尚有将近 3000 万人的温饱问题还没

有完全解决，城镇也有一批下岗人口在最低生活保障线以下，还有一部分人口虽然解决了温饱问题但尚未达到小康。也就是说，全面建设小康社会的目标之所以"全面"，就是要让十几亿人口都达到小康的水平。

我国经济的快速增长，并不意味着自然而然地会使全体人民都享受到经济增长的成果，如英国早期的工业革命就造成了严重的两极分化。既然我国全面建设的小康社会是惠及十几亿人口的更高水平的小康社会，那么十几亿人口就要能够享受到经济快速发展的成果，而做到这一点的关键，就要对当前我国不合理的经济结构做出优化调整，以实现统筹发展。

二、调整城乡结构

目前，农民收入水平和消费水平已远远落后于城镇居民。农民占总人口的近70%，但由于收入增长缓慢，其消费额却仅占全国消费总额的不足40%，农村人口的人均消费只有城市人口的1/3。消费水平的落后致使农村消费品市场在全国的市场份额出现了不断萎缩的趋势。全国县及县以下农村消费额占全社会消费总额的比重，1993年为42%，1995年降为40%，2001年进一步降到37.4%，2002年又跌至36.7%。这就是说，农村消费占总消费比重的下降，已成为我国消费增长缓慢的主要原因，是制约我国经济增长的"瓶颈"，也是我国全面建设小康社会的一个难点。可以说，没有农民的小康，就不会有我国全面的小康社会。因此，如何调整城乡结构，增加农民收入，就成为能否实现全面小康社会的一个关键环节。要千方百计提高农民收入，就应该做出如下调整：

第一，调整农业结构。随着农产品供求格局逐步从短缺转变为相对过剩，特别是我国"入世"后农产品市场的开放，我国农产品的价格已经接近或超过国际市场价格，农产品价格上涨的空间不大。在这种情况下，农民依靠生产农产品获得的收入会相对甚至绝对下降。到 2000 年为止，全国农民人均纯收入的增长速度连续 4 年下降，农民来自于农业的纯收入连续 3 年绝对减少。1997 年，在农民人均纯收入的增量中，来自于农业的纯收入占 44.5%。1998 年、1999 年、2000 年，农民人均纯收入的增量分别为 72 元、48 元和 43 元，农民人均非农产业纯收入的增量分别相当于人均纯收入增量的 139.0%、210.0% 和 212.0%。2001 年，在农民收入增速回升的同时，农民的农业纯收入也较上年增加 40 元，占当年农民人均纯收入增量的 35.4%。但是，农民的人均非农产业纯收入仍较上年增长 62.2 元，相当于当年农民人均纯收入增量的 55.0%。

因此，持续增加农民的农业内收入必须依靠调整农业生产结构改善农产品的供给结构。根据市场需求调整农产品结构必须做到：调整原有的农业生产模式，根据各自的比较优势确定农业生产发展的重点；调整原有的农业经营模式，实现以市场为导向的产、供、销一体化的产业化经营，通过延长农业产业链条和农产品加工增值为农民创造更多的收入增长机会；调整农业生产的区域结构，尽快从地方粮食自给转向发挥区域比较优势，促进主要农作物逐步向优势产区集中；调整农业生产的规模结构，通过土地的流转、股田制等多种形式使土地向种植能手集中，实现农业生产的规模化经营，以降低成本和提高劳动生产率。

第二，推进城镇化战略，加快转移农村剩余劳动力。适应农业结构调整、提高农业生产率的需要，必须加快农业剩余劳动力向城镇的转移，否则难以实现农民收入与经济增长的同步增长。农业部农村经济研究中心调查资料显示，2000 年农户平均拥有耕地 0.49 公顷，人均不足 2 亩，亩均用工量 14.63 个标准劳动日。按照世界平均的农业生产率计算，我国的种植业最多需要 4000 万～5000 万人，而我国 2000 年农业从业人员为 4.9 亿人。由于包括户籍制度在内的一系列制度阻断了农村剩余劳动力向城镇的转移过程，从而也就阻碍了以工农业协调发展为主要内容的工业化进程，导致工业对农业的反哺不力，减少了通过为农民创造城市就业机会获取工资收入、提高农业工业化水平增加农业经营收入的机会。为此，党的十六大首次提出"农村富余劳动力向非农产业和城镇转移，是工业化和现代化的必然趋势"。事实证明，积极推进城镇化战略是加快农村剩余劳动力转移，增加农民收入的必然选择。国家统计局等各种形式的调查结果显示：农民外出务工收入的快速增长，对农民增收做出了最大的贡献。

第三，增加城市就业机会。农村剩余劳动力向城市转移，推进城市化，必须以农民能够在城市找到就业岗位为前提。如果农民进城找不到工作，或者农民得到工作就意味着城市居民失去工作，那么这种城市化就是不可取的。因此，在城市居民存在巨大就业压力的情况下，农村剩余劳动力向城市转移，就不能寄希望于城市具有大量的就业岗位，而必须在城市化过程中能够产生出大量吸纳农村劳动力的就业岗位，即形成城市化——城市就业岗位增加——进一步城市化的良性循环。要实现这种良性循环，一是要通过推动农村工业向城镇的产业聚集，为那些在农村工业中工作的农民创造在城镇就业的岗位；通过产业聚集的规模化效应，为农民创造在城市中第三产业部门就业的岗位；通过产业聚集的专业化效应，扩大企业的生产规模和提高企业的持续成长能力，为农民创造出更多的就业岗位。二是通过人口聚集的规模化效应支撑城市基础设施和第三产业的有效运作，从而为农民在城镇创造出更多的就业岗位。

要实现以上两个聚集，必须消除生产要素空间聚集的制度障碍。一是改革妨碍产业聚集的企业产权制度。企业产权关系模糊，使生产要素难以自由流动，阻碍了企业的优化重组及空间聚集，因而必须加快企业产权制度创新，建立明晰、开放、动态的企业产权结构，实现以资本为纽带、市场为导向的产业整合；二是改革妨碍人口聚集的户籍制度和人口迁移政策。随着经济发展和社会进步，户籍制度日益成为人口聚集的巨大阻力；而人口迁移政策则严重妨碍了人力资本的优化配置，不利于人口合理、有序地流动，因而必须打破固化城乡人口结构的户籍制度，建立符合我国国情的、适应

第九章 居民收入差距的调节政策选择

市场经济发展的居住地户口的弹性管理制度；三是改革妨碍土地聚集的土地使用权制度。在城市，现有土地使用权制度的缺陷阻碍了城市空间的合理扩大和土地使用效率的提高。在农村，土地使用权流转机制的落后阻碍了农业的适度规模经营，影响了农业现代化和农村人口城市化，因而必须从实现城乡协调发展出发加快土地使用权制度的改革。

三、调整区域经济结构

区域经济的差距即东中西部经济发展差距所导致的居民收入差距，是制约我国经济增长的另一个重要瓶颈，也是我国全面建设小康社会的另一个难点。据国家统计局调查，1985年东、中、西部地区之间居民收入差距为1.15∶0.88∶1，而到1995年已扩大为1.42∶0.97∶1。1986～1999年，全国城镇人均可支配收入增长了5.5倍，其中东部地区增长了5.9倍，西部地区只增长了4.7倍。据国家统计局计算，1981～2000年，省际间的基尼系数由0.06上升为0.16。因此，调整区域经济结构，加快中西部经济的发展，增加中西部居民的收入水平，也就成为能否实现全面小康社会的一个关键环节。

调整区域经济结构，就是要积极推进西部大开发、中部崛起、东北工业振兴。但是，在我国已经形成三大经济圈即珠江三角洲、长江三角洲和京津冀地区的情况下，西部大开发、中部崛起和东北工业振兴，就必须走区域经济一体化的道路，用一体化对抗一体化。这是因为，在经济全球化迅速发展的大背景下，区域经济的一体化成为世界经济的发展潮流。据WTO2004年12月公布的《关于贸易环境进展的报告》显示：世界各地向WTO报告正式生效的区域经济合作协定共206个，其中2004年1～8月份正式生效的共21个，即将生效的有30个，正在谈判和研究中的还有60多个。目前世界贸易的2/3都是在这些协议内部发生的。

为了适应这一发展潮流，中国政府在国际上积极寻求同东南亚各国、东亚三国、俄罗斯等五国的区域经济合作，推进区域经济一体化的进程。同样，在国内也努力构建区域经济发展的新格局。十届全国人大四次会议批准的《中华人民共和国国民经济和社会发展第十一个五年规划纲要》就明确指出："坚持实施推进西部大开发，振兴东北地区等老工业基地，促进中部地区崛起，鼓励东部地区率先发展的区域发展总体战略，健全区域协调互动机制，形成合理的区域发展格局。"由于东部地区实际上包含着三大经济区，即珠三角地区、长三角地区和京津冀地区，因而我国正在打破以往省市自治区行政区划对经济发展的束缚，呈现出六大经济区域的组团式发展新格局。在这六大经济区的发展进程中，东部的珠三角地区、长三角地区和京津冀地区经济一体化进程推进的要远远快于其他地区，特别是长三角地区形成了以上海为龙头，江苏省南部（8市37县）、浙江省北部（6市31县）为支撑的区域经济合作区，显示了强大的区域经济竞争力。珠三角地区也从过去的小珠三角发展到大珠三角，今天又进一步扩展为泛珠三角。珠三角范围的每一次扩大都体现了其强大的区域带动性，从而区域经济一体化的进一步发展。随着天津滨海新区开发纳入国家"十一五"规划，京津区域经济一体化进程将进一步加快。京津两大直辖市的联手，以及两市区域经济分工的进一步明确和细化，必将带动京津冀这个中国北部最具潜力的经济区域的经济快速发展，成为继珠三角地区和长三角地区之后的中国第三大经济增长点。

因此，西部大开发、中部崛起和东北工业振兴，首先需要发展自身区域经济的一体化，通过区域内的产业整合，尽快形成区域内的产业分工协作体系，打造具有竞争力的优势产业。同时，也要借助于东部三大区域经济的率先发展带动自己的发展。在我国未来经济增长的空间布局上，三大经济圈将成为重要的增长极，即通过经济圈内部的有效分工合作，形成特有的产业优势。随着经济圈经济实力的不断增长，对外的波及和联动效应就会产生，形成对周边经济发展的带动。因此，在三大经济圈周边的地区，就需要努力把本地区的经济链接到经济圈的产业分工体系中，实现借势发展。

从积极推进西部大开发的基本思路来看，一是人的思想观念的开发。在实践基础上的观念创新和理论创新是社会发展和变革的先导。二是制度开发。要依据社会主义市场经济的要求，以及西部地区的特殊区情，积极推进制度创新，探索适应西部开发的特殊制度形式。三是优势产业的开发。要依据西部地区的比较优势，选择那些具有竞争力的优势产业、特色产业加快发展，使其成为带动西部经济发展的增长极。四是分工合作的开发。西部不可能脱离开东部的发展而发展，要充分利用东部产业结构调整的有利时机，寻找与东部广泛的分工合作，这样既可以满足东部企业低成本扩张的需求，又可以较快地克服西部经济崛起中存在的资本约束、技术约束、人才约束、品牌约束等多种约束，从而实现共赢；同时注重西部各地之间的合理分工，防止产业趋同。五是政策的开发。西部大开发离不开政府政策的有力支持，要探求新的政府支持政策，如发行西部开发债券、彩票等。

从东北经济振兴来看，东北经济的振兴恰逢中国的工业化进入重化工业发展的新阶段，东北经济的最大优势就是重化工业的物质基础和人力资本基础，重化工业化对东北经济的振兴是千载难逢，而且一旦失去就不会再来的重大机遇。这是因为东北重化工业的物质基础和人力资本基础并不具有绝对的不可替代性。其他经济区特别是珠三角地区、长三角地区也都千方百计努力搭上重化工业化这趟快车，甚至像深圳这样的新兴城市也将产业定位为"适度重化工业化"。在这次重化工业化的较量中，珠三角地区和长三角地区具有东北所不具有的资本、技术、外资、区域、体制等方面的比较优势，再加上区域经济一体化所带来的分工协作优势，这就迫使东北经济的振兴，必须在区域经济一体化的理念指导下，通过相应的产业整合，形成东北经济的重化工业比较优势。可以说，在中国的工业化阶段，离开了重化工业，东北就将失去其在全国的经济地位，东北经济的振兴也就会落空。

对于中部地区的崛起，商务部正在根据"十一五"规划的要求研究制定具体的、可操作的、具有实效的政策措施，并尽快公布实施。这意味着我国中部崛起战略已经从准备阶段进入到实施阶段。中部崛起，当前需要解决的主要问题：一是确定区域经济的中心，龙头经济不率先崛起，整个区域经济的发展就没有希望；二是中部的优势产业选择，以便确立其在全国产业分工体系中的比较优势和不可替代的特殊地位。

四、优化社会经济结构

以信息技术为先导的高新技术产业的发展，使知识经济成为一个不同于工业经济的独立经济形态，并在世界范围内迅速发展，这是当今经济结构诸多变化中最根本性、最基础性的变化，因为它彻底改变了经济发展的基本框架和运行轨迹。它使经济增长建立在知识的生产、流通、分配和使用（消费）的基础之上，这不仅在发达国家已经明显地表现出来，而且其影响已经远远超出了发达国家的范围，对发展中国家的经济发展也形成了巨大的挑战，特别是在经济全球化迅速发展的背景下，这种对发展中国家的挑战，意义更加深远和重大。中国作为一个最大的发展中国家，要赶超发达国家，实现强国之梦，就必须探索知识经济下的中国工业化、现代化发展理论和道路。

既然知识经济成为一个新的独立的经济形态，它就与传统的农业经济、工业经济相对立，从而在工业化的发达国家中与工业经济构成新二元经济结构；在尚未完成工业化的发展中国家中与农业经济、工业经济构成三元经济的新结构。因此，对于发达国家而言，就要走出新二元经济结构下的经济发展道路；对于发展中国家而言，就要探索三元经济新结构下的新发展道路。

我国三元经济结构下的发展道路，就其基本内容来说，首先必须推进和实现工业化，或者说，工业化是知识化的必经阶段。这是因为，农业经济、工业经济、知识经济的依次演进，是一个自然的历史过程，它们之间存在着自然的内在联系。实现工业化虽然是我国现代化进程中必须完成的艰巨的历史任务，但是在三元经济结构的条件下，我国不可能沿袭传统的工业化发展模式。这是因为，以信息技术为先导的高新技术的大规模出现，是世界范围内的一场新的"技术革命"。由这场技术革命所引发的以信息产业为先导的高新技术产业的出现和迅速发展，使世界各国的竞争演化成一场知识的竞争和人才的竞争。在这场新的竞争中，谁能搭上知识经济这辆快车，谁就会成为未来世界经济的强者，而谁敢无视这场革命，谁就会成为这场革命的牺牲者。例如，中国当年曾经把农业经济发展到了顶点，其国内生产总值曾占世界总量的1/3，但在沉湎于农业经济的辉煌时，却无视西方发生的工业革命，结果导致了1840年的悲剧，使中国遭受了百年的屈辱。同样，今天的日本在20世纪80年代把工业经济推到了顶点，成为世界经济强国，但与美国在新经济的较量中却落伍了，结果在20世纪90年代，美国迎来了10年的快速经济增长，而日本却跌入了10多年的不景气，当年的工业强国被新经济摧毁了。历史和现实都告诉我们：如果我国在推进工业化的过程中放弃信息化、知识化，就会重现1840年的悲剧。

因此，我们党在"十六大"报告中明确指出："实现工业化仍然是我国现代化进程中艰巨的历史性任务。信息化是我国加快实现工业化和现代化的必然选择。坚持以信息化带动工业化，以工业化促进信息化，走出一条科技含量高、经济效益好、资源消耗低、环境污染少、人力资源优势得到充分发挥的新型工业化路子。"我国明确提出了走新型工业化的道路，将信息化和工业化作为我国实现现代化的两大目标。新型工业化道路是在对知识经济部门特殊性深刻认识的基础上提出的，是发展知识经济部门的一种新注解。

走三元经济结构下的发展道路，即同时推进工业化和信息化，对调节居民收入差距的重要价值在于：一是新产业的兴起及其快速发展，不仅会摧毁既有的国民经济结果，而且也会随之改变相对固化的社会分层，涌现出一批新的社会精英，这一方面将打破既有的社会财富分配，即按新的规则重新分配；另一方面将为许多人打开一扇新的致富大门。试想如果没有知识经济，比尔·盖茨的财富怎么会超过那些石油、铁路大亨们。二是知识经济对传统产业的知识化改造，将大大提升传统产业的劳动生产率，从而一方面使传统产业在新的国际化竞争中保持活力和竞争优势，保证国民经济的健康快速发展，不断创造出更多的就业机会；另一方面将使我国传统产业摆脱单纯依靠劳动力低廉的竞争战略，走上企业赢利空间不断扩大、员工收入不断提高的良性发展道路。

五、调整企业结构

调整企业结构包括两方面的内容：一是调整企业的规模结构，实现大中小合理配置的企业规模结构；二是调整企业的所有制结构，即实现国有经济与非国有经济的共同发展。二者对居民收入分配差距的调节作用体现在通过创造出更多的就业机会，使那些因失业而陷入贫困的人们走上小康之路。

调整企业的规模结构，就是要规避企业做大的普遍化，积极发展中小企业。美国经济学家杰格迪什·谢斯和拉金德拉·西索迪亚在他们所著的《3法则》一书的导言中写道："我们发现了一个令人惊讶的规律，就是在每一个行业中，占统治地位的企业数目限制为3个，任何大于或者小于这个数目的数字都是暂时的。"而且还认为，"越来越多的证据表明，《3法则》在欧洲和亚洲市场中发生的频率比以前大得多，尤其是随着全球化的到来，这种现象更加明显。"成熟的市场之所以最终会形成这样的结构，是因为企业追求效率。"当追求效率演化成无益的过度竞争时，大多数市场会做出合乎逻辑的反应。在不成熟市场中占多数的新企业经历一次重组后，通常会接连发生几次重组，最终会出现3个最重要的企业"。①

杰格迪什·谢斯和拉金德拉·西索迪亚依据众多公司的市场发展史所揭示的"3法则"规律，对于认识和分析我国的市场结构是极其宝贵的工具和框架。到目前为止，我国的市场应该说还是不成熟的，但即使从这个不成熟的市场演进来看，"3法则"规律同样在中国一定程度上得到了印证。例如，我国一些行业如葡萄酒、微波炉等基本由前3家企业统治市场；一些行业如家电业的彩电、冰箱、洗衣机、空调等都经历了从100多家企业向5~10家的演进；一些行业如汽车正在经历着从100多家企业向5~10家的演进。这就说明：即使在我国这样的市场大国，真正能够做大做强的企业最终只有少数的几家，大多数企业仍将是中小企业。这就要求我国政府在抓大的同时，要坚定不移地扶小。实践证明：大量中小企业的存在，才是一国经济活力的源泉之所在，才能为社会创造出大量的就业机会。据国家发改委提供的数据显示：中国目前有中小企业365万家、个体工商户2800万家，二者相加占中国企业总数的99.6%。中国中小企业创造的价值占GDP近六成，出口值占中国出口总值的六成八，进口占中国进口总值的六成九。中国中小企业已经成为吸纳就业的主渠道，2004年中国的就业人口中，有70%服务于中小企业，中小企业对中国税收的贡献率已经达到了40%。

调整企业的所有制结构，就是要在坚定不移地发展公有经济的同时，也要坚定不移地发展民营经济或者非公经济。据国家统计局的资料显示：2001年以来民营企业吸纳劳动力的能力和水平越来越高，2001年到2005年，民营企业就业人员数量从1527万人增加至3458多万人，年均增幅22.7%。2005年城镇私营企业就业人员数量占全国城镇就业人员总数的比重为20%，高于除国有单位以外的其他经济部门。这意味着民营经济对就业，从而对缓解我国的收入差距做出了重要贡献。

---

① 格迪什·谢斯、拉金德拉·西索迪亚：《3法则》导言，机械工业出版社2004年版。

但是，在发展民营企业过程中，有一种倾向性的意见认为我国民营企业因实行家族企业的制度形式，将做不大、做不久，从而对我国的就业贡献是不可持续的。这实际上是一个误解。其实，家族企业并非做不大。从目前世界各国存在的家族企业来看，许多都成就为大企业。美国波士顿家族企业研究所提供的数据显示：在美国的所有上市公司当中，有60%由家族管理控制。在《财富》杂志评选的世界500强企业中，有37%是家族企业。[1] 韩国的前30大财团也基本都是家族企业，而且在企业的传承问题上，只有两家企业分别传给职业经理人和共同创业者，其他28家全部传给家族成员。同样，家族企业并非做不长。家族企业的经营资本主要来自于家族内部，如2003年亚洲国际华商前25家企业（除银行）的资本结构中，自有资本都占了很高的比重，最低的为55%，最高的达到了99%。即使在美国的华人企业，资金的筹措也主要来自于血缘近亲，在借款中的比重达到73%，来自于商业银行的仅为6%，而美国主流企业分别为30%和53%。较高的自有资本比例，使企业的经营比较稳健，抵御外部风险的能力较强，如在亚洲金融危机时，家族企业显示了很强的稳定性。另据麦肯锡的调查资料显示：有15%的家族企业能够经营到第三代，有5%的家族企业能够延续到第四代。但美国大企业的平均寿命也只有不到50年。

第四节 扩大中等收入者比重的战略与措施

一、扩大中等收入者比重是一个大战略

一个社会的收入阶层最基本的可以划分为高收入阶层、中等收入阶层和低收入阶层。理想的社会阶层结构应是"橄榄型"的，即

---

[1] 《参考消息》2002年8月25日。

中等收入阶层的比重大，因为世界各国经济发展的经验教训表明：庞大的中等收入者群体是一国经济持续发展的中坚力量。因此，我国把扩大中等收入者的比重作为全面建设小康社会的一项重要的战略决策。

庞大的中等收入者群体之所以是一国经济持续发展的中坚力量，这主要表现在：

（1）中等收入者是一支扩大民间投资的生力军。从高、中、低收入三个群体来看，低收入者显然不可能成为民间投资的主要组成部分，毕竟他们在基本消费需求满足之后很难还有富余的资金用于投资，有的甚至还处于贫困或还没有根本解决温饱，他们是需要政府给予社会保障的群体。高收入者无疑是民间投资的主力军，因为他们不仅资本雄厚，而且又主要是一些从事生产经营的私营企业主、个体工商户等，具备了扩大投资的舞台和经验，因而要在政治、经济、法律等方面创造条件鼓励他们投资，扩大再生产。但是，在鼓励富人投资的同时，千万别忘了中等收入者对扩大投资的巨大作用。可以说，忽略了他们，就不会有民间投资的兴旺。这是因为，第一，他们具有扩张投资的巨大内在动力。中等收入者除了将自己稳定的收入用于生活消费外，普遍不满足现状，迫切希望通过投资加快财富积累，因此，与高收入者相比，他们拥有更为强烈的成长性动机。第二，他们具有扩张投资的巨大外在压力。中等收入者的就业稳定、生活稳定受到越来越激烈的市场竞争的挑战，为了规避风险，他们就不得不寻求通过投资建立工薪收入以外的多种收入管道。第三，他们是扩大投资的最大群体。中等收入者从单个家庭来看虽然资本量有限，但他们人数众多，因而资本总量可观。第四，他们的投资是活络经济必不可少的。中等收入者资本数量有限，往往投资于中小企业，而中小企业恰恰是活络经济的重要力量和大企业得以良性发展的重要基础。

（2）中等收入者是一支扩大消费的主力军。众所周知，影响消费需求的两大关键因素是居民的收入水平及其消费倾向。高收入者收入水平高，但消费倾向偏低，构成其主要消费内容的奢侈性消费又大多是进口产品，对国内产品消费增长的影响力有限。其对消费增长的影响力主要是消费先导和消费示范。低收入者拥有很高的消费倾向，但受制于较低的收入水平，也无法有力地拉动消费增长。惟有中等收入者，既拥有足以支撑较高购买力的收入水平，同时又拥有较高的消费倾向，他们对提高生活质量的要求由于稳定收入的保证会不断反映在其消费行为上。因此，中等收入者群体就成为扩张消费需求的主力军。这具体表现在：第一，他们是社会消费的最大群体。理想的社会结构应是"橄榄型"的，即两头小中间大，具有稳定收入的巨大的中等收入者群体就自然成为一国社会消费的主体力量。第二，他们有不断提高生活质量的强烈欲望。在高收入者的消费诱导和示范作用下，中等收入者特别是中高收入者就产生了提高生活质量的强烈欲望。第三，他们有不断提高生活质量的基本条件。中等收入者特别是中高收入者由于具有稳定的收入，以及可以利用自己的地位和信誉获得信用消费，就使他们具备了提高生活质量的基本条件。

　　从动态的角度来看，中等收入者稳定增长的收入水平和较高的消费倾向而支撑的其消费水平的稳步上升和消费结构的稳步升级，也是带动产业结构不断优化，进而带动经济稳定持续增长的主要力量。这是因为，作为消费主体的中等收入者的消费结构的升级，一方面可以加快产品的升级换代，提升产品的档次，促使企业加快技术创新步伐，提高产品的技术含量和附加价值；另一方面受强劲需求诱导，新兴产业不断出现和成长，支柱产业更迭加快，产业结构实现顺利升级，从而有利于保持经济增长持久的动力。

　　（3）中等收入者是一支保证经济持续发展的"御林军"。经济稳定是保持经济持续增长最重要的基础。扩大中等收入者的比重在推动经济增长的同时，还有助于保持社会经济的稳定，可谓是"一石两鸟"。

　　首先，从结果来看，广大的中等收入者群体是社会稳定的重要力量。如果一国的社会结构中中等收入者占主体，可以有效地分散经济风险，缓解外部冲击，增强社会承受能力，维护社会稳定。如果一国出现两极分化、贫富悬殊，则脆弱的经济结构导致的社会不稳定局面将难以迅速改变。巴西、阿根廷等拉美国家人均GDP已经达到了七八千美元，但是由于其中等收入者的比重较低，只有35%左右，社会两极分化严重，在遇到国际金融危机之后出现经济动荡，导致社会发展水平迅速下降。而中等收入者占据多数，社会结构现代化并且合理的韩国虽然同样受到国际金融危机的冲击，但其经济恢复较快，从而保持了社会稳定。因此，千方百计扩大中等收入者的比重，提高绝大多数人的生活水平，可以为分散各种经济以至于社会风险奠定坚实而广泛的经济基础和政治基础，使我们可以从容面对复杂多变的世界经济和政治形势。

其次，从过程来看，中等收入者比重的不断扩大过程，就是社会不断趋于稳定的过程。在家庭处于温饱阶段，一个家庭的收入往往主要来自于工薪收入，在这种情况下，如果一旦失业、疾病或其他意外因素导致家庭成员劳动能力丧失，就意味着工资收入来源丧失，家庭生活就会陷入"灾难"境地。而在迈向中等收入者群体的过程中，中等收入群体的家庭收入来源中工资外收入的比例上升速度较快。这是因为中等收入者会将其消费的结余资金用于股票、证券、国债、不动产、实业、黄金、收藏品投资等，从而获得财产收入和经营收入等。而且财产收入和经营收入通常会以高于工资收入的增长速度而增长。多渠道收入的取得一方面有助于家庭收入的快速增长；另一方面使家庭财务状况趋于稳定。大多数家庭实现了收入的稳定增长，整个社会经济的稳定增长就自然有保障了。

同时，中等收入者群体的不断扩大，还有助于社会形成乐观的心理预期，因为家庭收入的快速增长和家庭财务状况的趋于稳定，就会使越来越多的人对未来充满乐观的情绪。因此，中等收入者群体的扩大过程，就意味着社会乐观心理预期的广泛形成过程，从而就意味着过度储蓄的减少，即期消费潜力的充分释放，受其拉动的经济将走上稳定增长的轨道。

优化社会阶层结构即扩大中等收入阶层的比重,不能靠减少高收入阶层来扩大中等收入阶层,而必须是一方面迅速提高全体居民的收入水平,另一方面加大对低收入者的扶贫力度,使他们尽快摆脱贫困,进入中等收入阶层。当然,对低收入者的社会保障也是不可缺少的,即随着经济的增长、财政收入的增加,使社会保障体系不断健全和社会保障水平不断提高。

二、扩大中等收入者比重的战略目标

对于中等收入者的界定,目前学术界看法不一。世界银行近期研究表明,全球中等收入者的年人均收入起点标准为3470美元,经购买力平价调整后大约相当于14500元人民币。全球中等收入者的年人均收入上限为8000美元,经购买力平价调整后大约相当于40000元人民币左右。我国有学者认为,被列入中等收入家庭的人均年收入应为8000~10000元。[1] 有的学者则认为,以个人人均年收入及财富拥有量折合人民币在2.5万~3.5万元左右,家庭(以核心家庭的三口之家两位就业者为参照)年均收入在5万~7万元为基准,可以被看做处于中国社会中间阶层。[2]

依据不同的标准界定中等收入者,就会有不同的中等收入者比重水平。如果以世界银行公布的世界中等收入者的平均收入水平为标准,目前这一收入水平的人群在我国统计局的统计中属于最高收入组,约占人口总数的10%。张宛丽按照她设定的标准认为,中国社会中间阶层者约占就业人口的13%左右。[3] 如果按照我国将人均年收入8000~10000元的家庭列入中等收入家庭的标准,它们的

---

[1] 苏海南:《未来20年内哪些人能率先成为中等收入者?》,载《北京晚报》2003年2月25日。
[2] 张宛丽:《中产阶层的勃兴》,载《21世纪经济报道》2002年12月30日。
[3] 同上。

比重为18%。而国外中等收入者的比重一般则为40%～50%。美国高达80%。阿根廷、巴西等拉美国家为35%左右。①

据中国人民银行公布的数据,城市广大的工薪阶层和农村少数的先富农民,约占总人口的35%左右,据国家统计局公布的数据,2002年中国城镇居民的人均可支配收入为7703元。占总人口64%的是农村低收入水平的人口和贫困人口及少数城市贫困人口。2002年的农村人均现金收入只有2476元,城市的受贫困救济人口平均收入水平为2400左右。②

可见,不论是按国际平均标准,还是按我国学者设定的标准,我国中等收入者所占的比重都是偏低或很低的,甚至按中国人民银行公布的数据,把工薪阶层全部纳入中等收入者也才有35%的比重,何况工薪阶层并非都是中等收入者。而且即使中等收入者的比重达到像阿根廷、巴西那样的水平,也不是我们追求的目标,因为在这些国家仍然不断发生着经济与社会动荡。这就是说,我国提高中等收入者比重所应追求的目标,至少要达到国外的一般水平。因此,在我国,提高中等收入者在社会群体中所占的比重,还有相当长的路要走。

提高中等收入者的比重,最直接的理解就是提高中等收入者在总人口当中的比重。这是对的,也是首要的。但是,从中等收入者对于促进经济增长和社会稳定的意义来考虑,仅仅笼统地讲提高中等收入者在总人口中的比重还是不够的,更进一步还要讲提高中等收入者的收入在总收入中的比重。因为中等收入者收入比重的提高,不仅意味着中等收入者人口比重的提高,而且更重要的是意味着中等收入者支撑经济发展和稳定社会的力量在增强。虽然提高中等收入者的人口比重,会提高他们的收入在总收入中的比重,但如果我国中等收入者阶层的内部结构不合理,同样不利于我国经济的

---

① 苏海南:《未来20年内哪些人能率先成为中等收入者?》,载《北京晚报》2003年2月25日。
② 王诚:《形成合理的收入分配格局》,载《前线》2003年第5期。

快速发展和社会稳定。例如，与世界平均水平相比，即使是我国目前已经进入世界平均水平的中等收入者行列的人群，他们的收入水平绝大多数仍然处于中等收入水平中的低层次。因此，在中等收入者群体结构中，应使中等收入者在高、中、低三个层次上有一个合理的分布，特别要进一步提高中、高层次的中等收入者在全部中等收入者中的比重，实现中等收入者的收入在总收入中比重的提高。这是我们提高中等收入者比重所追求的内在结构目标。

三、扩大中等收入者比重的战略途径与措施

无论是提高中等收入者在总人口中的比重，还是提高中等收入者的收入在总收入中的比重，显然都必须依靠我国居民收入水平的快速增长。

在我国城镇居民的收入构成中工资目前仍然是最主要的部分，其在全部居民收入中的比例高达70%左右。因此，通过加快经济增长、发展劳动密集型产业、积极推进城市化进程、提高教育水平、参与国际分工等途径增加就业机会，保持工资水平与国民经济发展水平的协调增长，甚至在经济发展的特殊时期如通货紧缩时期，使工资收入以高于经济增长的速度而增长，从而不断提高居民特别是低收入居民收入水平，是不断降低贫困和低收入居民比重，从而扩大中等收入者比重的最重要、最根本的途径。这也正是有时把"工薪阶层"等同于中等收入阶层的一个重要原因。

但是，加快我国居民收入水平增长的速度，提高中等收入者的比重，仅仅依靠工资收入增长这条途径是不够的，也是不现实的。这是因为，第一，在一般情况下，工资收入的增长速度必须与经济增长的速度相适应，否则就会殃及正常的经济关系，甚至破坏经济的持续稳定发展。第二，在我国存在近2亿农民向非农产业转移的大背景下，工资的增长将会受到一定程度的制约。第三，在经济全球化的大背景下，面对跨国公司的资本、技术、品牌等优势，中国

第九章 居民收入差距的调节政策选择

企业只有以低成本的劳动力等优势参与国际分工，而工资水平的快速上升，则会削弱这一优势，不利于我国的迅速赶超。第四，从历史的经验数据看，1978年改革开放到2002年的24年中，全国工资总额的增长是低于GDP增长速度的，其占GDP的比重从17%下降到12%，其中有16年工资总额占GDP的比重是下降的，上升或持平的仅有8年。[1]

  因此，加快我国居民收入水平增长的速度必须积极开辟和拓宽工资以外的其他收入渠道。工资外收入渠道的开辟和拓宽，就可以摆脱工资增长的种种限制，从而可以使居民的收入水平以更快的速度提高。改革开放以来，我国居民收入水平的快速提高，就是由于工资外收入的增长速度大大快于工资的增长速度。据国家统计局的统计，2003年一季度中国城市居民月人均可支配收入比上年同期增长8.9%。在收入构成要素中，工资收入同比增长10.0%，而经营净收入、财产性收入分别增长了24.6%和26.1%。[2] 虽然目前工资性收入仍然是居民收入的最主要来源，其在全部收入中的比例高达70%。但与1985年的85.2%相比，这一比例下降了将近15个百分点；而财产性收入（包括利息、红利、租金等）、转移收入以及其他收入在城镇居民收入中的比例不断上升，2001年分别达到5.1%、19.9%和4.5%，比1985年分别提高了4.6、11和3.4个百分点。[3] 2002年我国出现了居民储蓄总额的增长额超过全国工资总额的局面。当年工资总额大约是1.2万亿，而居民储蓄却增长了1.5万亿，其中最重要的原因就是我国居民工资外收入的增长。再以北京市为例，北京市统计局发布的数据显示，2002年北京市居民人均可支配收入达到了12463.9元，实现了两位数增长。与北京市居民收入快速增长这一势头相伴的是，北京居民工资收入占总收入

---

[1] 钟伟：《繁荣而不幸福的生活》，载《中国图书商报》2003年4月25日。
[2] 《北京现代商报》2003年4月30日。
[3] 国务院发展研究中心市场经济研究所联合课题组：《中国农村家电市场调查研究报告》2000年。

的比重降到了 67.9%，而在人均可支配收入最高的上海市，这一比例则降到了 59.8%。可见，工资外收入的增长对我国居民收入的增长发挥着越来越重要的作用。其实，在发达国家如美国，工资外收入在家庭收入中的比重已达到了近 50%。因此，在我国，即使在像上海、北京这样的发达地区，工资外收入在家庭收入中所占的比重还有大幅提高的空间和可能。

目前，积极开辟和拓宽工资外收入渠道所需要的政策和思想大门已经敞开。我国确立的劳动、资本、技术和管理等生产要素按贡献参与分配的原则，就是"要形成与社会主义初级阶段基本经济制度相适应的思想观念和创业机制，营造鼓励人们干事业、支持人们干成事业的社会氛围，放手让一切劳动、知识、技术、管理和资本的活力竞相迸发，让一切创造社会财富的源泉充分涌流，以造福于人民。"

同时，积极开辟和拓宽工资外收入渠道所需的必要物质基础和条件已基本具备。首先从居民的投资能力来看，目前我国的经济发展水平已经使城镇居民从过去基本无财产的状态转变为手中拥有一定数量的财产。据国家统计局的数据，2002 年我国居民本外币储蓄存款已超过 10 万亿元人民币，城镇居民的家庭人均资产已达到 22 万元，其中金融资产有 8 万多元。另据国家统计局 2002 年 7 月份对全国 8 个省市 4000 户居民家庭财产状况调查显示：金融资产在 30 万元以上的占 16.7%，15 万～30 万元的占 48.5%，15 万元以下的占 34.8%。其次，从居民可利用的投资工具来看，我国资本市场经过 10 多年的快速发展，已经为居民提供了多样化的投资工具，而且资本市场也不断趋向规范；各种形式的理财业务兴起，为居民提供了多样化的选择；房地产市场、保险市场、创业市场、收藏市场、外汇市场的迅速发展及其规范，为居民开辟了多样化的投资渠道。例如，据国家统计局的统计，2003 年一季度我国城镇居民的股息与红利收入、出租房屋收入分别比上年同期增长了 28.6% 和 18.7%。实际上，我国居民为增加收入来源已进行了积极的尝试，如根据 2002 年 7 月份国家统计局发布的《中国城市居民家庭财产调查报告》数据，居民家庭理财的基本结构是：储蓄占 41.8%，债券占 15.7%，房地产占 13.2%，实业经营占 8.1%，政府、企业短期融资是 3.7%，政府承建项目的股权是 3.2%，然后就是古玩、字画、邮票、期货、金银首饰及其他。这又为居民拓展收入渠道积累了有益的经验。

积极开辟和拓宽居民的工资外收入渠道，在具体的战略措施上还要做好以下工作：

1. 重塑投资主体。首先，居民要转变传统的收入观，实现获得工资外收入的观念再造。要改变过去长期形成的只有工资收入才是合法收入的习惯思维，凡是依法取得的工资外收入都应该大力提倡和鼓励；改变过去单纯依靠工资增加收入的习惯思维，树立通过投资理财增加收入的意识；改变过去单纯依靠工资增加收入的被动状态，采取积极寻找投资机会、优化投资组合实现工资外收入最大化的主动姿态。其次，要明确居民要素产权主体的地位，奠定居民获得工资外收入的制度基础。要切实维护居民的财产所有权，明确居民作为市场主体的产权边界，防止产权不清造成对所有者权益的损害。再次，要加强投资者教育，为居民取得工资外收入提供必要的知识准备。投资者只有具备了一定的投资知识和投资技巧，才能正确地选择投资代理人或投资工具，才能及早察觉侵犯自身利益的行为并采取相应的防范对策。因此，必须加强投资理财知识的普及，提高投资者的素质，为其增加工资外收入奠定坚实的知识基础。

2. 完善投资机制。首先，加快要素市场体系的建设，完善居民获得工资外收入的运行机制。要加快要素市场体系建设，包括推进资本市场的改革开放和稳定发展，发展产权、土地和技术市场等；要打破行业垄断和地区封锁，促进生产要素在全国市场的自由流动；要为居民的生产要素进入市场交易开辟多样化的渠道；要为居民的生产要素进入市场交易创造公平竞争的环境等；其次，要加强理财人才的培养，建立居民获得工资外收入的实现机制。就大多数居民来说，由于受到个人知识素质、时间、资本量等方面的制约，完全依靠个人投资理财增加工资外收入是相当困难的，这就需要委托专业理财。因此，培养出大批的称职的个人理财师就成为我国发展个人理财业务的当务之急。城镇居民无论是需要投资理财的建议，还是直接将个人财产委托他人管理实现保值增值，都离不开大批称职的个人理财师。个人理财师在国外已成为一个成熟的职业，它是2001年美国"全美职业评价"排名第一的职业。

3. 丰富投资工具。这就要求增加投资品种，为居民获得工资外收入提供多种可选的投资工具。例如在我国证券市场上，有限的投资品种使投资者无法通过丰富和优化投资组合增加投资收益；单一的投资品种结构无法满足投资者不同目的的投资需求；缺乏衍生投资工具使我国以散户为主的投资者无法有效分散投资风险，直接影响了他们的投资热情。

4. 开放投资领域。通过开放投资领域，为居民获得工资外收入提供广阔的投资空间。对于那些应该开放但目前仍由国有经济独家垄断的投资领域，必须尽快放宽对民间投资者的准入限制，在投融资、税收、土地使用和对外贸易等方面采取措施，实现一视同仁、公平竞争。

5. 优化投资环境。一要灵活运用各种手段，为居民获得工资外收入提供政策鼓励。例如，运用税收手段鼓励居民通过各种方式进行产业投资。对用于产业投资的资金不计入居民的应税收入，产业投资损失可在当年所得税应税收入中抵扣等；二要加强相关法律建设，为居民取得工资外收入提供必要的法律保护。要完善保护私人财产的法律制度，保护居民通过合法途径增加收入、积累财富的信心和积极性；要贯彻"公平、公正、公开"的原则，通过修订与完善《证券法》及相关法律法规、完善独立董事制度、信息披露制度等措施切实保护投资者特别是中小投资者的利益；要加强保护知识产权的法律建设，为居民获得知识、技术要素的收入提供必要的法律保障。

参考文献

一、著作

1. 《马克思恩格斯全集》第23卷、24卷、25卷，人民出版社1972年版。

2. 《马克思恩格斯选集》第3卷，人民出版社1975年版。

3. 《邓小平文选》第3卷，人民出版社1993年版。

4. 赵人伟等：《中国居民收入分配再研究》，中国财政经济出版社1999年版。

5. 游宏炳：《中国收入分配差距研究》，中国经济出版社1998年版。

6. 黄泰岩：《美国市场和政府的组合与运作》，经济科学出版社1997年版。

7. 陈宗胜：《经济发展中的收入分配》，上海三联书店1994年版。

8. 樊纲：《渐进改革的政治经济学分析》，上海远东出版社1996年版。

9. 樊纲：《公有制宏观经济理论大纲》，上海三联书店1994年版。

10. 张军：《现代产权经济学》，上海三联书店1994年版。

11. 蔡继明、耿明斋：《公有制商品经济中的收入分配》，陕西人民出版社1993年版。

12. 钱世明、董源轼等编：《公平分配——理论和战略》，上海社会科学出版社1994年版。

13. 何晓群：《回归分析与经济数据建模》，中国人民大学出版社1997年版。

14. 刘尚希：《收入分配循环论》，中国人民大学出版社1992年版。

15. 范一飞：《国民收入流程及分配格局分析》，中国人民大学出版社1994年版。

16. 张道根：《经济发展与收入分配》，上海社科院出版社1993年版。

17. 陈广汉：《增长与分配》，武汉大学出版社1995年版。

18. 于祖尧等：《中国经济转型时期个人收入分配研究》，经济科学出版社1997年版。

19. 张泽荣、陈为汉编：《当代资本主义分配关系研究》，经济科学出版社1994年版。

20. 王春正主编：《我国居民收入分配问题》，中国计划出版社1995年版。

21. 胡鞍钢、王绍光、康晓光：《中国地区差距报告》，辽宁人民出版社1995年版。

22. 魏权龄：《非线性规划》，中国人民大学出版社1997年版。

23. 张维迎：《企业的企业家——契约理论》，上海三联书店，上海人民出版社1995年版。

24. 樊纲：《市场机制与经济效率》，上海三联书店、上海人民出版社1997年版。

25. 郭熙保：《发展经济学经典论著选》，上海三联书店、上海人民出版社1995年版。

26. [美] 约瑟夫·熊彼特：《经济分析史》第一、二、三卷，商务印书馆1991年、1992年、1994年版。

27. [英] 凯恩斯：《就业、利息与货币通论》，商务印书馆1963年版。

28. [英] 斯拉法：《用商品生产商品》，商务印书馆1962年版。

29. [美] 肯尼思·W·克拉克森、罗格·L·米勒：《产业组织、理论、证据与公共政策》，上海三联书店、上海人民出版社

1989年版。

30. [美] H·范里安：《微观经济学：现代观点》，上海三联书店、上海人民出版社1994年版。

31. [美] 爱德华·夏皮罗：《宏观经济分析》，中国社会科学出版社1985年版。

32. [美] 道格拉斯·C·诺思：《经济史中的结构与变迁》，上海三联书店、上海人民出版社1991年版。

33. [美] R. 科斯、A. 阿尔钦、D. 诺思等：《财产权利与制度变迁——产权学派与新制度学派译文集》，上海三联书店、上海人民出版社1994年版。

34. [法] 卢梭：《论人类不平等的起源和基础》，商务印书馆1962年版。

35. [英] 威廉·汤普逊：《最能促进人类幸福的财富分配原理的研究》，商务印书馆1986年版。

36. [美] 阿塔纳修斯·阿西马科普洛斯编：《收入分配理论》，商务印书馆1995年版。

37. [美] 艾伦·布坎南：《伦理学、效率与市场》，中国社会科学出版社1991年版。

38. [美] 阿瑟·奥肯：《平等与效率——重大的抉择》，华夏出版社1987年版。

39. [英] 詹姆斯·E·米德：《效率、公平与产权》，北京经济学院出版社1992年版。

40. [匈] 亚诺什·科尔奈：《增长、短缺与效率——社会主义经济的宏观动态模型》，商务印书馆1992年版。

41. [匈] 安道尔·马加什：《现代非马克思主义经济学史》上下册，商务印书馆1992年版。

42. [美] 凯温·D·胡佛：《新古典主义宏观经济学》，中国经济出版社1991年版。

43. [美] 理查德·H·戴等：《混沌经济学》，上海译文出版社 1996 年版。

44. [日] 植草益：《微观规制经济学》，中国发展出版社 1992 年版。

45. [英] 帕德玛·德塞主编，郑超愚等译：《走向全球化：从计划向市场的过渡》，新华出版社 1999 年版。

46. [荷] 丁伯根：《生产、收入与分配》，北京经济学院出版社 1991 年版。

47. [荷] 贾林·库普曼：《关于经济学现状的三篇论文》，商务印书馆 1992 年版。

48. [德] 路德维希·艾哈德：《大众的福利》，武汉大学出版社 1995 年版。

49. [澳大利亚] 黄有光：《综观经济学：宏观与微观分析的结合》，中国社会科学出版社 1996 年版。

50. [美] 迈克尔·P·托达罗：《经济发展与第三世界》，中国经济出版社 1992 年版。

51. [美] 杰拉尔德·M·迈耶主编：《发展经济学的先驱理论》，云南人民出版社 1995 年版。

52. [美] 杰拉尔德·M·迈耶、都德莱—西尔斯编：《经济发展理论的十位大师》，中国工人出版社 1990 年版。

53. [美] 罗伯特·考特、托马斯·尤伦：《法和经济学》，上海三联书店、上海人民出版社 1994 年版。

54. [瑞典] 冈纳·缪尔达尔：《世界贫困的挑战——世纪反贫困大纲》，北京经济学院出版社 1990 年版。

55. [瑞典] 冈纳·缪尔达尔：《亚洲的戏剧——对一些国家贫困问题的研究》，北京经济学院出版社 1992 年版。

56. [瑞典] 冈纳·缪尔达尔：《反潮流：经济学批判论文集》，北京经济学院出版社 1992 年版。

二、中文论文

1. [美] 约·斯蒂格利茨：《关于转轨问题的几个建议》，载

参考文献

《经济社会体制比较》1997年第2期。

2. 高新军、杨雪冬：《我国社会转型期中的改革收益分配、社会承受力和深化改革的动力》，载《经济社会体制比较》1997年第2期。

3. 黄泰岩：《论按生产要素分配》，载《中国经济问题》1998年第6期。

4. 蔡继明：《按贡献分配——社会主义初级阶段的分配原则》，载《人民论坛》1998年第4期。

5. 牛德生：《论按劳分配的实现形式》，载《中国人民大学学报》1998年第2期。

6. 唐忠新：《贫富分化与公平、效率的关系刍议》，载《天津社会科学》1998年第4期。

7. 白安义：《关于开征社会保障税的基本构想》，载《改革与战略》1998年第6期。

8. 马新岚：《腐败现象的经济学思考》，载《中共中央党校报告选》1997年第14期。

9. 李善同、马骏：《1820~1992年世界各国收入增长、收入差距和国家排序》，载《经济工作者学习资料》1996年第81、82期。

10. 国家经贸委综合司课题组：《国民收入分配总体格局的演变及影响》，载《经济工作者学习资料》1998年第28、29期。

11. 诸建芳：《市场经济条件下的个人收入分配》，载《经济工作者学习资料》1996年第88期。

12. 国家计委社会发展研究所课题组：《近年来城镇居民个人收入总量增长形势分析》，载《经济工作者学习资料》1995年第23期。

《居民收入分配宏观分析方法和指标研究》，载《经济研究参考》1998年第52期。

13. 宋则：《中国垄断现象的特殊性及特殊对策》，载《经济工作者学习资料》1998年第68期。

14. 国家体改委分配司收入分配课题组：《当前分配领域的突出问题与治理对策》，载《经济工作者学习资料》1998年第3期。

15. 曹远征、陈玉宇：《建立和完善中国的个人所得税体系》，载《经济研究参考》1998年第31期。

16. 靳共元：《居民收入差距问题研究的新进展》，载《经济学动态》1996年第8期。

17. 钱津：《关于低收入问题研究》，载《经济学动态》1996年第8期。

18. 纪玉山：《现阶段居民收入差距的理论分析》，载《经济学动态》1996年第8期。

19. 赖德胜：《论个人收入分配的宏观调控》，载《经济学动态》1999年第8期。

《教育扩展与收入不平等》，载《经济研究》1997年第10期。

20. 朱玲：《转型国家贫困问题的政治经济学讨论》，载《管理世界》1998年第6期。

21. 杨宜勇：《城镇居民个人收入增长与国民经济发展的关系》，载《管理世界》1995年第2期。

22. 谢伏瞻：《中国收入分配的现状与政策分析》，载《管理世界》1994年第2期。

23. 李实、赵人伟、张平：《中国经济改革中的收入分配变动》，载《管理世界》1998年第1期。

24. 范剑平、尚书坚：《论当前经济增长中的消费需求》，载《经济学家》1998年第3期。

25. 牛飞亮：《体制改革、社会博弈与利益分配》，载《探索》1999年第2期。

26. 唐钧：《最后的安全网——中国城市居民最低生活保障制度的框架》，载《中国社会科学》1998年第1期。

27. 诸建芳、王伯庆、恩斯特·使君多福：《中国人力资本投资的个人收益率研究》，载《经济研究》1995年第12期。

参考文献

28. 邬剑军、潘春燕：《个人教育投资回报率与企业工资体制》，载《经济研究》1998年第1期。

29. 国务院研究室课题组：《关于城镇居民收入差距的分析和建议》，载《经济研究》1997年第8期。

30. 赵人伟、李实：《中国居民收入差距的扩大及其原因》，载《经济研究》1997年第9期。

31. 陈宗胜：《中国城镇居民收入分配差别现状、趋势及影响因素——以天津市为案例》，载《经济研究》1997年第3期。

32. 万广华：《中国农村区域间居民收入差异及其变化的实证分析》，载《经济研究》1998年第5期。

33. 林毅夫、蔡昉、李周：《中国经济转型时期的地区差距分析》，载《经济研究》1998年第6期。

34. 王诚：《就业和分工的拓展与收入分配的改善》，载《经济研究》1998年第12期。

35. 李实、赵人伟、张平：《中国经济转型与收入分配变动》，载《经济研究》1998年第4期。

36. ［日］吉田弓《瑞典社会保障制度给日本的启迪》，载《参考消息》1998年12月21日。

37. 崔洪建：《在效率与公正之间寻求平衡——西方国家热衷议论的第三条道路》，载《经济日报》1999年3月24日。

38. ［美］斯蒂格利茨：《加强政府宏观调控作用》，载《光明日报》1998年11月14日。

39. ［荷］安格斯·麦迪逊：《千年经济发展历程回顾》，载《参考消息》1999年1月19日。

40. 黄泰岩、王检贵：《从城乡收入差距看扩大内需的政策选择》，载《宏观经济研究》1999年第6期。

41. 李实、赵人伟：《中国居民收入分配再研究》，载《经济研究》1999年第4期。

42. 黄泰岩、王检贵：《居民收入差距测量指标体系的选择》，载《当代经济科学》2000年第9期。

43. 钟伟：《繁荣而不幸福的生活》，载《中国图书商报》2003年4月25日。

44. 刘燕《中国城镇居民工薪外收入快速增长》，载《北京现代商报》2003年4月30日。

45. 王诚：《形成合理的收入分配格局》，载《前线》2003年第5期。

46. 苏海南：《未来20年内哪些人能率先成为中等收入者？》，载《北京晚报》2003年2月25日。

47. 张宛丽：《中产阶层的勃兴》，载《21世纪经济报道》2002年12月30日。

48. 牛飞亮：《城镇居民收入差距的国际比较》，载《经济理论与经济管理》2001年第2期。

49. 牛飞亮：《近20年我国城镇居民收入差距的总体状况》，载《经济理论与经济管理》2002年第7期。

50. 牛飞亮：《20世纪90年代以来中俄两国地区发展政策比较分析》，载《国外社会科学》2006年第2期，总第117期。

51. 牛飞亮：《基于Cowell-Kuga算法的中国各省区城镇居民收入结构分析》，武汉大学—德国杜伊斯堡—爱森大学：《区域差距、经济一体化与经济发展国际研讨会论文集》（C）；2005年12.2-4。

52. 牛飞亮：《社会公正与社会效率：建立社会主义和谐社会的思考》，载《社会科学家》2006年第1期。

53. 牛飞亮：《中国各省市收入来源对可支配总收入的贡献度—基于Lerman-Yitzhaki算法》，载《西北农林科技大学学报》（自然科学版）2006年第34卷，总第184期。

三、英语文献

1. Adams Jr, Richard H, 2003, "Poverty, Inequality and Growth in Selected Middle East and North Africa Countries, 1980 - 2000",

参考文献

World Development, Vol. 31, Issue 12, pp. 2027 – 2049.

2. Ajit K. Ghose, 2004, "Global Inequality and International Trade", Cambridge Journal of Economics, Vol. 28, Issue 2, pp. 229 – 243.

3. Albert Alesina, Dani Rodrik, 1994, "Distributive Politics and Economic Growth", The Quarterly Journal of Economics, pp. 465 – 490.

4. Angel De La Fuente, 2003, "Convergence Equations and Income Dynamics: The Sources of OECD Covergence, 1970 – 1995", Economica70, pp. 655 – 671.

5. Anneli Kaasa, 2003, "Factors Influencing Income Inequality in Transition Economies", Soc Choice Welfare13: pp. 5 – 32.

6. Amartya Sen (1997). On Economic Inequality. Clarendon press, Oxforel; Enlarged edition, 1997.

7. A. Asimakopulos. "Themes in a post keynesian Theory of Income Distribution", Journal of post keynesian Economics, Winter 1980 – 81. Vol. III no. 2.

8. A. F. Shorrocks, "Inequality Decompostion by Factor Components", Economitrica, vol. 50, no. 1, (January, 1982).

9. A. F. Shorrocks: "The class of Additively Decomposable Inequality Measures", Econometrica, 48 (1980), 613 – 625.

10. Athar Hussain: "Social security in Presaet—Day china and ITS Reform". American Economic Review, vol. 84. no. 2. May 1994.

11. Atkinson. A. B. (1970a). on the measurement of Inequality [J]. Journal of Economic Theory, Vol 2.

12. Azizur Rahman khan, Keith Griffin, and Carl Riskin.: "Income Distribution in Urban China During the Period of Economic Reform and Globalization", the American Economic Review, Vol. 89 No. 2, May 1999.

13. Azizur Rahman Khan, Keith Griffin, Carl Riskin and Zhao

Ren Wei. ; "Household Income and its Distribution in China" . the China Quarterly, No. 132, December 1992.

14. Azizur Rahman Khan and Carl Riskin: "Income and Inequality in China: composition, Distribution and Growth of Household Income, 1988 to 1995", The China Quarterly, no. 154, June 1998.

15. Barry Bosworth, Gary Burtless, and Eugene Steuerle, 2000, "Lifetime Earnings Patterns, the Distribution of Future Social Security Benefits, and the Impact of Pension Reform", Social Security Bulletin, Vol. 63, No. 4, pp. 74 – 98.

16. Bjorn Gustafsson and Li Shi. ; "Types of Income and Inequality in China At the Ends of the 1980s", Review of Income and Wealth, Series 43, No. 2, June 1997.

17. Bourguignon, F : " Decomposable Income Inequality Measures", Econometrica, 47 (1979), 901 – 920.

18. Barro, Robert J. , and Xavier Sala-I-Martin, "Convergence", Journal of Political Economy, 1992, 223 – 251.

19. Barro, Robert J, "Economic Growth in a cross-section of countries", Quarterly Journal of Economics, May 1991, 106, 407 – 443.

20. Baumol, William J. , "productivity growth, convergence and welfare: what the long-run data show," American Economic Review, December 1986, 76, 1072 – 1085.

21. Cecilia García-Peñalose, Stephen J. Turnovsky, 2006, "Growth and Inequality: A Canonical", *EconomicTheory* 28, pp. 25 – 49.

22. Cowell, F. A. : "on the structure of additive inequality measures," Rerview of Economic studies, 47 (1980), 521 – 531.

23. Cowell, F. A. , and A. F. Shorrocks: "inequality decomposition by population subgroups," London School of Economics, Mimeo, 1980.

24. Charles I. Jones. : "on the evolution of the world income distri-

bution", Journal of Economic Perspectives, Volume 11, Number 3, Summer 1997, 19 – 36.

25. Christian Kleiber, Samuel Kotz, 2002, "A Characterization of Income Distribution in Terms of Generalized Gini Coeffcients", Social Welfare19: pp. 789 – 794.

26. Christopher H. Wheeler, 2005, "Evidence on Wage Inequality, Worker Education, and Technology", Federal Reserve Bank of St. Louis Review, 87 (3), pp. 375 – 393.

27. Christopher J. Gerry, Byung-Yeon Kim, Carmen A Li, 2004, "The Gender Wage Gap and Wage Arrears in Russia: Evidence From the RLMS", Journal of Population Economics, 17, pp. 267 – 288.

28. Daron Acemoglu, Simon Johnson, James A. Robinson, 2002, "Reversal of Fortune: Geography and Institutions in The Making of The Modern World Income Distribution", The Quarterly Journal of Economics, pp. 1277 – 1289.

29. Dennis Epple and Glenn J. Platt. "equilibrium and local redistribution in an urban economy when households differ in both preferences and incomes", Journal of Urban Economics 43, 23 – 51 (1998).

30. Dodo J. Thampapillai and Hans-Erik Ublin. : "environmental capital and sustainable income: basic concepts and empirical tests", Cambridge Journal of Economics. Vol. 21, No. 3, May 1997.

31. D. Miles: "A household level study of determination of income and consumption", The economic Journal vol. 107, no. 440, January, 1997.

32. Dominique Thon, Stein W. Wallace, 2004, "Dalton Transfers, Inequality and Altruism", Social Choice and Weifare22, pp. 447 – 465.

33. De Long, J. Bradford, "Productivity Growth, Convergence, and Welfare: Comment," American Economic Review, December 1988, 78 1138 – 54.

34. Duang Kamon Chotikapanich, John Creedy, 2003, "Bayesian Estimation of Social Welfare and Tax Progressivity Measures", Empirical Economics, 28, pp. 45 –59.

35. Enrica Detragiache.: "technology diffusion and international income convergence", Journal of Development Economics, Vol. 56 (1998) 367 –392.

36. Fabio Maccheroni, 2004, "Yaari's Dual Theory Without the Completeness Axiom", Economic Theory 23, pp. 701 –714.

37. Fang Lee Cookie, 2004, "Public-Sector Pay in China: 1949 –2001", Journal of Human Resource Management 15:, pp. 895 –916.

38. Fredrick A. Flyer.: "the influence of higher moments of earnings distributions on career decisions", Journal of labor Economics, 1997, Vol. 15, No. 4.

39. Fei, J. C. H, G. Ranis, and S. W. Y. Kuo: "growth and the family distribution of income by factor components", Quarterly Journal of Economics, 92 (1978), 17 –53.

40. Fields, G. S.: "Income Inequality in urban Colombia: a decomposition analysis", Review of Income and wealth, 25 (1979), 327 –341.

41. Feiliang Niu.: "Chinese urban residents income disparities since 1985 which based on Theil's entropy measures", Social Science Research, Vol. 3, No. 2, Aprill 2006, pp. 65 –73. (U·S·A)

42. Feiliang Niu.: "Comment on Chinese Public Administration Supervision under Institutional Transformation—From the view of western public choice theory", US-China Public Adminis-tration, Feb. 2006Volume3, No. 2. (U·S·A).

43. Francico Galrão Carneiro, Jorge Saba Arbache, 2003, "Assessing the Impacts of Trade on Poverty and Inequality", Applied Economics Letters, 2003, 10, pp. 989 –994.

参考文献

44. G. Andrew Bernat, Jr, 2004, "State Personal Income: First Quarter of 2004", Survey of Current Business, pp. 116 – 148.

45. Gerhard Glom and B. Ravikumar. : "public versus private investment in human capital: endogenous growth and income inequality", Journal of Political Economy, 1992, Vol. 100, no. 4.

46. Gerhard Glom and B. Ravikumar. : "increasing returns, human capital, and the Kuznets Curve", Journal of Development Economics VOL. 55 (1998) 353 – 367.

47. Gerhard Sorger, 2000, "Income and Wealth Distribution in A Simple Model of Growth", Economic Theory 16, 23 – 42.

48. George Psacharopoulos, Samuel Morley, Ariel Fiszbein, Haeduck Lee, and William C. Wood. : "poverty and income inequality in Latin AmerIca during the 1980s", Review of Income and Wealth, Series 41, Number 3, September 1995.

49. Glenn Firebaugh, 2000, "The Trend in Between-Nation Income Inequality", Annual Review of Sociology, Vol. 26, pp. 323 – 339.

50. Greenwood, J., Jovanovic, B., 1990. Financial development, growth, and the distribution of income. J. Polit. Econ. 98. 1076 – 1107.

51. Galor, O. and J. Zeira, "income distribution and macroeconomics," Review of Economic Studies 60 (1993): 35 – 52.

52. HongYi Li and Heng-fu Zou. : "income inequality is not harmful for growth: theoryand evidence", Review of Development Economics, 2 (3), 318 – 334, Oct 1998.

53. Heckmann, J. J., Hotz, V. T., 1986. An Investigation of the Labor Market Earnings of Panamanian Males: Evaluating Sources of Inequality. Journal of Human Resources 21, 507 – 542.

54. Irma Adelman and David Sunding. : "economic policy and in-

come distribution in China", Journal of Comparative Economics 11, 444 – 461 (1987).

55. James D. Gwartney, Randall G. Holcombe, Robert A. Lawson, 2004, "Economic Freedom, Institutional quality, and Cross-Country Differences in Income and Growth", Cato Journal, Vol. 24, No. 3, pp. 205 – 233.

56. James W. Albrecht and Susan B. Vroman.: "Nash Eqilibrium Efficiency Wage Distributions", International Economic Review, Vol. 39, No. 1 February 1998.

57. Jeffrey A. Mills and Sourushe Zandvakili.: "statistical inference via Bootstrapping for measures of inequality", Journal of Applied Econometrics, Vol. 12, 133 – 150 (1997).

58. Jeremy Arkes.: "trends in long-run versus cross-section earnings inequality in the 1970s and 1980s", Review of Income and Wealth, Series 44, Number 2, June 1998.

59. John Iceland, 2003, "Why Poverty Remains High: The Role of Income Growth, Economic Inequality, and Changes in Family Structure; 1949 – 1999", Demography, Vol. 40, No. 3, pp. 499 – 519.

60. John Knight and Lina Song.: "the spacial contribution to income inequality in rural China", Cambridge Journal of Economics 1993, 17. 195 – 213.

61. Jonne. P. Estudillo (1997). Income inequality in the Philippines, 1961 ~ 91 [J], The Developing Economics, XXXV – 1, March: 68 ~ 95.

62. Juhn, C., K. Murphy, and B. Pierce, Income Inequality and the Rise in Returns to Skill, Journal of Political Economy, Series 101, 410 – 42, June 1993.

63. Jean-Yves Duclos.: "on equality aspects of imperfect income redistribution", Review of Income and Wealth, Series 41, No. 2, June

1995.

64. Jonathan E. Leightner, 2003, "Equality and Growth in Asia", Journal of Economic Issues, Vol. XXXVII, No. 2, pp. 381 – 388.

65. José A. Pagán, Jorge Valero Gil, José A. Tijerina Guajardo, 2002, "Employment Shifts, Economic Reform and the Changes in Public/Private Sector Wages in Mexico: 1987 – 1997", Empirical Economics27, pp. 447 – 460.

66. Joseph Persky, 2004, "When Did Equality Become A No Economic Objective?", The American Journal of Economics and sociology, Vol. 63, No. 4, pp. 921 – 938.

67. Kai Yun Tsui. : "China's Regional Inequality, 1952 – 1985", Journal of Comparative Economics 15, 1 – 21 (1991).

68. Ken Henry, Terry O'Brien, 2003, "Globalisition, Poverty and Inequality: Friends, Foes or Strangers?", The Australian Economic Review, Vol. 36, no. 1, pp. 3 – 21.

69. Kevin M. Murphy, Andrei Shleifer, Robert Vishny. : "income distribution, market size, and industrialization", the Quarterly Journal of Economics, August 1989.

70. Kevin Sylwester, 2003, "Income Inequality and Population Density 1500 AD: A Connection", Journal of Economic Development, Vol. 28, Issue 2, pp. 61 – 83.

71. Klaus Deininger, Lyn Squire, : "new ways of looking at old issues: inequality and growth", Journal of Development Economics, Vol. 57 (1998) 259 – 287.

72. Kaldor, N., 1956. Alternative theories of distribution, Review of Economic Studies, 94 – 100.

73. Kuznets, S., 1955. Economic growth and income inequality. American Economic Review 45, 1 – 28

74. Kwabena Gyimah-Brempong, 2002, "Corruption, Economic

Growth, and Income Inequality in Africa", Economics of Governance. Springer-Verlag2002 (3), pp. 183 – 209.

75. Lardy, N., "consumption and living standards in China, 1978 – 83." China Quart. 100: 849 – 865., Dec. 1984.

76. Lardy, Nicholas R., "Centralization and Decentralization in China's Fiscal Management." China Quart. 61: 25 – 60, 1975.

77. Lars Osberg, 2003, "Long Run Trands in Income Inequality in The United States, UK, Sweden, Germany and Canada: A Birth Cohort View", Eastern Economic Journal, Vol. 29, No. 1,, pp. 121 – 141.

78. Levy, F. and R. Murnane, U. S. Earnings Levels and Earnings Inequality: A Review of Trends and Proposed Explanations, Journal of Economics Literature, Series 30, 1333 – 81, September 1992.

79. Li. H., L. Squire and H. Zou, "explaining international and intertemporal variations in income inequality", Economic Journal 108 (1998): 26 – 43.

80. M. Francis Johnston.: "beyond regional analysis: manufacturing zones, urban employment and spatial inequality in China", the China Quarterly, 1999.

81. Malte Lübker, 2004, "Globalization and Perceptions of Social Inequality", International Labour Review, Vol. 143, No. pp. 1 – 2. .

82. Maria Grazia Pittau, Roberto Zelli, 2004, "Testing For Changing Shapes of Income Distribution: Italian Evidence in the 1990s From Kernel Density Estimates", Empirical Economics, 29, pp. 415 – 430.

83. Matin Ravallion.: "a comment on Rati Ram's test of the Kuznets Hypothesis", Economic Development and Cultural Change, Vol. 46, No. 1, October 1997.

84. Maurice Obstfeld, 1998, "The Global Capital Market: Benefactor or Menace", Journal of Economic Perspectives, Vol. 12, No. 4,

pp. 9 – 30.

85. Mehmet A. Ulubaşoğlu, 2004, "Globalisation and Inequality", The Australian Economic Review, Vol. 37, no. 1, pp. 116 – 222.

86. Milan Z. Zafirovski, 2000, "Economic Distribution As A Social Process", The Social Science Journal, Vol. 37, No. 3, pp. 423 – 443.

87. Moshe Buchinsky. : "the dynamics of changes in the female wage distribution in the USA: a quantile regression approach", Journal of Applied Econometrics, Vol. 13, 1 – 30 (1998).

88. Murphy, K. and F. Welch (1992), "the structure of wages", the Quqrterly Journal of Economics, 107, 285 – 326.

89. Mckinley L. Blackburn. : "international comparisons of poverty", American Economic Review, May 1994.

90. Nicholas Crafts, 2004, "Globalisation and Economic Growth: A Historical Perspective", Journal of Economic Perspectives, 11, 3, pp. 45 – 58.

91. Nozar Hashemzadeh, Wagne Saubert, 2004, "The Effects of Bush's Tax Cuts on Income Distribution and Economic Growth in the United States", Problems and Perspectives in Management, pp. 111 – 120.

92. Oded Galor and Joseph Zeira. : "income distribution and macroeconomics", Review of Economic Studies (1993) 60, 35 – 52.

93. Orlando J Sotomayor, 2004, "Education and Changes in Brazilian Wage Inequality, 1976 – 2001", Industrial and Labor Relations Review, Vol. 58, No. 1, pp. 94 – 111.

94. Powell, J., Stock and T. Stoker (1989), "semiparametric estimation of index coeffcients", Econometrica, 57, 1435 – 1460.

95. Parkash Chander and Louis L. Wilde. : "a general characterization of optimal income tax enforcement", Review of Economic Studies (1998) 65, 165 – 183.

96. Pak Hung Mo, 2000, "Income Inequality and Economic Growth", Kyklos, Vol. 53, pp. 293-316.

97. Pasquale Commendatore, 2003, "On the Post Keynesian Theory of Growth and 'Institutional' Distribution", Vol. 15, pp. 193-209.

98. Peter Gottschalk and Timothy M. Smeeding.: "cross-national comparisons of earnings and income inequality", Journal of Economic Literature. Vol. XXXV (June 1997), pp. 633-687.

99. Peter Svedberg, 2004, "World Income Distribution: Which Way?", The Journal of Development Studies, Vol. 40. No. 5, pp. 1-32.

100. Per Krusell, Anthony A. Smith, Jr.: "income and wealth heterogeneity in the macroeconomy", Journal of Political Economy, 1998, Vol. 106, No. 5.

101. Papanek, G., Kyn, O., 1986. the effect on income distribution of development, the growth rate and economic strategy. Journal of Development Economics 23, 55-65.

102. Paukert, F., 1973. Income distribution at different levels of development: a survey of the evidence, International Labor Review 108 91973, 97-125.

103. Persson, T., Tabellini, G., 1994. Is inequality harmful for growth? . American Economic Review 84 (3), 600-621.

104. Pasinetti, L., "rate of profit and income distribution in relation to the rate of economic growth", Review of Economic Studies 29 (1962): 267-79.

105. Perotti, R., "political equilibrium, income distribution, and growth", Review of Economic Studies 60 (1993): 755-776.

106. Perotti, R., "growth, income distribution, and democracy: what the data say", Journal of Economic Growth 1 (1996a): 149-187.

参考文献

107. Persson, T. and G. Tabellini, "is inequality harmful for growth? theory and evidence", American Economic Review 84 (1994): 600-621.

108. Raquel Fernandez and Richard Rogerson. : "public education and income distribution: a dynamic quantitative evaluation of education-finance reform", the American Economic Review, Vol. 88, No. 4, September 1998, 813-833.

109. Robert E. Lucas, Jr. : "on efficiency and distribution", the Economic Journal, 102 (March1992), 233-247.

110. Robert I. Lerman and Shlomo Yitzhaki. : "income inequality effects by income source: a new approach and applications to the United States", the Review of Economics and Statistics, No. 67 (1), 1985.

111. R. Todd Jewell, Michael A. Mcpherson, David J. Molina, 2004, "Testing the Determinants of Income Distribution in Major League Baseball", Economic Inquiry, Vol. 42, No. 3, pp. 469-482.

112. Ryosbin Minami. : "economic development and income distribution in Japan: an assessment of the Kuznets Hypothesis", Cambridge Journal of Economics, Vol. 22, No. 1, January 1998.

113. Ruben D. Cohen. : "an analysis of the dynamic behavior of earnings distributions", Applied Economics, Vol. 30, No. 1, January 1998.

114. Rao, V. M. : "two decompositions of concentration ratio", Journal of Royal Statistical Society, 132 (1969), 418-425.

115. Rauch, J. E., 1993. Economic development, Urban Underemployment, and income inequality. Can. J. Econ. 26, 901-918.

116. Ravallion, M., 1995. Growth and poverty: evidence for developing countries, in the 1980s. Economics Letters 63 (1995), 411-417.

117. Robinson, S., 1976. A note on the U-hypothesis relating income inequality and economic development. American Economic Review

66, 437 - 440.

118. Rolfschinke. "the inequality of income distribution in Latin American in economic terms", Economics. Volume 58. 1998.

119. Rolf Aaberge and Xuezeng Li.: "the trend in urban income inequality in two Chinese provinces, 1986 - 90", Review of Income and Wealth, Series 43, Number 3, September 1997.

120. Satyal Paul, 2004, "Income Sources Effects on Inequality", Journal of Development Economics,, Vol. 73, Issue 1, pp. 435 - 452.

121. Scott Rozelle: "rural industrialization and increasing inequality: emerging patterns in China's reforming economy", Journal of Comparative Economics 19, 362 - 391 (1994).

122. Shahdad Naghshpour, 2005, "The Cyclical Nature of Family Income Distribution in the United States: An Empirical Note", Journal of Economics and Finance, Vol. 29, No. 1, pp. 138 - 143.

123. Shorrocks, A. F.: "the class of additively decomposable inequality measures", Econometrica, 48 (1980), 613 - 625.

124. Stiglitz, J. E., Weiss, A., 1981. Credit rationing in markets with imperfects information. American Economic Review 71, 393 - 409.

125. Sherman Robinson.: "income distribution in developing countries: toward an adequate long-run model of income distribution and economic development", American Economic Review. Vol. 66. No. 2. May 1976.

126. Shin Minematsu, Hisae Sakata, Xiao-Ping Zheng, Junichi Yamada,: "the major issues of the regional development strategies in China", OECF Journal of development Assistance Vol. 3, No. 2, 1998.

127. Siddiq Osmami.: "the entitlement approach to famine: an assessment", Choice, Welfare, and development: a festschrift in hon-

our of Amatiya k. sen. Oxford 1985.

128. Silvia A. Julia, 2004, "Regional Income Inequality and International Trade", Economic Geography, July, Vol. 80, Issue 3, pp. 261 – 287.

129. Schiller, B., Relative Earnings Mobility in the United States, American Economic Review, Series 67, 926 – 941, December 1977.

130. Schiller, B., Relative, Relative Earnings Redux: Youth Mobility, The Review of Income and Wealth, Series 40, 441 – 456, December 1994.

131. Shorrocks, A., The Measurement of Mobility, Econometrica, Series 46, 1013 – 1024, September 1978a.

132. Shorrocks, A., Income Inequality and Income Mobility, Journal of Economic Theory, Series 19, 376 – 393, December 1978b.

133. Soltow, L., 1965. Toward Income Inequality in Norway, Madison, University of Wisconsin Press.

134. Stephen G. Donald, David A. Green, Harry J. Paarsch, 2000, "Differences in Wage Distributions Between Canada and the United States: An Application of A Flexible Estimator of Distribution Functions in the Presence of Covariates", Review of Economic Studies 67, pp. 609 – 633.

135. Stéphane Mussard, 2004, "The Bidimensional Decomposition of the Gini Ratio, A Case Study: Italy", Applied Economics Letters, 11, pp. 503 – 505.

136. Tamura, R., 1991. Income convergence in an endogenous growth model. J. Polit. Econ. Theory 58, 355 – 376.

137. Tamura, R., 1992. Efficient equilibrium convergence: heterogeneity and growth. J. Econ. Theory 58, 355 – 376.

138. Tamura, R., 1996. From decay to growth: a demographic

transition to economic growth. J. Econ. Dynamics Control 20, 1237 – 1261.

139. Tat'iana Iu. Bogomolova, Vera S. Tapilina, 2003, "The Economic Stratification of Russia's Population in the 1990's", Sociological Research, Vol. 42, no. 3, May-June, pp. 66 – 86.

140. Thomas E. Skidmore, 2004, "Brazil's Persistent Income Inequality: Lessons from History", Latin American Politics and Society, 46: 2, pp. 133 – 150.

141. Tsui Kai-Yuen. ; "factor decomposition of Chinese rural income inequality: new methodology, empirical findings, and policy implications", Journal of Comparative Economics 26, 502 – 528 (1998).

142. Thomas Piketty. : "the dynamics of the wealth distribution and the interest rate with credit rationing", Review of Economic Studies (1997) 64, 173 – 189.

143. Veum, J. , Accounting for Income Mobility Changes in the United States, Social Science Quarterly, Series 73, 773 – 785, December 1992.

144. Vernon M. Briggs, Jr. : "American-Style capitalism and income disparity: the challenge of social anarchy", Journal of Economic Issues, Vol XXXII: No. 2, June 1998.

145. William M. Dugger. : "against inequality", Journal of Economic Issues, Vol. XXXII No. 2 June 1998.

146. Williamson, J. G. , Lindert, P. H. , 1980. American Inequality: A Macroeconomic History, Academic Press, New York.

147. W. Henry Chiu. : "income inequality, human capital accumulation and economic performance", The Economic Journal, 108 (January 1998), Vol. 108, No. 446, 44 – 59.

148. Yuk-Shing Cheng. : "a decomposition analysis of income inequality of Chinese rural households", China Economic Review, Volume

参考文献

7, Number 2, 1996, 155 - 167.

149. Xiaohui Liu, Peter Burridge, P. J. N. Sinclair, 2002, "Relationships Between Economic Growth, Foreign Direct Investment and Trade: Evidence From China", Applied Economics, 34, pp. 1433 - 1440.

150. Xulia González, Daniel Miles, 2001, "Wage Inequality in a Developing Country: Decrease in Minimum Wage or Increase in Education Returns", Empirical Economics, 26, pp. 135 - 148.

151. Z. Kudabaev, M. Minbaev, 2003, "Poverty Reduction in the Kyrgyz Republic and Accuracy of Measuring It", Statistical Journal of the United Nations ECE 20, pp. 241 - 254.

责任编辑：吕　萍　马金玉
责任校对：徐领弟
版式设计：代小卫
技术编辑：邱　天

中国城镇居民收入差距

黄泰岩　牛飞亮　著

经济科学出版社出版、发行　新华书店经销

社址：北京市海淀区阜成路甲 28 号　邮编：100036

总编室电话：88191217　发行部电话：88191540

网址：www.esp.com.cn

电子邮件：esp@esp.com.cn

北京汉德鼎印刷厂印刷

德利装订厂装订

720×960　16 开　21.25 印张　280000 字

2007 年 5 月第一版　2007 年 5 月第一次印刷

印数：0001—3000 册

ISBN 978-7-5058-6279-1/F·5540　定价：30.00 元

（图书出现印装问题，本社负责调换）

（版权所有　翻印必究）